公害・不法行為論

私法研究著作集 第9巻

公害・不法行為論

伊藤　進著

私法研究著作集　第9巻

信山社

はしがき――第九巻解題――

本書は、「公害」及び「不法行為」に関する論稿を収録したものである。もっとも、不法行為に関する論稿を収録したものとして『不法行為法の現代的課題』（昭和五五年・総合労働研究所）がある。同書は、私のもう一つのライフ・ワーク・テーマである不法行為研究の初期の論稿を収録したものである。このため、不法行為に関する論稿は、本書と同書によって集成されることになる。

本書は、公害に関する「I 公害と不法行為」、複数の者が関係している場合の「II 複数関与者と共同不法行為」、不動産登記に関連する「III 登記官の不法行為責任」、農作業事故を中心とした「IV 農業災害と賠償責任」、そして「V 不法行為一般」の五部に分れている。これは、不法行為についての類型的検討の重要性に着目したものである。その意味では、近刊を予定している『学校事故賠償責任法論（私法研究著作集第一三巻）』もここに加わるものであると云えるかもしれない。

公害につき検討したものとしては六本ある。「**1** 公害―その法的救済制度の課題」は公害が法律問題にされ始めた頃の論稿であり、公害の特徴と問題点を指摘している。「**2** 差止請求の法的根拠としての環境権・人格権」は、火力発電所の事前差止事件を契機として、差止請求の根拠を探求する。判例は、今日に至るも環境権を根拠としては認めていないわけであるが、その原因を探求し、環境利益の保護は人格権の侵害というスクリーンを通して保護されていることに注目して、直接保護の理論を展開するのに集団的環境権を個人的環境権に衣替えする必要があると提言している。「**3** 受忍限度について―横田基地公害訴訟第一審判決」と「**4** 受忍限度について―大阪国際空港公害訴訟最高裁大法廷判決」

は、公害と受忍限度論の関係につき検討している。前者では、環境破壊と受忍限度、損害賠償請求と差止請求における受忍限度の異同、将来の慰謝料請求と過去の賠償請求の受忍限度の異同などについて、後者は、危険への接近との関係、公共性との関係などにつき検討している。「**5** 小野田セメント公害訴訟第一審判決」は多岐にわたる判示事項につき検討している。「**6** 国の責任と会社の責任の関係—福島スモン判決をめぐって」は薬害訴訟における国と企業との責任関係、とくに共同不法行為か不真正連帯かの法的性質の問題、内部的責任負担関係の問題について論及し、判例が被害者との関係では共同責任としながら、内部負担関係においては国に負担部分がないとしたことにつき賛同するものである。

複数の者が関与する場合の不法行為理論に関するものとしては四本ある。複数関与の態様に注目し、「**8** 運転者と運行供用者」では責任競合の場合の法律関係、とくに責任競合と行為競合の差異・責任競合の概念整理・責任競合の法的性質・運行供用者と使用者の求償競合などにつき論及し、「**9** 運転者と道路管理者」では行為競合の場合の法律関係、とくに共同不法行為構成の問題点を指摘した上での集合的単独不法行為構成を提唱し、「**10** 加害者と被害者の競合」の場合の法律関係、とくに過失関与類型と過失相殺処理・素因寄与類型と寄与度減額論や過失相殺法理類推処理・意図的関与類型と相当因果関係処理・交叉的不法行為と相殺処理など各関与態様毎の個別的検討の必要性を提言している。なお、「**7** 因果関係論」では加害と損害の関係の視点から、相当因果関係論を見直しながら新しい法思想を盛り込めるか、因果関係の理論状況、原因因果系列と結果因果系列への類型の必要などにつき論及している。複数者が関与する場合には、要件論での処理と損害論での処理が入り混じっていることに気がつくであろう。これをどのように棲み分けするのかは、これからの問題ではないかと思われる。

不動産登記に係わる不法行為責任に関するものとして、「**11** 登記官の注意義務と不動産登記制度」は判例分析により登記官の注意義務の内容を解明し、「**12** 登記官の注意義務懈怠と損害との因果関係」は判例は登記官の注意義務懈怠によりどのような損害について責任を認めているかにつき分析している。直接的には、いわゆる登記過誤に伴う賠償責任を考える当たって役立つものであるが、他方では、裁判所の不動産登記制度に対する考え方を探求するものでもある。なお、関連したものとして『伊藤ほか編・司法書士法務全書』（平成四年、第一法規出版）もある。

農業災害に関するものとしては三本ある。これらの論稿は、明治大学社会科学研究所から共同研究費をもらって行なった研究の成果の一部である。その研究成果は、これらの論稿が掲載されている『伊藤ほか編・農業労働災害の安全規制と補償制度』（平成四年・第一法規出版）と、一般的啓蒙書として出版した『伊藤ほか編・農業労働災害補償』（平成二年・三省堂）で発表している。これらは、農業災害についての責任問題をあらゆる面から検討したわが国で最初のものである。ところで、「**13** 農業労働災害補償制度の課題」は農作業事故の実態調査と補償制度の実態及び課題を、「**14** 農作業事故と損害賠償理論」は農機具製造者の責任、農機具販売業者の責任につき検討し、「**15** 農機事故と賠償責任」は「**14** 農作業事故と損害賠償理論」の検討と重複するところが多いが、より詳細に検討している。もっとも、農機具製造者や農機具販売業者の責任についての検討は、製造物責任法制定前の民法理論によるものであることから、今日では、大幅な修正を必要とするかも知れない。

この他の「**16** 不作為不法行為」は不作為でも不法行為が成立するための成立要件の特徴についての検討する。「**17** 金融取引と取引型不法行為」は金融取引を素材としたがら取引型不法行為につき相手方に対する自己責任型不法行為の場合と第三者に対する自己責任型不法行為の場合に分けて検討している。「**18** 交通事故損害賠償男女格差是正事件」は賠償責任法理における男女格差につき検討するものでマイナーなテーマであると思われるが、この論稿が文部省科学研究費により本年度から実施する「私法と憲法との交錯」共同研究の萌芽となっているのである。その成果も期待して頂きたい。

ところで、本書のような著作集を出すことについては、若干の躊躇を感じないわけではない。とくに、発表されてから長年月を経た論稿をそのまま収録することにつき、それほど意義のあるものかどうか疑問である。また、自分では現役であると自負しながら過去の論稿を収集することの矛盾も感じる。しかし、多方面に亙り多数発表してきた論稿を整理し、研究途中における区切りをつけ、次の研究へのステップとしたいという自分勝手な思いから、刊行に踏み切った。

このため、ここに収録する論稿については、既に研究が進んでいるものもあるし、重複したテーマのものもあるし、私見としては相矛盾するものもあるが、これらのことを考慮することなく収録することにした。わが研究の遍歴をあらわに示すものである。ご教示を頂ければ幸いである。

なお、このような私法研究著作集の刊行にあたって、かねてからそのことを進言し、論稿の整理や切り張りなどの準備作業までして下さった信山社の袖山貴氏に心から感謝するものである。そして、本書の直接の作成作業に際しては、編集部の諸氏にお世話になった。また、本書の校正については、明治大学法学部助手松平光徳君の労を煩わせた。ここに感謝するしだいである。

平成一二年五月

伊藤　進

公害・不法行為論（私法研究著作集 第九巻）目　次

公害・不法行為論（私法研究著作集 第九巻）

〈初出一覧〉

I 公害と不法行為

1 公　害――その法的救済制度の課題――……………〔共著「政治のなかの法」一九六九年六月〕

2 差止請求の法的根拠としての環境権・人格権――伊達火力発電所建設等差止請求訴訟――……………〔判例時報九八八号 一九八一年二月〕

3 受忍限度について――横田基地公害訴訟第一審判決をめぐって――……………〔判例時報一〇〇八号 一九八一年九月〕

4 受忍限度について――大阪国際空港公害訴訟最高大法廷判決をめぐって――……………〔判例時報一〇二五号 一九八二年二月〕

5 小野田セメント公害訴訟第一審判決――津地四日市支判昭和五七年六月二五日――……………〔判例時報一〇六一号（判例評論二八八号） 一九八三年二月〕

6 国の責任と会社の責任の関係――福岡スモン判決をめぐって――……………〔判例時報九一〇号 一九七九年二月〕

II 複数関与者と共同不法行為

7 因果関係――不法行為の新たな展開――……………〔法学セミナー三〇九号 一九八〇年一〇月〕

8 運転者と運行供用者……………〔判例タイムズ三九三号 一九七九年一〇月〕

9 運転者と道路管理者……………………〔判例タイムズ三九三号　一九七九年一〇月〕
10 加害者と被害者の競合——過失相殺論の機能——…………〔法律時報六〇巻五号　一九八八年四月〕

III　**登記官の不法行為責任**

11 登記官の注意義務と不動産登記制度（上・中・下）…………〔登記研究五〇〇号、五〇三号、五〇四号　一九八九年一二月・一九九〇年一月・二月〕
12 登記官の注意義務懈怠と損害との因果関係（一・二・三）…………〔登記研究五一二号、五一三号、五二七号　一九九〇年九月一〇日・一九九一年一二月〕

IV　**農業災害と賠償責任**

13 農業労働災害補償制度の課題…………〔伊藤進・井上和衛・入江信子編・農業労働災害の安全規制と補償制度　一九九二年三月〕
14 農作業事故と損害賠償理論…………〔伊藤進・井上和衛・入江信子編・農業労働災害の安全規制と補償制度　一九九二年三月〕
15 農機事故と賠償責任…………〔伊藤進・井上和衛・高梨文孝・織田博子共編・農業労働災害補償　一九九〇年六月〕

V　**不法行為一般**

16 不作為不法行為序説……………………〔Law School 五二号　一九八三年一月〕
17 金融取引と取引型不法行為責任……………………〔手形研究増刊号四〇四号　一九八七年一二月〕

I　公害と不法行為

1 公　害――その法的救済制度の課題――

一　序

　公害はすぐれて今日的問題である。われわれの日常生活も常に公害からの侵害におびやかされている。しかし、今日いわれている「公害」の意味と内容は明確でない。法律学上は一応英米法のニューサンス (nuisanse)、ドイツ法のイミシオン (Immission) に対応するようなものと考えられている。しかし、今日、公害現象といわれるものとして大気汚染、水質汚濁、騒音・振動の三大公害のほかに地盤沈下、悪臭（以上が公害基本法二条によって公害とされているもの）、通風・日照妨害、電波障害、放射性物質による環境汚染、ハエや蚊の大量発生などが挙げられている。このため、わが国では、公害と対比される私害との区別が明確でなく、また一般社会用語となり広く使用されていて、学問的にも明確に定義づけられてはいない。このようなことから、以上の現象の共通項を求め「ある程度の広がりをもった範囲の人が被害を受ける」（加藤・宮本他「公害対策基本法試案要綱をめぐって」ジュリスト三七一号四六頁の加藤発言）とか「公衆の被害が発生するような社会的災害」（加藤・宮本他・前掲四七頁の宮本発言）を公害とするのが一般的傾向である。これに対して、「公害」とは、おおやけに処理すべき害であるとの見解（加藤篇・公害法の生成と展開三頁参照）もみられる。これは公害については、私企業自身には責任がないとの考え方にもとづくものであり、また公害の責任主体の見地から定義づけをしていて本末転倒の感がある。そこでここでも公衆の受ける社会的災害という意味に考えることにする。しかし、公衆の受ける社会的災害も、その原因関係からみるとき、産業(企業)活動によって生ずる産業公害と、市民の発する都市公害に大別することができる。ここでは今日の公害問題の中心をなしている産業公害を主として念頭におき考えていくことにする。

ところで、かかる公害に対する中心的課題はその予防と事後の救済をどうするかということである。この点について、昭和四二年に制定された公害対策基本法は、公害に係る紛争処理制度および被害者救済制度について、政府は必要な措置を講じなければならいと規定(同法二一条)し、公害に係る法的救済制度の確立は今後の課題とした。これをうけて、政府は公害紛争処理法律案および公害被害者救済法律案を作成し、今国会に提出した(この法律案を中心としての研究報告、加藤・佐藤他「公害の紛争処理と被害者救済」ジュリスト四〇八号参照)。その骨子は、紛争処理制度として、都道府県公害審査会および中央公害審査委員会を設け、公害に係る苦情の調査、紛争の和解の仲介、調停、仲裁を行うこと。被害者救済措置としては、事業者二分の一、国・地方公共団体がそれぞれ四分の一づつ負担し公害救済基金を設け、指定地域において公害によって指定疾病にかかった者に医療費を給付することにある。これによって、公害に対する法的救済制度の確立にかなりの前進をしめすものといえる。しかし、このような方法での法的救済の制度化に問題はないか。また、法的救済の制度化に際しての基本的課題はどこにあるのかを、かかる法案の提出を契機として考えておく必要があろう。

二　公害の諸特徴と問題点

ところで、前述のように公害の定義は、せいぜい公衆の受ける社会的災害というにとどまり、これだけでは法的救済制度を考えるについては実益性にとぼしい。産業公害と都市公害の区別も法的救済制度における責任主体の決定に関しての一つのメルクマールにすぎない。そこで法的救済制度の課題を考えるについては、さらに公害についての諸特徴を考究しておく必要があろう（この点について、公害審議会の中間報告（ジュリスト三五三号一二二頁）、加藤篇・前掲書六―八頁、西原「公害に対する私法的救済の特質と機能」法律時報三九巻七号一〇頁参照）。

その特徴として、第一に、公害は人間の活動の結果として生ずるものであること。自然災害と区別され、人為的現象であることから、人工的コントロールが可能であるとともに責任追求の可能性を含有しているといえる。資本主義社会の高度な発展に伴い、それとの関係において生ずる産業公害が社会秩序の一部に組み入れられ、自然災害と同様に一般市民をしてそれからの救済をあきらめさせてきた（戒能「公害対策の可能性」法律時報三九巻七号五―六頁）のに対して、救済要求の可能性を自覚させるものとして特に重要である。

第二には、公害による被害は一般公衆や地域社会に及び、ある広がりをもって生ずること。そのため被害者は一般住民でありかつ多数に及ぶことになる。また被害内容は財産的損害のほかに、人間の健康および生活環境を害するという深刻なものであるため早急に解決を計る必要がある。公害によるイタイイタイ病・水俣病・四日市ゼンソクなどの発生がそれを示しているといえる。

第三には、加害者が多数いて全く特定が不可能に近い――大原交叉点での排気ガス、墨田川等の水質汚濁など特に都市公害に多い――か、あるいは特定が不可能ではないが非常に困難―四日市の大気汚染など―なこと。このため救済を追求するための責任主体の確認がむずかしいことになる。法的救済制度を考えるとき、この点が特に重要となる。

第四には、被害が継続性をもって生ずることが多い。このため有効な救済のためには被害発生原因の除去が必要となる。

第五には、公害は大気とか水とかの自然の媒介物を通じて間接的に生じ、また多数のものが集積して一つの被害を生じさせることが多いこと。このことは、加害者・被害者の多数性と結合して、原因と損害発生との因果関係の立証を非常に困難なものとする。それはまた加害者らしいものが特定していても因果関係の立証の困難性から救済追求を困難にすることになる。水俣事件・阿賀野川水銀中毒事件、神通川イタイイタイ事件などがこれをものがたっているといえる。

このように公害のもつ諸特徴は、根本的に新たな観点から法的救済制度を考えることの必要性を暗示しているといえるのである。そこで、公害による被害も被害という点では一般市民生活によって生ずる被害と区別すべき理由のないことから、かかる一般的被害に対する従来の法的救済制度との関係について考察しつつ、どの点に問題点があるのかということについて考察する。このことは、「公害」という新しい概念をたてて、その法的救済制度を特に問題とすることの意味とその際の課題の解明に役立つであろうし、また公害がなぜ今日重要な政治的社会的問題として登場してきたかということの法的側面からの検討とも関連をもっているといえよう。

三　従来の法的救済制度との関係

従来、一般的被害に対する法的救済制度の中心をなしていたのは、私法的救済としての差止命令と損害賠償の二つであった。これは裁判所を通じて実現されることから司法的救済方法でもある。そこで、公害による被害の救済の場合とこの二つの制度との関係をみる必要がある。

(イ)　差止命令は、公害による被害が継続性をもち、また人間の健康を害するということから、これを事前に予防しあるいは排除させるために特に重要である。しかし、この差止命令については法律上明確な規定がない。そのため、その法的理論構成について、公害を土地所有権と結びつけて解決しようとする立場（ドイツのイミシオン法理の立場、沢井「ドイツにおける相隣法の基礎理論」関大法学論集九巻五・六号参照）から所有権に基づく物権的妨害排除請求権（民法一九八条—二〇〇条参照）を根拠とするもの（西原・前掲法律時報三九巻七号一二頁）、公害による被害の中心は人間の健康および生活環境を害するという点にあることから、これを排他的性格をもった人格権の侵害とみてこれを根拠とするもの（加藤篇・前掲書二〇頁）、あるいは不法行為の効果として違法な侵害を受けているときは直ちに排除しうるとするもの（ニューサンス研究（竹内）「公害の私法的救済」ジュリスト三七一号八四—五頁）などがある。そして、それぞれの説には多くの問題が存在しており、それがためいきおい差止命令を認めるのが消極的となるであろう。それとともに差止命令を認めることは、企業活動の停止という企業には致命的な打撃を与えることになる。このようなことから、実際には差止命令を認めた判例はほんのわずかしかみあたらない。これと関連して妨害設備の設置命令ということも広い意味での差止命令とみることができるが、これを認めた判例はかなりあり、この点でかなりの役割を果している。しかし司法的救済としての差止命令は、個別的にしか問題にすることができないのに対し、公害による被害は多数の原因者・被害者が存在しかつその原因が集積されて生ずる場合の多いことから、個別的な処理のみでは十分でない。そのため全一的に捉えて公害の予防あるいは排除の基準を設ける必要が要請される。それは行政的救済の要請を意味する。最近の、ばい煙規制法、水質保全法、騒音規制法等および地方公共団体の各種公害防止条例はかかる要請の結果としてできたものといえる。しかし、強制的手段をもたないことからまだ十分に機能し得ない面があり問題を残している。

(ロ)　損害賠償は、公害よって生じた損害をその原因者に対し、事後的に救済を求めるという点で意義がある。従来これが法的救済制度の中心であり民法七〇九条以下に明規されている。ところが、公害による被害の救済を不法行為にもとづく損害賠償に求めるとき多くの問題が生ずる。

第一に、企業側があらゆる手段・方法・設備をしても防除しえない場合にも、一般の不法行為の成立要件としての故意・過失を認定しうるかという点である。大審院は、適当な設備をしておれば責任がないとの趣旨の見解を示し（大判大正五・一二・二二大阪アルカリ工場の煙突から硫酸ガス等による農作物被害事件）、この見解に従う判例、学説が多い。ところでこの見解は、結果として、企業活動の保護の思想につながるものといえる（加藤篇・前掲書二三頁）。これに対して、たとえ有効な妨害設備の設置がなされ、あるいは技術的にみて困難であり経済的負担が多額であっても、企業活動を続け公害を生ぜしめている限りでは、故意少なくとも過失が存在するとみるべきだとの見解がでてきた。故意・過失についての古典的理論に企業保護のために加えられていた修正を廃止・縮小するだけのことであり、そのために公害に対する救済としては新しい理論を作り出して企業に特に重い責任を負わさなくても十分であるとの考え方にもとづいている

（西原・前掲法律時報三九巻一〇号一三頁、一六頁）。現行法の解釈適用においては、かかる努力は高く評価されるべきであろう。しかし、最高の設備・加害防止のためのあらゆる手段をほどこしてもなおかつ被害が生じ、企業活動の停止以外に防除する方法がないとき、このときでも解釈上の問題として故意・過失を認定しようとするだけでは、実際上の救済に支障をきたすうれいがないとはいえないであろう。そこで故意・過失を問題とすることなく公害を生じさせる企業に直ちに責任を追求しうる方策を講ずるのが適切な救済処置といえる。このためには公害という新しい概念のもとで、その帰責のための新しい制度を検討する必要がある。すなわち、公害の原因となっている企業には、それによって生ずる被害については原則として責任があるとの考えに立つことである。自賠法により運行供用者の責任として無過失責任に近い責任が負わされ、今日では一般市民にさえ無過失責任の考え方を適用しているのであるから、企業にも当然かかる考えにもとづいての責任を負わすのでなければ法制度のバランスが崩れることになろう。このことから、現行法体系上もみとめられている鉱害賠償責任（鉱業法一〇九条）、原子力事業者の賠償責任（原子力損害賠償法三〇条）と同様に、公害の原因となっている企業に無過失責任を課し、これを法的救済制度の中核に置く必要が痛感される。それにもかかわらず、公害審議会の中間報告で企業の無過失責任主義を明確にしながら（中間報告についてはジュリスト三五三号一二二頁）、企業側・通産省側の反撃にあい（宮本「公害対策立法の動向」ジュリスト年鑑一九六八年版二〇頁）、答申でこれをひっこめた（加藤教授はこれは無過失責任主義を放棄したのではないとする（前掲書二六頁）が）ことは、公害に対する法的救済の制度化の前途を暗示するものがあるのではなかろうか。

第二に、損害賠償請求で最も問題となるのは原因と損害との間の因果関係に関してである（牛山「公害訴訟と因果関係」法律時報四〇巻一〇号一五頁以下参照）。四日市ゼンソク事件および水俣病・阿賀野川水銀中毒・イタイイタイ病事件など今日公害として訴訟が進行している事件のほとんどが因果関係を中心として争われているといってもよい。前者は、加害者が不特定多数であり、かつ多数の原因が集積してはじめて被害が生ずることから個々の企業の原因との因果関係を証明することは非常に困難である。後者は、原因となるものが一応特定されているが、直接的被害ではなく間接的であることからどこまで科学的に証明しうるかが問題とされている。このため因果関係については、自然科学的に厳密な証明がいるとするならば公害による被害の救済がほとんど認められない結果となってしまうことから、現行法適用上は故意・過失の問題よりも重要な争点といえる。そこで、因果関係については、ある程度の蓋然性が明らかにされ常識的にみて因果関係があると判断される程度でよいとされてきている（西原・前掲法律時報三九巻七号一二頁、加藤篇前掲書二六頁）。しかしこの場合でも、たえず争いの中心となることにかわりはなく、また被害者側で立証しなければならず、それは公害の場合には非常な費用と労力を伴い大きな負担となるであろう（戒能・前掲八頁）。そのため、被害者の保護の見地に立つ限りにおいては、特にこの点に留意し、かかる負担の転換を明確にする必要がある。例えば、指定地域内で特定物質を一定量以上排出しているものについては、特定被害との関連において因果関係を法律上推定するなどの制度（加藤篇（野村他）前掲書四八〇頁参照）を規定することが必要となろう。

第三に、公害の場合には、加害者の多数性、多数の加害行為の集積による被害という特徴と関連して問題が生ずる。公害の多くの場合は、個々の企業についてその原因をみるとき、被害を惹起させるほどのものではないが集合してはじめて被害が生ずるような場合に、これに関与した者を不法行為者として責任を追求することができるかが問題となる。これについては、民法七一九条を適用し、関与者全員を共同不法行為者として、各人に被害の全額について連帯責任を負わせることによって解決しようとする考え方がある（最判昭和四三・四・二三、西原・前掲法律時報三九巻七号一四頁）。この場合、軽微な加害行為の集積のとき個々の行為者に対する不法行為の成立要件の認定をどのようにしていくのかが問題となる。またこの考え方をみとめると、被害者は、原因に関与した者のうち任意に選択して損害の全部を請求しうることになる。その結果は、その者はたとえ軽微な原因を生じしめていたにすぎない場合にも莫大な賠償義務を負わされることになることから、その者の保護が考えられ、不法行為の成立を厳格にし、被害者の救済が得られなくなってしまう恐れもある。そこで莫大な被害の生ずる公害にあっては、原因者の寄与分に応じて賠償責任を負わすことが妥当であるといえることから、一般の不法行為責任の原則とされている自己責任の考え方を貫き、例えば、解釈論上、関与者全員を単一的に捉え単独の不法行為の成立をみとめるという集合的単独不法行為の考え方によることも考えられる（拙稿「公害の私法的救済と共同不法行為理論」法制研究所紀要一二号一頁以下）。しかし、私法の個別主義の見地から、多数のものを全体として捉え一個のものと考えることに対してはかなりの反論も予想されることから、この点に反省を加え、全体的に捉えるうるよう制度化することが最も適切なものといえる。また多数性に関連して特定しにくい場合があるとともに、公害では原因者が不明の場合も考えられるが、この場合に何らの救済も受けられないとすることは許されないことから、自賠法（同法七二条）によって加害者不明とかひき逃げの場合には国が補償するとされているのと同様の救済制度を考える必要がある。

第四に、司法的救済にあっては、不法行為の要件が備われば損害賠償義務があるとされるだけで、この履行が現実に確保されるかいなかは関知しない。また公害による被害が住民全体の健康を害する以上、裁判を通じての賠償義務の確定をまって救済するよりも、緊急に救済することが望まれる。このようなことから履行の確保の制度と緊急に救済できるような制度が考えられなければならない。それには、自賠法のような責任保険制度か、あるいは全く新しい公害にかかわる被害の救済のための基金制度の確立が要請される。

第五に、公害の場合には被害者が一定地域の住民であることが多いことから、多数の被害者を画一的に救済する処置が必要となる。しかし司法的救済は、個別的なものであることからこれに期待することができず、そのための制度が必要となる。

以上のように、公害による被害の救済を従来の法的救済制度との関係でみるとき、被害者の救済が十分でなく救済さえあやぶまれる現状であることが明らかになったといえよう。このことが公害問題を政治的社会的な問題としている法的側面での原因といえる。そして、被害者の救済のためには非常に多くの改革が必要であることも指摘されたといえるが、これを全体としてみるとき根本的には二つの課題を提示しているものと思われる。まず、従来の私法的救済制度としての不法行為にもとづく損害賠償制度に対して、根本的な改革を加えるのでなければ被害者は十分に保護されないことが明らかにされたことである。それは無過失責任主義・因果関係の推定・加害者を集合的に捉えうるような処置・責任保険制度か或は基金制度を設けることなどを骨子とする「公害損害賠償法」のようなもの（加藤篇（野村他）前掲書四七二頁以下に提案されている）を早急に制定することを意味する。このためには、基本的な考え方として、公害を生じしめている企業に当然に無条件的に賠償責任があるとの思想に立脚して法的救済制度を確立することが必要となる。

他方、加害者の不特定・不明の場合での救済処置、履行の確保、救済の緊急性、画一的救済、妨害措置——規制あるいはグリーンベルトなどによる環境の整備等——の必要などを達成するためには、私法的救済の改革だけで十分でなく、かなり大胆な行政的救済制度を設けることが要求されている。そして、この要求は、公害についての諸特徴をかねそなえた公害らしい公害であるほど増大してくるといえる。

このような二つの課題は、さらに、公害に対する法的救済に関して、私法的救済制度と行政的救済制度の関係を基本的にどのように考えていくべきかという課題を提供することになる。今度の立法化をも含めて、公害に対する法的救済の制度化の今日の傾向については、この点を考察してはじめて正当に評価しうるものと思う。

四　法的救済制度の基本的課題

公害に対する法的救済のためには、以上のように行政的救済制度の確立の必要も明らかとなった。そして、今日は行政的救済制度をどうするかという点に多大の努力が払われている傾向がみられる。今度の法案もこの傾向の一環とみることができる。公害規制のための諸立法化の現象と併せて法的救済制度の確立化への努力として高く評価すべきものがある。しかしはたして、今日のような行政的救済制度の確立化への努力のみに安住してよいものであろうか。行政的救済による場合、救済が妥協の産物化する恐れがあるのではなかろうか。行政的救済措置の中心となるであろう今度の立法化は、行政委員会を設けて、公害に係る紛争の処理にあたらせるということであり行政の準司法的機能の制度化である。そして、このような準司法的機能をもった行政機関による救済が公害の場合には有効・適切であるとの見解が多い（加藤・佐藤他・前掲二四頁以下。谷口他「生活妨害（公害）とその救済」ジュリスト三九〇号二五頁の野村発言）。たしかに、公害に対する救済に際して、公害についての専門機関の設置されている行政機関による原因関係の調査が行われ、その結果を利用できることになる。いまの司法的救済制度では専門的知識の利用がむつかしいこと、および原因関係の調査が当事者にたよっているときよりも適切な処理を期待することができる長所がある（加藤・佐藤他・前掲一九頁の加藤・野村発言）。しかし、一方で除害設備について行政指導し他方で紛争の処理をするという場合に、完全な第三者的な救済が可能といえるであろうか。諸々の公害規制立法が制定され、これにもとづいて行政的規制を守っているにかかわらずなお公害が発生するような場合、加害者に対する行政指導の責任を感じ、被害者のなだめ役に回る可能性が多いのではないか（宮本他・前掲二二頁の沢井発言）。その結果、被害者の救済は取締的規制を守っていたかいなかにかかわらず第一次的に行われなければならないのに、全くその救済が妥協的なものになり、場合によっては恩恵的なものになってしまうことも考えられる。

また、行政的救済制度の確立のみでは、公害に対する企業側の責任を不明確なものとし、あるいは他に転換させられてしまううれいもある。行政的救済制度は、まず被害者を迅速確実に保護するため国または地方公共団体の税金で補てんするという意味で必要であろう。しかし、これは本来みずから被害を発生させている者が負担すべきものをただ被害者保護のために一時的にかたがわりしたにすぎないのである。この結果、企業が害毒をまき散らしながら市民の税金でもって救済しなければならないことになる。もし企業の責任が明確にされていない場合には、かたがわりしたものを追求できないうれいもある。そして企業が公害の救済に費用を出すことがあるとしても、今日行われているように、衛生対策協力費とか地域対策協力費とかの名目をつけた寄付金的なものとなってしまう。この結果は、救済は寄付金の限度において恩恵的になれさるにすぎず、被害者の権利としての救済と全くかけ離れたものとなる（加藤・佐藤他・前掲二七頁の成田発言）。このうれいは、今回の法案による公害救済基金への企業側の供出方法について、強制的な徴収方法をとることに強く反対し、単なる寄附金であるとしていることに明確に現われている。これは企業側に現在の公害の主要原因は国の高度成長政策であるとか、地方公共団体の都市計画の欠如にもとづくのが大部分であるため、その責任は国・地方公共団体が負うべきであるとの基本的な考え方（経団連の基本意見、宮本・前掲二〇頁参照）にもとづくものである。そして、それが行政という多分に裁量の余地のあるところで取り扱われることになるとますます強くなり、まさに公害とは公けに処理すべき害として責任が転換されてしまうことになる。

それでは、権利としての救済制度を確立し被害者の保護を計るにはどのように制度化する必要があるのか。これこそ、公害に対する法的救済制度の今後の基本的な課題の解明と結合しているものといえよう。そのためには、まず基本的姿勢として、公害は高度経済成長の落し子といわれ、企業にとっては「必要」と考えられ、被害者もまたこれに忍従させられてきたのであるが、しかし経済の健全な発展は本来市民の生活環境を保全しつつ発展するところにある（加藤・宮本他・前掲四四頁の宮本発言）ことから、たとえ「必要」なものであってもそれはまた「悪」であることに変りはないこと、被害者もこの点を自覚して救済を要求する権利のあることを自覚することである。また、企業活動がなかりせば当然そういう被害はなかったであろうという被害が生じている限りにおいては、加害者は自分でその責任を負うべきである。この点では個人の市民生活による場合も企業活動による場合も異なる点はない。そればかりか、公害においては、加害者は常に企業であり、被害者は一般市民であって健康あるいは生活環境を害されるということから、弱者保護的思想にもとづき一般の市民を厚く保護する必要があり企業に重い責任を負担させることも妥当であるとの態度を確立する必要がある。そして次に、その適切な方法としては、裁量の余地の多い行政的救済よりも、救済の有・無を確定的に決定しうる方法が要求されるが、そのためには、all or nothing の論理（峻別の論理）を基調とする私法的理論での解決が必要であり、その実現に最も適する私法的救済の確立が第一次的に重要となる。しかし、現状のような私法的救済のための諸制度では被害者の保護に十分でないことは前述の通りであることから、企業責任の加重を明確にした「公害損害賠償法」のようなものを早急に制定し、これにもとづいて救済が行われるようにすることが肝要である。このような、「公害損害賠償法」の制定は、また、かりに今回の法案のように公害の紛争処理を、行政庁に属する公害審議会に委ねるとしても、その紛争処理のための実体法上の基準となるものが必要となり、それを、現行損害賠償法にのみ依存していたのでは被害者の救済に欠ける結果となることは前述の通りであるから、早急に行われなければならないといえる。

そしてかかる法律の制定は、その反射的効果として、損害賠償義務を回避するために、企業側の公害防止への積極的賛与あるいは努力が期待しうるであろうし、被害者救済のための企業側の費用の支出もまた得やすくなるであろう等行政的救済の実行が確保されるのではなかろうか。

このようなことから、行政的救済制度の確立は必要であるとはいえ、これにのみ注目している感のある現状には問題があるといえる。真に被害者保護の立場から法的救済制度を確立するためには、第一次的に、まず損害賠償制度の改革を中心とした私法的救済制度の確立こそが先決問題であるといえる。

2　差止請求の法的根拠としての環境権・人格権

一　はしがき

本判決は、北海道伊達市における北海道電力による火力発電所建設に反対し、地元住民が提訴していた火力発電所建設差止請求について、これを理由なしとして棄却したものである。原告の訴状では「伊達地方は、北海道の西南部噴火湾に面し、支笏・洞爺国立公園を含み、冬期の積雪も少なく、温暖で『北海道の湘南』『緑と太陽のまち』といわれている。気象条件に恵まれ、昼夜の温度差も少なく、良質な土壌と相まって、農作物の作付種類も多く野菜の特産地である。……漁業では、ワカメ、コンブ、ノリ、ホタテ、アワビ、ウニ等の養殖が盛んで、噴火湾地域は急速に北方栽培漁業の基地に発展している。……北海道の保養地としてぜんそく等に苦しむ人々が保養・療養に来ている。全道の定年退職者の中には、伊達を安住の地として選ぶ人が多い。このような自然環境に恵まれた伊達地方を本件のような大規模な火力発電所による公害で汚染することは許されない。」と主張し、自然環境の破壊に対する事前防止のための差止めを求めている。この意味で、公害による環境破壊を未然に防止しようとする環境権訴訟の一つであるといえる。そして、四大公害訴訟後、公害訴訟は環境破壊の未然防止のための差止請求に焦点が移行したといわれるなかで、[1]本判決は、大阪国際空港公害訴訟、名古屋新幹線公害訴訟とともに大規模な公益事業を相手として差止請求がどこまで許容されるかにつき注目されていた。とくに、本判決では、さきの二つの訴訟とは異なり、火力発電所の建設を事前に差止めるというものであり、環境破壊の未然防止という意味では、より純化された典型的な訴訟であったといえる。

この意味において、本判決では、原告側は、差止請求の法的根拠として、環境権、人格権、漁業権、土地所有権などの侵害を主張しているが、必然的にその中心は環境権に置かれている。そのことは、さきの二つの訴訟以上に重みを持っており、裁判所に対する環境権認知請求訴訟の性格を持ったものとさえいえそうである。したがって、本判決において、この環境権なるものに対し、どのような判断を下しているかは、法理論的側面での中心部分といえる。しかし、本判決では、この環境権なるものを認知するにはいたっていない。それに代えて、人格権を法的根拠として判断したにすぎない。環境権を認知することを否定し、人格権を根拠とする見解は、さきの二つの訴訟と同様である。しかし、かかる見解が、本判決で援用されたことは、本判決では環境権認知請求訴訟的性格が強いだけに、さきの二つの訴訟以上にその与える影響は大きいといわざるをえない。そこで、かかる見解に立つに至った本判決の論理をもう一度分析して置くことが、今後の環境権訴訟のためにも、また法理論的にも意味深いものといえるであろう。その際、当然のことではあるが、本判決では、「環境」利益なるものをどのように評価しているのか、また、この「環境」利益をどのような法理のなかで捉えようとしているのか、それらの当否などを主軸として検討することが必要になろう。本稿では、これらの問題について、若干の考察をする。

二　差止請求の法的根拠に関する本判決の論理

(1)　環境権と差止請求

原告側の差止請求の法的根拠の中心は、環境権の侵害に置かれている。人格権、土地所有権、漁業権の侵害などをも主張しているが、重点はそこには置かれていないと考えてよいであろう。そこで、原告側主張の環境権なるものについて概観してみると、人間は、その生存に適した環境でなければ健康な生活を営むことができないことから、健康で文化的な生活の基本的な前提条件として、良い環境を求める権利として環境権なるものが存在する。この環境権は、人間の最も根源的な権利で、憲法二五条から導かれる生存権の帰結として、基本的人権としての性格を持ち、また憲法一三条に根拠をもつ自由権的基本権の性格をも併有する。さらに、環境は、地域住民が等しく共有しているものである（環境共有の法理）から、単に個人の権利の対象にとどまるものとみるべきではないため、集団的権利としての側面を有している。そして、このような「環境権の集団的人権としての性格、環境共有の法理から、企業等が環境に悪影響を及ぼす開発行為を行うにあたっては、事前に環境影響調査をし、その調査結果を住民に公開し、住民の意見を聴取し、その同意を得る義務を負う、との原則が導き出される。換言すれば、環境改変行為は住民の有効な自主的決定に基づかなければならない」として住民の環境自主権をも導き出す。その上で、環境権は、「いわゆる綱領的権利ではなく、法律上保護されるべき基本的人権ということができる。そして、自由権的基本権としての環境権は、直ちに私法上の権利として尊重されるべきで、環境破壊に対する差止請求、損害賠償のための私法上の権利としての性格をもつということができる」と主張する。

この論理は、差止請求の法的根拠を環境権に置くのが最も有効適切に「環境」価値を保護しうることになるとする環境権論者によって展開されてきたそれ(2)と同旨であることは明らかであろう。

ところで、このような論理に対し、環境権を法的根拠とすることを否認した本判決の概要は、つぎのようである。第一に、環境権を私法上の権利とは認めがたいこと。憲法一三条、二五条一項は綱領的規定であり、「これらの規定自体は、個々の国民に、国に対する具体的な内容の請求権を賦与したものではないというべきであるとともに、国以外のものに対する私法上のなんらかの具体的な請求権を直接定めたものではないといわざるをえない。ほかに……私法上の権利としての環境権を認めた規定は、制定法上見出しえない」からであるとする。第二に、「環境の存在自体が私法上の保護の資格を備えており、これに対する侵害から保護されていると解しうるものであるか否か」甚だ疑問であり、「環境共有の法理」に従いえないこと。環境は、「一定地域の自然的社会的状態であるが、その要素は、それ自体不確定、かつ流動的なものというべく、また、それは現にある状態を指すものか、それともあるべき状態を指すものか、更に、その認識及び評価において住民個々に差異があるのが普通であり、これを普遍的に一定の質をもったものとして、地域住民が共通の内容の排他的支配権を共有すると考えることは困難であって」直ちに私法上の権利として存在しているものと認識解釈すべきものかどうか疑問だからであるとする。第三に、環境破壊に対する司法救済は個々人の具体的権利侵害として捉えるだけでよいこと。「もとより司法救済は、現在、環境破壊行為が住民個人の具体的な権利、すなわち、生命、固有の健康、財産の侵害のおそれにまで達したときには」「個々人の人格権、財産権の妨害予防ないし排除として発動されるのであるから、これをもって足るものと考えられる」からだとする。第四に、「人の社会活動と環境保全の均衡点をどこに求めるか、環境汚染ないし破壊をいかにして阻止するかという環境管理の問題は、すぐれて、民主主義の機構を通して決定されるべきものである」こと。

本判決における環境権否定のためのこのような論理は、大阪国際空港公害訴訟第一審判決において[3]、①憲法一三条、二五条はプログラム規定であって具体的権利を与えていないこと、②被害者は、所有権とか人格権という権利を根拠として救済を求めうること、③個々人の法律上の利益を超えて環境破壊を阻止するというのならば、私法的救済の域を出るものであることを理由に、さらに環境権によって保護される内容（価値）および共有の関係が不明確であることを理由に環境権を否定してきた判例理論[4]を附加したもので、これまでの環境権否定判決の理論的集成の上に立つものといえる。このために、下級審レベルでは、差止請求の法的根拠を環境権に求めることを否定する考え方に判例法理が形成されたとみてよいのではないかと思われる。そして、その最大の理由は、大阪国際空港公害訴訟第一審判決の理由③にも散見されるが、本決定の論理全体を通じて、とくに、第三、第四、第五において明確に述べられているところの、「環境」利益の保護の手段としての司法救済にもとづく私法的救済方法における限界の論理に結果するものといえよう。すなわち、「環境」利益も、司法救済＝私法的救済の方法による場合は、それが個人的利益の保護の問題となりえて始めて、その保護が与えられるとする論理にもとづく結果であるということである。そこで、もしそうだとすると、環境権論者の主要な論点が、「環境が有限であり、かつ人間の生存にとって不可欠の条件であるという認識に基づいて環境共有の法理が生まれてきたことを承認するかぎり、個々人の法律上の利益を超えて環境破壊を阻止する権利が認められることは自然の結論である」[5]（傍点筆者）との主張にあることと対比するとき、本判決とは根本的な論理の差異が見出されることになる。

(2)　人格権と差止請求

本判決は、差止請求の法的根拠として環境権によることを否定した上で、それを人格権に認めることを肯認している。すなわち「個人の生命並びにその基盤となる身体の固有の健康状態及び精神的自由というべきいわば人格は、それを維持する手段たる財産権とともに法的に保護されるべきものであることは当然のことというべきである」。それは、民法七一〇条、七二三条により基礎づけうる。「そして……人格権は、何人もみだりに侵害することは許されず、これを毀損するおそれのある侵害行為、すなわち、疾病をもたらすことはもちろん、固有の健康状態をより悪化させるとか、健全な発育を阻害する等の身体侵害行為及び著しい精神的苦痛又は著しい生活上の不利益を及ぼす行為に対しては、民法に規定のある損害賠償のみならず、妨害予防ないし排除を請求することができる権能を有する……」。したがって「本件発電所の排煙、排水、その他の操業行為によって原告ら各自においてかかる侵害又はそのおそれを受けるときは、その排除ないし予防を請求しうる」と解する。ところで、差止請求の法的根拠を、本判決のように人格権に求めることは、これまでの判例によっても一般的に承認されているところである。[6] そして、このような考え方が、公害差止請求の判例法理となりつつあるといえそうである。そして、このような判例法理形成の背後には、「環境」利益の保護を司法救済＝私法的救済のレベルで達成する方法として、個人の利益として保護されるものとして構成せざるを得ず、その構成のために人格権に還元していくことが最も容易であるとの考え方が存在することはいうまでもないであろう。しかし、環境破壊をかりに個人の利益の侵害として捉えるとしても、それが、人格権の侵害として捉えるだけで十分であるかどうかは疑問である。人格権概念は、いまだ流動的なものであるために、そのなかに包含しうる可能性は大いにあるかも知れないが、それではかえって人格権自体の自滅に追いやることになるし、人格権を法的根拠とするのは単なる方便にすぎないことになって反省を求められる時期がくるであろう。このため、人格権に還元することなく、もっとすなおに「環境」利益を個人個人の享有しうる利益として捉え、かかる個人的利益の侵害として保護する論理を探索する必要が痛感される。

ついで、本判決では、人格権侵害を根拠として差止請求が認められるか否かの判断にあたっては「原則として、各場合に応じてその受ける不利益の性質、程度、行為の目的、態様、性質等諸般の事情を比較衡量し、その被害が社会生活上受忍すべき限度を超えている場合にはじめて」認められるとする。ここでは、人格論に「受忍限度論」が組み込まれて展開されている。かかる論理もまた、これまでの判例理論であったといえる。ところで、このような組み込みの論理については、これまでも多く批判されてきたところである(7)。人格権が絶対権的性格をもつものとして捉えられ、その侵害に対して妨害排除的保護を与えるとするのであれば、その侵害があれば、原則として差止請求を認めるべきではないかと思われるからである。このため、重要なのは、人格権が侵害されているかどうか、侵害されるおそれがあるかどうかの判断であるということになる。もっとも、人格権概念は非常に包括的なものであることから、人格権の侵害のおそれがあるあるからといって、それがために差止請求という救済措置を必要とするかどうかについては判断されなければならない場合があろう。そこでは、差止請求を認めるかどうかについての考慮の余地は否定できない。だからといって、それは侵害されるのを忍受しろという意味ではなく、他の救済措置によって救済が可能であり、それで十分であると判断しうる場合に限られるべきである。この意味では、受忍限度論とは異なるものである。

もっとも、本判決では、その比較衡量に際し、単純比較の妥当でないことを明らかにしている。すなわち、「人格権はその性質上かかる受忍限度の設定においてやはりその侵害からの保護につき最大限の考慮をはらわなければならない」とするのがそれである。この点は、単純利益衡量に対し加えられてきたこれまでの批判を受け入れたものとして、評価することができる。

(3)　差止請求否認の論理

つぎに、本判決では、以上のような論理の展開を前提として、とくに原告各人の人格権にもとづく差止請求の当否について、つぎのように判示している。第一に、「大気の汚染に係る環境基準を超えるときは、その完全性につき侵害を受けるに至るものということができる」ことから、「本件発電所による大気汚染の結果、一般的、抽象的には原告らの健康及び植物等に侵害発生の可能性のあることは否定しえないといえるとしても」「右大気汚染については、前記大気の汚染に係る環境基準を超えない程度のものにとどまり、侵害発生を回避することの可能性もまたあるといえるところであり、このことを照らして考えると、……本件発電所の排煙により原告らの健康及び植物等に対し、受忍限度を超える被害発生のおそれのあることを推認するに足り」ないこと、第二に、「汚染物質の長期間における蓄積による人の健康及び植物等に対する影響の点については、その一般的可能性は否定しえ」ないが、「本件において、その発現の時期及びそれを可逆的に防止しうべき時期につきこれを予察するに足る事情……を認めるに足りず、少なくとも現在がその時期であるとまでいいうる証拠は存しない」こと、第三に、周辺地域における電力需要からする発電所建設の必要性が存在することなどから、「今直ちに、本件発電所の排煙排出による原告らへの影響が、本件発電所の操業を前提とする建設差止を求めうる程度にその受忍限度を超えているとはいい難い」としている。ところで、本判決で注目すべきことは、その論理の立て方として、各人の人格権侵害のおそれのある場合に限り差止が認められるという前提に立ちながら、発電所の建設操業によって大気汚染に係る環境基準を超えるかどうかという総量的基準にもとづいて判断されていること、汚染物質の蓄積による影響についても判断基準の一つとして挙げていることである。このために、原告側が、環境権を法的根拠として、環境破壊の生ずるおそれがあるとして提示した判断基準の立て方と実質的にはそれほど異ならない基準の立て方にもとづいたものであるといえよう（もっとも、判断の結論が異なっていることはいうまでもない）。そこで、このことからすると、環境権論者の主張する個人の権利の侵害のおそれがあるかどうかとの個別的観点から判断するのではなく、環境破壊という総体から判断することが重要であるとする論理と実質的には異なるところがないといえそうである。そこでは、人格権論のなかに環境権論における論理の一端が実質的には組み込まれているともいえそうである。

以上のようなことを前提とするならば、本判決が差止請求を否認するに至ったのは、差止請求の法的根拠を環境権に求めなかったことに帰結するのではなく、環境基準についての評価の違いと、発電所の建設操業に伴う大気汚染の程度認定の違いの結果であったということになろう。そして、これに加えて、電力需給からする必要性という公共性によって補充されているのが、差止請求否認の論理ということになる。

三　環境利益保護の論理についての若干の考察

本判決では、環境利益を直接的に法的保護の対象として捉えていない。しかし、環境利益の保護を全く排除するものでもない。間接的に、人格権の侵害というスクリーンを通して捉えていることは、これまでみてきたように明白である。たしかに、環境の破壊が人間の身体・生命をそこなうという被害を結果することになるという意味において、人格権の侵害というスクリーンを通してでも、環境利益を保護しうることは否定しえないし、本判決のような判断基準の立て方にもとづくならば、それはなおさらである。しかし、公害訴訟における差止請求の目的としては、公害による身体・生命に対する侵害を防止するという目的の場合のほかに、公害による生存の基礎となる環境破壊を防止するという目的の場合もあり、これらは明確に区別して捉えられなければならない。このために、「環境」を法律の保護に価する一つの利益として捉えていくという努力は怠られてはならない。それに関し本判決では、その保護の対象になる「環境」利益の内容の不確定性を挙げている。かかる否定理由は、これまでの判例にもみうけられることは前にのべたところである。法的保護をうけるにあたっては、その保護の対象となる「利益」内容が確定されなければならないことは、たしかである。この意味において、一定地域における人類生存の基礎となりうる自然的社会的状態について明確にしていくことは今後も続けられなければならない。その意味では、環境利益について未だ確定していないというよりも今後も確定できるものではない。そしてまた、本判決がいうように個人毎に差異があり「普遍的に一定の質」をもって確定することもできないであろう。しかし、それだからといって、環境を法的保護の対象となる一つの「利益」として捉ええないとする理由にはなりえない。それは確かに、不確定、流動的、個別的な性質を持つものであることは否定しえないが、人類生存の基礎となる一定地域での自然的社会的状態というものは客観的にも把握しうるものであり、現に、本判決でも、その評価は妥当であるか否かは別にして、「大気汚染に係る環境基準」を基準にして人格権侵害の判断基準としていることからすると、かかる「大気汚染に係る環境基準」をもって環境利益の内容を定めることができるからである。すなわち、かかる「大気汚染に係る環境基準」に適合した環境利益が法的保護の対象となりうるとして捉えることができるからである。そして、そこでは環境基準に対する評価だけが争点として残されるにすぎないということになる。

つぎに、このような「環境」利益を直接法的に保護するにあたって、どのように法的構成するかが問題となる。環境権論者によれば、かかる利益を集団的利益として捉え地域住民はこれを共有するものとして構成している。この点は、従来の伝統的な私法理論では、個人的利益の保護を目的とするものであったことからすると、異質な構成である。しかし、それでも、被害の地域的広がりを権利侵害の内容として主張するために、また環境全体の価値を主張するために、かかる構成は必要であるとしている(8)。

ところで、このような法的構成にあっては、共有の法理を介在させることで個人の権利性と接合させてはいるが、本質的には個人の権利とは異なる次元の権利として捉えようとするものであることから、もし、これを認めるとするなら ば私法理論においてコペルニクス的転換が行われなければならない要因を含むことになり、伝統的な私法的救済の論理に立つ限りでは、とうてい受け入れられるものでないのは当然であろう。本判決をはじめ、これまでの環境権否定判決の最大の理由はここにあるといっても過言ではなかろう。このために、本判決では、環境権論にもとづく判断基準の立て方を組み込んでいてそれに一歩近づきつつあると評価しうるし、これまでの判例においても、環境権論の主張する内容を実質的に受け容れた判決例が多くみられ(9)、環境的利益の存在を認めて一歩ふみだそうとする傾向もみられるが、しかし、それらの判例の行き着く先は環境権の承認にほかならないとの楽観的考え方はすて去らなければならない。私法的救済の論理として個人の利益保護から集団的利益保護への進展は、そう容易ではないからである。

　このために、このような状況において、私法上の救済領域で「環境」利益を直接的に保護されるための次善の法的構成が試みられる必要があるのではないかということになる。そこではまず、従来の伝統的な私法理論に依拠しながら、司法救済を通じて、「環境」利益を直接的に保護されるための法的構成が検討されることが必要である。判例においても、「環境」利益の保護の必要性を否定しているわけではないのであるから、まず、判例理論としても受け入れうるところの直接的保護のための法理を提供することが必要ではないだろうか。そのためには、「環境」利益は集団的利益としての性格をもつものであるのは確かであるが、それのみを強調するのではなく、個人の個別的利益でもあることをもっと強く明確にしていく努力が必要である。これまでのような集団的環境権を個人的環境権へと構成替えすることが必要ではないだろうか。(10)

(1)　牛山積「名古屋新幹線訴訟判決の意義」法時五二巻一一号八頁。
(2)　大阪弁護士会環境権研究会・環境権、木村保男＝川村俊雄「公害訴訟における環境権論の展開」（木村編「現代実務法の課題」所収）によって知ることができよう。
(3)　大阪地判昭和四九・二・二七判時七二九号三頁。
(4)　鹿児島地判昭和四七・五・一九判時六七五号二六頁、東京高決昭和五二・四・二七判時八五三号四六頁、福岡地小倉支判昭和五四・八・三一判時九三七号一九頁。
(5)　牛山積「私権としての環境権とその私法的救済」Law School 二〇号三三頁。
(6)　沢井裕・公害差止の法理一一頁以下参照。また、大阪国際空港公害訴訟第一審および第二審判決、名古屋新幹線公害訴訟でも、人格権を根拠としている。
(7)　とくに、中井美雄「名古屋新幹線訴訟判決と民事差止論」法時五二巻一一号一七頁。
(8)　牛山・前掲三三頁。
(9)　広島高判昭和四八・二・一四判時六九三号二七頁、大阪地岸和田支判昭和四七・四・一判時六六三号八〇頁、大阪高判昭和五〇・一一・二七判時七九七号三六頁。

(10)　もっとも、このような構成変えをすることが、環境権の自殺行為になるのかどうか。この点は環境権論者の教示を得たいところである。

3　受忍限度について――横田基地公害訴訟第一審判決をめぐって――

一　はじめに

本判決は、米軍の使用している横田飛行場を午後九時から翌日午前七時までの間、航空機の離着陸に使用させてはならないことと、居住地において五五ホン以上の騒音となるエンジンテスト音、航空機誘導音等を発する行為をさせてはならないとする差止請求、および騒音を原因とするところの過去および将来の損害についての賠償請求に対し、過去の慰籍料請求については一部認容したものの将来の慰籍料請求と差止請求についてはこれを否認したものである。その際、夜間飛行等差止請求にかかる訴えは不適法であるとして却下し、損害賠償請求にかかる訴えについて判断している。そして、その判断の中心となったのが「原告らの蒙っている被害が社会通念に照らし受忍限度を超えているか否か」である。

このため、本判決についてみるとき「受忍限度」の問題が、重要なポイントになるわけである。この点では、公益性のある事業活動に伴う大規模騒音公害訴訟として共通性を有する大阪国際空港訴訟(1)や東海道新幹線訴訟(2)と共通するものである。ただ、この二判決においては、損害賠償請求にかかわる受忍限度の問題とともに差止請求にかかわる受忍限度の問題を睨みながら検討されているのに対し、本判決では、損害賠償請求にかかわる受忍限度の問題に限定されている点に違いのあることに留意しなければならない。このため、受忍限度を問題にする場合、差止請求の場合と損害賠償請求の場合において程度に差異があるのかどうかということが問題になるが、その答えは、本判決からは導き出しえないわけである。それゆえに、本判決では損害賠償請求にかかわる受忍限度が中心となる。ただ、その場合に、過去の慰籍料請求と将来の慰籍料請求にわけて受忍限度が問題とされている点は注目される。その点は、さきの二判決にはみられないし、後者に関連しては、学説でも十分に議論されていないのではないだろうか。

そこで、このようなことを前提におきながら、本判決が「受忍限度」について示した見解について、二、三検討を加えることにする。

二　環境破壊と受忍限度論

公害訴訟とくに環境の大規模な破壊をもたらす訴訟において、受忍限度論をどのように位置づけるかは重要な問題である。本判決でも、原告側は、「公害に基づく侵害行為の私法的救済手段をめぐって、いわゆる受忍限度論と環境権論の対立があ」り、「前者は、加害者側の事情と被害者側の事情及び地域性などその他の事情を比較較量して、損害が一般人、合理人として通常受忍すべき限度（受忍限度）を超えている場合には、違法性ありとし、後者は、公害が、人類に与えられたかけがえのない自然環境に対する侵害であるとの認識に立ち、環境に対する権利は万人の共有するものとの基盤から、被害の存在のみによって違法性を認めるべきであり、侵害行為の態様（公共性、防止措置、先住性等）は一切考慮すべきではないと説いている」ことを明らかにしたのち、本件は、横田飛行場における航空機の離発着等により、同飛行場周辺地域の住民は異常な騒音・振動・排気ガス及び墜落の危険に曝され、都市環境・教育環境その他生活環境全体が破壊されているのであるから、受忍限度論によることは妥当でない旨を強調している。これに対し、被告側は「侵害行為が受忍限度を超えているか否か」が重要であるとして対立している。

このような両者の主張に対し、本判決は「新安保条約のもつ高度の公益性にかんがみれば、米軍の施設の管理運営ないし米軍の活動を原因として私人の権利ないし法的利益が侵害され、民特法に基づく被告の責任要件が存在する場合であっても、その侵害の内容、程度のいかんによっては社会通念上なお受忍すべき範囲内にあるといわなければならい場合があるであろう。殊に本件は……航空機騒音等により原告らの居住地域の環境が急激に悪化し、これがため原告ら住民に対し一般的に身体的、精神的及び日常生活上もろもろの苦痛をもたらしていること(これを人格権または環境に対する侵害と呼ぶことが適切であるかどうかは重要な問題ではない)に対する慰籍料として請求されているのであるから、このような請求の当否を単に被害の内容、程度のみによって判断することは相当ではなく、侵害行為の態様と公益性、被害の防止軽減のためにとられた措置などにつき検討し、これらの事実を総合して、原告らの蒙っている被害が社会通念に照らし受忍限度を超えているか否かが(将来請求に関しては更にその要件を含め)検討されなければならない」とする。すなわち、公害訴訟における受忍限度論を肯認するとともに、環境利益の侵害を理由とする場合にはよりそれが必要であるとするものであり、さらに、飛行場の管理瑕疵の判断にあたっても受忍限度論が適用されるとするのである。

ところで、このような受忍限度論は、公害被害を受けているからといってただちに損害賠償請求が認められるとはかぎらず、「社会共同生活を営んでいる以上は、おたがいにある程度までは受忍しなければならない範囲というものがある」[3]との考え方にもとづくものである。このような考え方は、学説においても多く承認されており[4]、生活妨害に関する戦後の裁判例の一般的傾向としてこれを承認するにいたっているといえよう[5]。また、昭和四一年一〇月の厚生大臣の諮問機関であった公害審議会の「公害に関する基本施策について」の答申でも、「公害については一定の社会的な受忍限度が存在するものであり、これをこえる損害についてはじめて不法行為として責任が生じることとなる」としている。さらに、さきの二つの判決でも、「受忍限度」についての判断が重要視されている。そこで、以上のような状況においてかんがみるとき、本判決は、公害訴訟における受忍限度論の位置づけにつき、多数学説とこれまでの判例の一般的理論に基本的には依拠したものであるといえる。この意味では何ら目新しいものではない。ただ、受忍限度論に対しては、生存に不可欠な要素に絶対的価値を認めないで、すべてを相対的評価基準の中に投入して利益衡量する点に問題があるとか[6]、「歯どめなき利益衡量」あるいは「裁判官への白紙委任」に陥ることになるとか、[7]小規模な生活妨害的事件について裁判例の中から展開してきた理論を大規模な公害事件にどの程度適用可能であり有効性を発揮しうるか疑問であるとか、[8]それは、安易な現状肯定を許容する理論であるとかなどを理由に批判されてきたが、[9]本判決でも、受け入れられるには至らなかったわけである。しかし、本判決での受忍限度論は、被害の種類・程度と公共性・防止措置等の諸ファクターとを「同一次元において捉え総合衡量するという単純な比較較量」によるのではなく、そのファクター評価にメリハリをつけようとする傾向を内包したものといえる。[10]この意味では、環境権論などの影響のもとに変容しつつある受忍限度論[11]による傾向を示したものとみてよいであろう。

ついで、本判決では、受忍限度論によることの必要性が、個別具体的な財産的・人身的損害の賠償請求ではなく、環境利益の損害による総量的被害を理由とする賠償請求である点を強調していることは注目される。すなわち、環境権論では「環境が有限であり、かつ人間の生存にとって不可欠の条件であるという認識に基づいて環境共有の法理が生まれてきたことを承認するかぎり、個々人の法律上の利益を超えて環境破壊を阻止する権利が認められることは自然の結論」[12]としてきた基点に立って、賠償責任の可否を判断するとなると受忍限度論を登場させざるをえないとする論理を示したといえるからである。それは何故であるかは明らかにされていないが、総量的に被害を捉える場合にはとくに「社会共同生活上の受忍限度」というものをもう一方の極において判断しなければならないとの考えにもとづくものと推測される。このことによって、環境権論は、他方では受忍限度論を排斥するために登場してきたにもかかわらず、受忍限度論に接合される結果に立ちいたったといえそうである。もっとも、本判決にみられるようなこのような接合は、環境権理論のつまみ食いであるにすぎないとの反論も予想されよう。しかし、個別具体的権利の侵害を前提にしての救済理論の場面におけるよりも、総量的な環境利益の侵害を前提にしての私法的救済の場面においての方が、受忍限度論が入り込みやすい気もしないでもないことからすると、予想反論をも含めて、そうなのかどうかにつき今後さらに検討しなければならない課題が、環境権論者に課されたといってよいであろう。

さらに、本判決では、受忍限度論のかかわる側面について若干検討を加えなければならないのである。受忍限度論というとき、今日、一般的には、不法行為成立の要件としての違法性判断にかかわるものとして議論されてきているといえよう。しかし、受忍限度は、そのような場合のみに限定されないで、戦前からも、権利濫用の成否ないし正当の権利行使の有無の判断に結びつけられたものとして「社会観念上被害者に於て認容すべからざるものと一般に認められる程度を超えるとき」(13)という趣旨の理論としての意義の場合もあるし(14)、違法性と過失の統一要件化にかかわる新受忍限度論もみられるからである。そして、このことから、受忍限度の判断にあたって、そのかかわりに応じて差異があるのかどうかという問題も当然に生じてくるわけであるから、それをまず明らかにしなければならないわけである。

そこで、この点に関して、本判決をみると「航空機騒音のため受忍限度を超える被害を与えるときは、右飛行場の設置管理は周辺住民に対する関係において違法性を帯び、瑕疵あるとの評価を受けなければならないと考える」としていることから、一方では、違法性判断にかかわるものとしながら、他方では、瑕疵判断にかかわるとみている。ところで、前者については、今日の一般的見解によるものであることからとくに問題はない。しかし、後者に関しては、公害にかかわる受忍限度論の展開のなかで余り議論されてこなかった領域ではないだろうか。このため、瑕疵判断にあたり受忍限度論なるものがかかわりを持つのかどうかという議論から始めなければならないのではなかろうか。本判決は、この点についての配慮は全くなく、問題を残すところである。ただ、このことに関しては、東海道新幹線訴訟においてすでに「国賠法二条一項所定の瑕疵の有無は、受忍限度と相関的に判断すべきものといわねばならない。すなわち新幹線の騒音振動によって原告らが蒙っている被害は精神的被害及び生活妨害を中心とする被害であって、その被侵害利益は、ひっきょう人間の精神的、日常生活の自由、平穏等の快適な生活上の利益であるから、瑕疵の有無を判断するためには利益衡量は不可欠であるからである」としており参考となるであろう。このため、瑕疵判断にかかわる受忍限度論はさきにあげたいくつかの受忍限度論とは若干異なるものであること、とくにこれまで論議の中心であった違法性判断にかかわる受忍限度論と異なることをまず認識しなければならないのである。そして、どちらかといえば、権利行使の瑕疵判断にかかわる受忍限度論に近いものとみてよさそうである。しかし、いずれにしても、受忍限度論が瑕疵判断の領域にまで拡大適用されてきていることは、重要視されなければならない。そして、本判決では、この瑕疵判断にかかわる受忍限度も、違法性判断にかかわる受忍限度も、意識的にか無意識的かの判断はつきかねるが、同列に置いて行っているという点を注目しなければならない(15)。

そこで、このようなかかわりをもった受忍限度論であることを確認した上で、つぎに、本判決におけるその受忍限度の判断について検討を加えることにする。

三　過去の賠償請求と受忍限度の判断

本判決では、航空機騒音等が受忍限度を超えるときは違法性あるいは瑕疵が見められ不法行為が成立し賠償請求が成立するとの論理を前提として、この受忍限度について判断する。その際、過去の賠償請求と将来の賠償請求に分けて判断していることについては、さきに述べたところである。

ところで、受忍限度の判断要素としては、一般に、侵害された利益の内容と程度、侵害行為の態様、侵害行為の公共性ないし公益性、侵害防止措置、先住性あるいは危険への接近、地域性、公法上の基準遵守、改善勧告遵守などが挙げられ、これらの総合判断の上に立って判定すべきであるとされている(16)。本判決でも、過去の賠償請求にかかわる受忍限度の判断にあたっては、ほぼこの要素を前提にしているといえる。そこで、つぎに、その判断にあたり、とくに問題とされている要素につき個別的にみるとつぎのようである。

(1)　公益性要素

本判決で、横田飛行場の使用は、わが国の安全と極東における国際の平和と安全に寄与するという高度の公益性をもつとする点は、若干の疑念はないわけではないが、それであっても、高度の公益性は周辺住民の被害が受忍限度を超えているか否かの判断のうえで考慮されるべき事情のひとつに過ぎず、平和時において、航空機騒音等により受忍限度を超える環境破壊をもたらしている以上は、金銭賠償責任の有無を判断するうえで、同飛行場の設置管理に瑕疵があると評価することを妨げるものではないとしている。受忍限度の判断において、公共性をどのように位置づけるかは問題のあるところである。しかし、今日、学説では、この公共性の評価についてはかなり消極的である。[17] また判例でも、大阪空港第一審判決では「公共性があるからといって、直ちに賠償責任を免責されることにはならないのであって、……深刻な被害が生じていることを考慮するならば、公共性を理由に被害者に、受忍を強いることは到底許されない」とし、東海道新幹線訴訟でも「損害賠償の関係では公共性という衡量要素は受忍限度の判断に影響しない」としている。このような公共性についての評価を、本判決では公益性に関しても踏襲したもので、それは正当といえる。

ただ、このような判断は、平和時を基準としたもので、「わが国に対する他国の武力攻撃に対処するための緊急」時は別であるとして、公益性が極端に高まった状態の場合は、これと異なる判断の余地を残している。しかし、このような場合にあっても、賠償損害責任との関係においてみるときは、さきと同様に考えるべきではないだろうか。

(2)　侵害防止措置要素

横田飛行場の周辺対策に支出した補助金総額が、昭和五三年第二・四半期末現在約四六二億円余という巨額にのぼるとし、それを評価しながらも、救済措置としては安全なものではなく、「防音室内においても日常生活の妨害、心理的・情緒的影響が完全に解消しているとはいい難く、睡眠妨害も軽減されているとはいえ、相当の影響が残る」ことが確認された以上は、受忍限度を超えたものと判断できるとしている。このため、侵害防止措置という要素も、そのことによって侵害が防止されるにいたってはじめて意味があるにすぎないと解されているようであり、それもまた妥当といえる。

(3)　危険への接近要素

公害発生後に居住し被害を蒙った者の賠償請求につき、受忍限度の判断のなかでどのように考慮するかは見解のわかれるところである。欧米諸国では「ニューサンスへの接近」とか「先住権」として議論されているところであるが、ほとんど考慮していないのが実状であるといわれている。[18] しかし、わが国では、これを重視する見解があり、賠償責任の成立を否定するか、過失相殺を行うための要素になりうるとするものがある。[19] 大阪空港第一審判決でも、「同人らは本件空港機公害の被害地域内に敢て自ら進んで住居を選定したことになり、……高い公共性を考え併せると……慰籍料の支払義務を負わせることは妥当」でないとしている。

しかし、このような考え方に対し、「被害者が後に接近したということを理由として、加害者が自己の不合理な加害行為まで正当化しようとすることは容認することは厳にいましめなければならない[20]」とか、賠償請求を目当にわざわざ居住するという場合は除くべきだが、被害者の回避可能性を理由に受忍を求めることは妥当でない[21]などの批判がなされている。

本判決でも、原告らは、米軍機の活動を制約し、損害賠償を求める意図のもとに転入したものでないこと、住居地域としての便利さ、経済性、閑静で健康的であると信じて転入したことから、たとえ航空機騒音等について十分な調査をしていない場合も、損害賠償の請求を許さないとするのは、衡平な観念上妥当でないとして、批判説に近い見解を示している。また、さらには、過去相殺の事由とすることも相当でないとしている。このことは、大阪空港第一審判決より進捗したものであり、妥当である。

四　将来の賠償請求と受忍限度の判断

将来の慰籍料請求に関しては、大阪空港第一審判決では、騒音防止対策の結果、損害が軽減・消滅することが予想されるから損害額算定の基礎を確定しえないとして否認したのに対し、同控訴審判決は、将来にわたって同様の侵害状態および損害の発生が継続するものと推定でき、請求権発生の基礎たる事実関係を現時において確定できるとしてこれを肯認した。[22] そこで、東海道新幹線訴訟では、「現在、直ちに強制的な履行の必要があるとは、にわかに断じ難」いとしてこれを否認してきたという事情のもとにおいて、本判決は、「慰籍料請求権発生の要件である環境破壊の程度が受忍限度を超えているか否かの点」の判断にあたり、被害状況を予測するには不確定な要素が多く、現在、適確な判断は不可能であるため、要件事実の証明が不十分ということになるとして、新しい否認の論理を構築したといえる。そこで、将来の賠償請求にかかわる受忍限度の判断要素を考える場合に、このような将来的要素をも考慮に入れなければならないのかどうか。そして、もしそうだとすると常に不確定要素が介在することになり、受忍限度判断はできないことになりかねないのではなかろうか。このために、大阪空港控訴審判決の論理を借りて受忍限度の判断要素についても、現在の要素が将来にわたって継続するものとの推定のもとに判断することの方が妥当ではないだろうか。将来の賠償請求にかかわる受忍限度の判断要素につき、いつをもって確定するかという新しい問題が投げかけられたわけで、これも、今後の課題になろう。

(1)　大阪地判昭和四九・二・二七判時七二九号三頁、大阪高判昭和五〇・一一・二七判時七九七号三六頁。
(2)　名古屋地判昭和五五・九・一一判時九七六号四〇頁。
(3)　加藤一郎編・公害法の生成と展開二七頁〔加藤〕。
(4)　野村好弘「故意・過失および違法性」加藤編・前掲書所収三八七頁、淡路剛久・公害賠償の理論一一一頁、藪重夫「日照の私法的保護に関する諸問題」北大論集二五巻三号一頁以下、沢井裕・公害の私法的研究四〇五頁以下など。
(5)　奥田昌道ほか編・民法学6八一頁以下の分析参照。
(6)　篠塚昭次「『環境権』否定判決への疑問」法時四六巻五号一九頁、同旨、斎藤博「差止請求」判時九七六号一三頁。
(7)　大阪弁護士会環境権研究会・環境権一三九頁。
(8)　西原道雄「総論」判時九七六号五頁。
(9)　牛山積・公害裁判の展開と法理論一七五頁。
(10)　本判決での「環境破壊をもたらした以上……高度の公益性と雖も……受忍限度……判断のうえで考慮すべき事情のひとつにすぎない」との見解によって示されているといえよう。
(11)　受忍限度論の変容については、沢井・公害差止の法理二三頁以下参照。

(12) 牛山「私権としての環境権とその私法的救済」Law School 二〇号三三頁。
(13) 大判大正八・三・三民録二五輯三五六頁。
(14) 奥田ほか編・前掲書七二頁〔東孝行〕参照。
(15) なお、受忍限度の判断において、違法性判断にかかわる場合と瑕疵判断にかかわる場合とで異なるのかどうか。その検討はここでは留保するが、東海道新幹線訴訟によるかぎりにおいては区別する必要はなさそうに感じられるのだが？
(16) 加藤編・前掲書四〇九頁以下〔野村〕、奥田ほか編・前掲書七四頁、七五頁〔東〕、牛山・現代の公害法八三頁など。
(17) 加藤編・前掲書三一頁、三二頁〔加藤〕、四一一頁〔野村〕、牛山・前掲書〔法理論〕一七八頁、沢井・公害の私法的研究四三三頁、潮海一雄「大阪空港控訴審判決と違法性」判時七九七号七頁など。
(18) 沢井・公害の私法的研究四二八頁参照。
(19) 加藤編・前掲書三三頁〔加藤〕、四〇八頁以下〔野村〕。
(20) 沢井・前掲書四三一頁。
(21) 牛山・前掲書〔法理論〕一七九頁。
(22) 竹下守夫「差止請求の強制執行と将来の損害賠償請求をめぐる諸問題」判時七九七号三三頁、三四頁参照。

4　受忍限度について――大阪国際空港夜間飛行禁止請求――

一　はしがき

大阪国際空港夜間飛行禁止等請求事件につき、最高裁大法廷は、昭和五六年一二月一六日に、①大阪国際空港の供用の差止請求については、いわゆる通常の民事上の請求としては主張できないとし（賛成九人、反対四人）、②過去の損害賠償請求については、一部の者については破棄・差戻しをしたが（賛成八人、反対五人）、その他は認容し（賛成九人、反対四人）、③将来の損害賠償請求については、これを否認（賛成一二人、反対一人）した。このうち、過去の損害賠償請求の判断においては、「国家賠償法二条一項の営造物の設置又は管理の瑕疵とは、営造物が有すべき安全性を欠いている状態をいうのであるが、そこにいう安全性の欠如、すなわち、他人に危害を及ぼす危険性のある状態とは、ひとり当該営造物を構成する物的施設自体に存する物理的、外形的な欠陥ないし不備によって一般的に右のような危害を生ぜしめる危険性がある場合のみならず、その営造物が供用目的に沿って利用されることとの関連において危害を生ぜしめる危険性がある場合をも含み、また、その危害は、営造物の利用者に対してのみならず、利用者以外の第三者に対するそれをも含むものと解すべきである」（筆者傍点）として、本件を国賠法二条一項の営造物責任の問題として捉えることの妥当性を明らかにしたのち、その判断にあたっては、その空港供用行為が違法性を帯びるかどうかで決せられ、その違法性については、その空港供用行為によって被るとされる被害が社会生活を営む上において受忍すべきものと考えられる程度、すなわちいわゆる受忍限度を超えるものかどうかによって決せられるとの論理のもとで、検討を加えている。そこで、本判決では、過去の損害賠償請求に関連しては、空港供用行為と受忍限度の関係が、一つの大きな争点として検討されなければならない。その際、本判決では、B滑走路の供用開始までの間に居住していた被害者との関係では、受忍限度をこえるものと判断しているに対し、B滑走路供用開始後に転居してきた被害者との関係では、危険への接近の理論との関連で受忍すべきものかどうかの判断のために原審に差し戻していることから、本稿でも、両者を区別して検討することが必要になる。

一　本件訴訟と受忍限度論

大規模な環境破壊をもたらす公害訴訟での損害賠償請求において、受忍限度論をどのように取り扱うかは、これまで常に争点になってきたところである。これにつき、本件判決では、本件空港の供用のような国の行う公共事業が第三者に対する関係において違法な権利侵害ないし法益侵害となるかどうかを判断する際には、被害が受忍すべき限度を超えているかどうかが判断要素になることを肯認した。このことは、本件訴訟の第一審及び原審判決の考え方、東海道新幹線訴訟(2)で示された考え方と基本的に共通するもので、判例理論として確立するにいたったといえる。(1)このため、環境破壊公害訴訟との関連において、受忍限度論をもち出すことに批判的ないし消極的であった有力学説(3)は、受け入れられるにはいたらなかったことになる。このことは、環境破壊公害訴訟においての一般論として受け取ることは問題である。それは、本件判決で示された国賠法二条一項の瑕疵の意味との関連においてに限定されなければならないのである。

そこで、本件判決において、受忍限度がどのように位置づけられているかを見定めなければならない。ここでは、まず、国賠法二条一項にもとづく賠償請求に関連して受忍限度が問題にされているということであり、ついで、その際に、問題とされている瑕疵は、営造物の物理的瑕疵ではなく、作用的ないし機能的瑕疵で、これにかかわっての受忍限度が問題にされているということを、確認しておかなければならない。しかし、それでいて、他方では、空港の供用につき、受忍すべきことを要求することはできず、法によって承認されるべき適法な行為とはいえないとして、空港供用行為の違法性の判断との関係において捉えているかの如き判示もみられる。そして、この両者の関係がどのように結び付いているのかは必ずしも明確にはなされていない。すなわち、空港の作用的ないし機能的瑕疵の問題と空港供用行為の違法性の問題とがどのような関係に立つのか、かつまたそれらの判断にかかわる受忍限度はどのように位置づけられるのか明確に理解しえないのである。ただ、本判決が、原審の判断に対して示した理解から推測すれば、空港供用行為のような公共性のある場合の空港の設置・管理の瑕疵を判断するにあたっては、一般に社会生活上受忍すべき限度を超えるようなものでも、更に一定の限度まではこれを甘受しなければならないとすべきものであるかどうかの受忍限度を判断し、かかる意味においての違法性の判断にかかわるものと考えているようである。すなわち、公共性のある営造物の作用的ないし機能的瑕疵の判断において、受忍限度が問題となることを判示したまでであると解しうるのである。このため、本判決における受忍限度の位置づけについての曖昧さはぬぐいえないが、これまで、受忍限度論というのは「加害者側の事情と被害者側の事情、および地域性などのその他の事情を比較衡量して、損害が一般人・合理人として通常受忍すべき限度（受忍限度）を超えていると認められる場合には、違法性あり[4]」とする違法論の問題とされてきたが、ここでの受忍限度というのは、公共性ある営造物の作用的ないし機能的瑕疵の判断の要素として理解されているといえる。

ところで、瑕疵判断の領域への受忍限度論の拡大適用については、東海道新幹線訴訟や横田基地公害訴訟[5]においても認容しており、学説でも、機能的瑕疵のある空港といえるかどうかは、社会通念上限度をこえた騒音を附近の住民にまき散らしていたかで決り、その限度をこえた騒音であるかどうかは附近住民の受忍の限度をこえるものかどうかで決るとして、一部では、肯認されてきた[6][7]。そして、本判決でも、基本的にはこのような考え方にもとづいているとみることができないわけではないが、空港のもつ公共性との関連で受忍限度を強調している点は留意しなければならないところである。そして、本判決が公共性のある営造物の作用的瑕疵の判断の場合に限って、受忍限度を問題にしたものであると限定的に捉える限りにおいては、一応、肯認できるものといえよう。

さらに、その公共性と受忍限度との関係については、受忍限度を判断するための一要素として公共性を対比させ、その空港の瑕疵による損害賠償請求の判断に結び付けるという論理がみられる。また、危険への接近の理論についても、受忍限度を判断するための一要素とされていることにも注目すべきである。このようにして、受忍限度の問題が空港の瑕疵や公共性、危険への接近の理論と結び付けられながら、そこに集結されて過去の損害賠償請求について判断されているのである。このために、形式理論的には、空港の設置・管理の瑕疵による賠償という仮面をかぶせながら、実質的には、国の空港供用という公共事業とそれによる附近住民の被る被害との間の利益衡量の上に立って判断されたものであり(8)、その利益衡量が受忍限度の問題として行われているものであると理解しても、あながち誤りではないであろう。

二　受忍限度の判断要素

本判決での受忍限度は、公共性ある営造物の作用的ないし機能的瑕疵の判断にかかわるものではあるが、その判断要素として指摘されているのは、違法性判断の場合の要素と同様である。すなわち、「侵害行為の態様と侵害の程度、被侵害利益の性質と内容、侵害行為のもつ公共性ないし公益上の必要性の内容と程度等を比較検討するほか、侵害行為の開始とその後の継続の経過及び状況、その間にとられた被害の防止に関する措置の有無及びその内容、効果等の事情をも考慮し、これらを総合的に考察してこれを決すべきものである」としている。このことから、受忍限度の判断において、違法性にかかわる場合も、瑕疵判断にかかわる場合も、その考慮すべき判断要素については差異のないことが、判例理論としては明らかにされたことになる(9)。それとともに、各ファクターを並列的に捉えるということは、無原則な裸の利益衡量の危険性が生ずるとする被害者側の反論については抽象理論としては一顧もしていない。しかし、各ファクターを綜合衡量する際の重軽の差があるのかどうかという点は明らかにしてほしかったところである。

つぎに、その綜合衡量の結果として、受忍限度を超えるものであると認定したわけであるが、そこでの判断内容は、つぎのようなものであり、今後の裁判の基準となろう。

それは、①空港の供用という公共的要請は、国民の日常生活の維持存続に不可欠、絶対的な役務の提供ではないこと、②地域住民への被害の多数性、被害内容の広範・重大性の存在、③空港の供用による公共的利益の実現が一部少数者の特別の犠牲を強いることになり不公平であること、④事前の調査予測と被害の防止・軽減措置が講じられていないこと、⑤既成事実を作り出しておいて公共的要請を理由に拡張するという一種の循環作用のみられること、⑥諸般の被害対策も被害の軽減には効果をあげていないことなどである。このうち、①で、空港供用は不可欠・絶対的な公共事業でないと評価したことは注目されるし、③では、公共的利益と個人被害の関係をどのような視点から考量するかによって、個人被害についての評価が減退する恐れがあるわけであるが、本判決は、公共性のある事業によって被害者がどれだけの利益を受けているか、受ける利益と被害との間に彼此相補関係があるかどうかの観点から捉えており、妥当といえるし、④では環境アセスメントの必要性を、⑥では実効性のある防止対策でなければならないことを明らかにしたことなどからすると諸ファクターについては軽重を考慮してメリハリをつけて判断したものといえそうである。この意味では、無原則な裸の利益衡量との批判は免れうるのではなかろうか。

三　公共性と受忍限度

本判決では、受忍限度を問題にする場合、空港供用の公共性の問題と絡み合わされている点が重要である。(10) すなわち、さきに指摘したように、公共性を受忍限度を判断するための一要素として対比させて捉えているということである。空港の瑕疵という形ちでの損害賠償請求に際して、空港の公共性の問題をどのようにくみ込んでくるかは、一つの論点である。これについては、公共性も、国賠法二条の免責の抗弁事由として、不可抗力に準じて法律構成することも考えられるとの指摘があったが[11]、本判決では、このような考え方は採用されていない。この意味では、公共性の比重を被害よりも重くみるということは法理論上はなかったといえる。また、公共性を受忍限度の判断要素にくみ込むにあたっても、公共の一般利益に注目するだけではなく、その公共的利益の被害者に及ぼす利益というものにも注目して、くみ込んでいることは重視しておかなければならない。そして、この点が、反対意見と明確な差異がみられるところである。反対意見によれば、「被害者が受けている被害が空港の公共性（公益性・必要性）との対比の上で受忍限度を超えるといえない以上、その加害行為を違法とはなしえいない」として、多数意見と同様の論理に立ちながらも、「高度の公共性のある国の事業の執行に伴って第三者に被害が生ずる場合、加害行為を違法とするためには、一般に私的事業との関係で受忍限度とされる程度を超える被害が生じているというのみでは足りない。当該事業の公共性の性質・内容に応じて受忍限度の限界が考慮されるべきであり、公共性が高ければそれ相応に受忍限度の限界も高くなるものといわなければならない。そして、高度の公共性のある国の事業の執行に関して第三者に生ずる損害が、……精神的苦痛、生活妨害のような非財産的損害である場合には、原則として、かかる被害は受忍限度内にあるものとし……身体的被害の原因となりうるような深刻な加害が存するようなときにのみ、受忍限度を超える被害があるものとしてその請求が許されるものと解するのを相当とする」とし、その理由としては、「近代国家は諸般の公共的目的の実現のために種々の責務を負い、これを果たすために必要なときは自ら事業を営むのであって、国民はかかる事業活動によって直接・間接の恩恵を受けているのであるから、右事業活動のうち高度の公共性を帯びるものに随伴して生ずるある範囲の犠牲について国民がこれを受忍することを要求されるのは、右の恩恵との対比においてやむをえない」からであるとの考えにもとづいている。そこでは、国民一般の利益・恩恵という観点から捉えられているわけである。たしかに、公共的事業活動の必要性を否定することはできないし、それによって国民は利益を受け恩恵を被ることが多いであろう。しかし、そのことと、そのような公共的事業活動によって一部の国民の被る被害を受忍しなければならないとする論理とは直接に結び着くものではないであろう。また、高度の公共的事業であるからといって、それが、国民の生存に不可欠なものでない限り、一部の国民の犠牲において行いうると解することは、非常に危険である。とくに、個人の被害の救済を目的とする訴訟において、このような考え方は妥当性を欠くのではないだろうか。以上のようなことからすると、本判決の多数意見は、まさに妥当なものであったといえる。

四　危険への接近の理論と受忍限度

本判決では、危険への接近の理論も受忍限度を判断するための一要素であるとして捉えていることは、とくに留意しなければならない点である。ただ、その際、危険への接近の理論は、受忍限度の限界を高めるための一要素としてはめ込んでいるわけであるが、このことは、これまでの通説的見解とは逆行するものといえよう。このことは、被上告人の答弁書においてとくに強調されているところでもある。すなわち、学説では[12]、危険への接近の理論を認めることは、環境破壊者に対して環境専有権を認めることになり妥当でないとか[13]、少なくとも住民の日常生活を根底から破壊し、さらに精神的・身体的被害まで発生させている場合には考慮すべきでないなどと主張されてきたからである[14]。また比較法的にも、ドイツ・イミッション法理において土地利用の先後関係は考慮されることはないとか[15]、英米法のニューサンス法理においても「ニューサンスへの接近」とか「先住権」は論議されてはいるが考慮すべき重要な要因ではないとされている[16]ことからすると、問題を残すものといえよう。

さらに、危険への接近の理論を受忍限度の限界を高めるために、受忍限度の判断要素としてはめ込むための要件を原審より広げたことも問題である。すなわち、原審では「危険への接近の理論について、住民の側が特に公害問題を利用しようとするごとき意図をもって接近したと認められる場合でない限り右の理論は適用がないとの見解」に立って、B滑走路供用開始後に入居した被害者についてもその適用を認めなかったのに対し、本判決は「その者が危険の存在を認識しながらあえてそれによる被害を容認していたようなときは、事情のいかんにより加害者の免責を認めるべき場合がないとはいえない」との見解を示すにいたっているからである。もっとも、「事情のいかんにより」の制約要件として、つぎの二つの点が指摘されており、裸の適用をみとめたものでない点は、やや評価されるところである。その一は、精神的苦痛ないし生活妨害のときは適用されるが、直接生命、身体にかかわる被害であるときは別異に判断されなければならないということである。被害の重大さの程度に対応して危険への接近の理論の適否が考えられており注目される。その二は、被害者が認識した騒音から推測される被害の程度の被害にとどまるときは適用されるが、その程度を超える被害であったか、入居後に騒音の程度が格段に増大したという事情のある場合は適用されないとしていることである。危険への接近の理論を受忍限度の判断の中にはめ込むこと自体については、若干の疑念の残るところであるが、これをはめ込む以上は、このような歯止めをかけるのは当然であろう。そして今後はその歯止めの認定については、慎重に判断されることが望まれるところである。

ところで、危険への接近の理論のはめ込みにあたり、このような制約のつけられたことから、今後は、その認定判断をめぐって争われることになるのは必然であるし、そのいかんによっては、その適用を否定しうる余地も残されているとみてよいであろう。(17) とくに、反対意見でも強調され原審でも判示しているように、航空機騒音等による被害の内容及び性質は、日常特に夜間における反復的な航空機騒音への暴露の継続による身体的被害と各種の生活妨害の総体とこれから生ずる累積的な苦痛であることから、このような被害は居住してみてはじめて体得できるものであり、現地における一時的な騒音への暴露の経験だけからではとうてい予測でないものであるという特質からすると、認識した騒音から推測された被害を超える被害であったとして特別の事情が認定され、危険への接近の理論の適用が排除される可能性が大いにありうるのではないかと推測される。

おわりに

過去の損害賠償請求との関連で、受忍限度の問題をみてきたわであるが、そこでは、この受忍限度につき理論的にいろいろな問題を提示するにいたっているといえよう。その一は、国賠法二条の営造物の瑕疵の判断要素として受忍限度を位置づけたことであり、その二は、受忍限度の判断の対比要素として公共性を入れてきたことであり、その三は、受忍限度の限界を高める要素として一定の条件のもとで危険への接近の理論のはめ込みを承認したことである。そして、もっと根本的には、本判決での受忍限度は、形式理論的には違法性判断のための受忍限度とは異なるということになるのであるが、実質的には、受忍限度という論理で空港供用の違法性が判断されていることは明らかである。この点は、判決文においても、しばしば明示的に記述されているところである。すなわち、空港の瑕疵を判断するための受忍限度も、違法性の問題とまったく同一であるとの考えがそこにみられるわけであるが、果してそれでよいのであろうか。これでは、空港の瑕疵は、空港供用行為に違法性のある場合にのみ認められるということになり、瑕疵と違法性は同一内容の責任概念として理解されることになるわけであるが、国賠法二条の営造物責任を問題にする場合に、果してそれでよいのであろうか。これらの問題は、今後、議論されなければならない問題ではないかと思われる。

(1)　大阪地判昭和四九・二・二七判時七二九号三頁、大阪高判昭和五〇・一一・二七判時七九七号三六頁。
(2)　名古屋地判昭和五五・九・一一判時九七六号四〇頁。
(3)　反対説の諸論拠については、拙稿「受忍限度について」判時一〇〇八号一〇頁（本書二八頁）参照。
(4)　淡路剛久・公害賠償の理論一九四頁。
(5)　東京地八王子支判昭和五六・七・一三判時一〇〇八号一九頁。
(6)　古崎慶長「大阪空港控訴審判決と国家賠償責任」判時七九七号一三頁。

(7) その当否については一つの課題であることは、すでに指摘した通りである（拙稿・前掲一一頁（本書三一頁））。
(8) このことは、少数意見でも明らかにされているところである。
(9) 拙稿・前掲注(15)（本書三一頁）参照。
(10) 本判決での公共性の問題については、別稿が予定されているので、ここでは、受忍限度との関係に限定して若干検討するにとどめる。
(11) 古崎・前掲一三頁参照。
(12) 被上告人の答弁書中に非常によくまとめられているので、それを借用することにする。
(13) 清水誠「損害賠償請求について」法時・公害裁判第四集三四頁。同旨、山口和男「騒音の規制と被害者の救済」法曹時報二四巻一〇号五〇頁、潮海一雄「公害訴訟における損害論」判タ三一四号三四頁。
(14) 加藤一郎編・公害法の生成と展開三四頁（加藤）、四一〇頁（野村）、淡路「大阪国際空港公害判決の問題点」ジュリ五五九号四三頁など。もっとも、本判決でも、直接生命・身体にかかわる被害の場合には考慮すべきでないとするがごとき表現が用いられていることから、この説と同一基盤の上に立つものとの見方もできそうである。
(15) 沢井裕・公害の私法的研究二五頁、四二八頁参照。
(16) 沢井・前掲書二五頁、四二八頁参照。塚本重頼・英国不法行為法要論三〇四頁。
(17) このことの確認は、この部分の請求については、原審への差戻しであることから、実際上も、とくに重要であろう。

5　小野田セメント公害訴訟第一審判決

――津地裁四日市支部昭和五七年六月二五判決（判例時報一〇四八号二五頁）――

一　事　実

Y社は、明治一四年五月に設立され、わが国でも有数のセメント製造・販売企業であり、本件工場は、昭和七年に創設され、Y社の主力セメント製造工場である。本件工場では、セメント製造につき、一時期を除き拡大の一途を辿り、とくに日本経済の成長期に入った昭和三四年以降急速に高まって、昭和三七年には昭和三〇年の約二・五倍に当る約一〇二万トンが生産され、いわゆる日本列島改造政策が推進された昭和四七年には昭和三〇年の五倍以上の約二一七万トンが生産されるに至った。これにともなって、周辺地域に相当量のばいじん等を排出したため、周辺住民との間に紛争が生じたり、県から改善勧告を受けたりしたこともあった。その後、本件工場では、高性能の集塵装置であるEPの導入や整流器の改良などが行われ、本格的な防塵対策工事が完了した昭和四九年ころより以降、防塵対策の効果が上り始めた。一方、Xら六名は、本件工場から約一、六〇〇メートルの範囲内の地域に居住するとともに田畑を耕作し、米、麦、大根等の栽培や養蚕等に従事してきた。そこで、Xらは、本件工場の排出する多量のばい塵、硫黄酸化物による大気汚染、重金属による土壌汚染及びこれらの複合汚染に基因する水稲等農作物被害、本件工場の操業に伴う騒音による被害、排水による被害を受けたとして、昭和三五年から同四九年までの間の被害について、第一次的には、農業経営及び生活全般の破壊を総体として損害としてとらえた包括請求の内金を、第二次的には、農作物減収等による財産的損害及び右被害と家屋及び生活環境破壊の被害と慰籍料、弁護士費用の内金を、Y社に対し賠償請求した。これを、Y社が争ったのが本件である。

二　判旨

因果関係の認定に関して、本件工場から排出されるばい煙による被害については(以下ばい煙被害)、「以上に認定、判断してきたところ、殊に、原告らの農耕生活上の実感によれば、農作物の被害程度は降下ばいじん量の消長に応じていたこと、……の水稲収量等の調査によれば、本件工場周辺の水稲収量の減収傾向とその分布上の特徴が……で認定したばいじん等のそれに概ね合致する傾向が窺われたこと、実験上、原告らの耕作農地所在地域付近における程度のばいじん汚染により水稲の減収等の被害が生じうることが確認され、そこで、このことは水稲以外の農作物にも当てはまると考えられること、硫黄酸化物や重金属による影響も、時期や状況によって無視し去ることはできず、また、複合汚染による影響も考慮に入れる必要があること等に徴すれは、耕作年度、耕作農地、農作物の種類、表作と裏作等によってその被害程度に差異はあるものの、本件工場の排出に係るばい煙、殊にそのうちのばいじんの影響によって、原告らの本訴請求に関する昭和三五年から同四九年の間、原告らの耕作農地所在地域の農作物に減収又は品質低下の被害が生じてきたものであるこは明らかというべきである。」「なお、原告らは、更に、ばいじんの付着による農作物の汚染損、農作業中のばいじんの飛散等による作業能率の低下又は作業量の増加……などの被害も被っているが、これが本件工場の排出したばいじんによるものであることは多言を要さない」。本件工場の排水による被害については(以下排水被害)、「前記分水嶺の変更や工場廃水排出の事実のみをもっては、未だ本件工場の採掘行為や工場廃水の排出と中野水路の氾濫及び原告らの山林又は冠水との間に因果関係を認めるに足りない……。」

違法性に関して、本件工場の操業に伴う騒音による被害(以下騒音被害)については、「それが果たして社会生活上受忍すべき限度を超えていたかどうか適格に判断できないので……、右騒音を理由に被告会社の損害賠償責任を認めることはできない。」

過失に関して、ばい煙被害については、「被告会社が、その操業開始以来のばい煙、殊にそのうちのばいじんの排出、放散によって、原告らに対し、社会生活上受忍すべき限度を超える被害を与えてきたものであり、それにつき、被告会社に、少なくとも過失があったことは以下の各点に徴して明らかである。」

損害算定に関して、包括請求については、「本件は主として財産的損害に係るものであること、原告らの主張するような損害の包括請求が請求及び既判力の範囲を不明確にするものであることは他の一般の損害賠償請求との比較において明らかであることを考慮すると、右主張は、にわかにこれを採用し難い」。損害額の算定方法については、「通常の不法行為における手法を用いて個別的な損害賠償の積算を行うことには著しい困難を伴うばかりか、かえって、これを厳格に要求することは、結局のところ被害者に救済の途をとざすことになりかねないし、それでは発生した損害を適正かつ公平に配分するという不法行為法の理念にも悖ることになる。むしろ、本件の如き事案においては、その特徴に鑑み、いわゆる定型的手法をかりるなどして、被害の実体を可及的に把握し、その損害額を算出すれば足りるものというべく、算出方法が特に不合理であると認められるような特段の事情のない限り、その方がより妥当であるというべきである」。そこで、ばい煙被害の場合の農作物被害算定方法については、「原告らは、農作物被害に関し、これを稲作被害、麦作被害、大根の被害、お茶、桑、一般野菜の被害に分けて、それぞれの損害の算定根拠と損害額を主張しているところ、後に認定する原告らの各農作物の作付及び栽培状況、各農作物の被害態様、価格形成要因その他の事情を考慮すれば、原告らの主張に概ね従って、その耕作する農作物を水稲、麦、大根、その他の農作物の四類型に分け、それぞれについて算定した損害額を積算することによって、農作物被害の総損害額を算出するのが相当である。」。ばい煙被害の場合の慰籍料算定について、「なお、慰籍料算定の基礎となるべき被害は、要するにばいじん等によって生活環境全般が汚染されることによる被害ということに要約されるが、便宜上、これを農作経営に関するもの、家屋に関するもの、日常生活に関するものに分けて、以下に、具体的に述べる。」

消滅時効に関して、「民法七二四条にいう『損害及ヒ加害者ヲ知リタル時』とは、被害者の加害者に対する賠償請求が事実上可能な状況のもとにおいて、加害者及び加害行為が違法であって不法行為を原因として損害賠償を訴求しうるものであることをそれが可能な程度に具体的な資料に基づいて、知るに至った時をいうものと解すべきところ、農作物の減収等の被害については、本件全証拠中にも、原告らが本訴提起から既往三年より前に以上のような意味での認識を有していたものと認めるに足りる証拠はない。」「原告らが、ある程度具体的資料に基づいて被害の発生及び原因について前記のような意味での認識を有するに至ったのは、早くも、原告等の大部分を含む有志農民グループ瑞穂会の依頼により……教授らが現地において本格的に被害の実情及び原因解明のための調査をし始めた昭和四八年の初めころに至ってからであると認めることができる。してみると、右時点から起算しても三年以内に本訴が提起されていることは訴訟上明らかであるから、被告会社の消滅時効の抗弁は、農作物被害との関係では理由はない。」

「ところで、本件においては、加害行為の態様は、本件工場によるばいじん等の継続的な排出、放散であり、このような継続的不法行為においても、これに基づく損害賠償請求権の消滅時効は、被害者が加害者を知っている限りにおいては、損害が発生するたびごとに格別に時効期間の進行が開始されるべきものと解すべきである。」「そこで、慰籍料について検討するに、先に慰籍料算定の基礎たる事情として認定した被害の具体的内容は、主として、本件工場の排出するばいじんによる生活環境全般の汚染ということにあるから、その性質上、原告らは被害の主要部分について、容易にその発生と原因を知りえた筈であり、また、これらによる精神的苦痛の賠償という慰籍料の性質に鑑みると、本件においても、日々新たに原告らに精神的損害が発生していたものということができる。以上によれば、原告らは、慰籍料との関係では、損害が発生するたびごとに『損害及ヒ加害者』を知っていたものといえるからそのたびごとに消滅時効が進行するものと解するのが相当である。」「そうすると……、昭和四五年五月一三日以前の慰籍料請求権は時効によって消滅したものといわざるをえない。」

三　評　釈

一　本判決の判示事項は多岐にわたっている。Y社のセメント製造工場の操業にともなう被害についての損害賠償請求のうち、騒音被害については、違法性のないことを理由に、また排水被害については、因果関係のないことを理由に、これを否定している。これら二つの点については、法理論上、認定上とくに問題はないように思われる。これらの点は、ここで、評釈することは省略する。ところで、本判決の最も中心になるばい煙被害については、基本的に、これを肯定し、注目される。そのために、ばい煙排出・放散と被害との因果関係の認定、ばい煙排出・放散についての過失の認定、包括請求の否定、損害額算定方法としての定型的手法の採用とこれにもとづく農業被害および慰籍料の定型的算定、農作物被害についての消滅時効抗弁の否定と、慰籍料についての消滅時効の一部肯定などについて判示している。それはまた、法理論上の問題と事実認定上の問題を含むものでもある。そこで、本稿では、これらの諸点について評釈することにする。

二　ばい煙排出・放散と被害との因果関係に関しては、法理論的側面において何ら明確な理論を示しているわけではなく、蓋然性理論によっているのではないかと推測しうるにすぎないが、このことを前提としての因果関係の認定の側面において、実務的には参考になるように思われる。とくに、農作物被害の場合、被害の発生自体も明瞭とはいいがたいこと、その収獲量が自然的気象条件や人為的管理状況等の要因が加わり因果関係の認定には困難が伴う。このため、その認定にあたっての論理としては、積極的には、ばい煙排出・放散が農作物被害の要因であることを明らかにするとともに、消極的には、自然的気象条件や人為的管理状況等はその要因をなすものではないとして、判断されることになる。もっとも、この積極的側面と消滅的側面は、一つの事実を前提として判断されるわけであるから、論理的には分離していても、同時に判断することは可能と考えうる。そこで、本判決では、(1)農耕生活上の実感からみて農作物の被害程度と降下ばいじん量の消長との対応関係がみられること、(2)水稲収量調査で判明した周辺地域の水稲収量の減収傾向及びその分布上の特徴とばいじん等による汚染の分布上の特徴とのおおむねの合致、(3)実験結果による耕作地域付近における程度のばいじん汚染での水稲等の被害の裏付けなどを総合して、認定している。そこでは、知見や科学的資料が活用されており、妥当な認定といえるようである。ところで、因果関係の認定に際しては、いろいろな要因の存在する場合の多いことが予測されるわけであるが、それらの要因をどのように位置づけるかについてもっと経験則的に検討を加え、認定のための論理というものを組みてられないものなのかどうかという疑問をつねづねもっており、早急に、作業する必要があるように思われる。本件でも、「妥当な認定」と結論づけても、それは「感じ」でしかないという、きわめて非論理的判定になってしまうのは、この辺の論理が存在しないからではないだろうか。

三　ばい煙排出・放散による被害についての責任論に関しては、まず、「社会生活上受忍すべき限度を超える被害」であるとして違法性を認定した。この点は、異論はないであろう。そこで、つぎに、被害者らは、故意による被害であると主張したのに対し、過失を認定した。その過失認定のための主要な要素を挙げると、①本件工場の操業開始直後から、村長等が工場に抗議し、比較的離れた住民が賠償請求を提起し、昭和二七、八年頃には三重県蚕業試験場によって、昭和三五年頃に養蚕農業連合会によって養蚕被害調査が実施されるとともに被害補償要求の働きがみられたし、昭和四五年のSPキルンの稼動開始を契機に、周辺住民から数次にわって補償要求や改善要求がなされ、三重県も強い改善勧告を出すなど、操業開始以来永年にわたり周辺地域の問題となり、紛争の種になってきたこと、②本件工場は「自ら原因解明等のために充分な調査をしておれば、被害の実情と原因を知りえた筈であるのに、その努力を怠り、他方、地域住民に対しては徒らに被害の発生と因果関係については厳格な証明を要求してその責任を否認し、或いは市町等との交渉に固執して、被害住民の個々人との交渉を避ける態度に終始してきたことが窺われるなど、必ずしも誠実なものであったといい難い」こと、③防止施設の内容及び設置については「同業他社の工場より遅延していたこと、本件工場の防塵対策は総じて不充分で、かつ後手にまわってきたものであり、本件工場において、ばいじん排出量に比し概ね相当と思われる防止施設を備えるに至ったのは」昭和四九年ころより以降で、本件工場の公害防止対策が、最善かつ充分なものといえないこと、④「本件工場が昭和四五、六年以降行政上の基準を一応遵守していたことを示すにとどまり、このことのみをもっては被告会社の責任に消長をきたすものではない」ことなどである。これらの諸要素が存在する以上、過失が認定されることは当然であろう。そこで、責任論に関しての、本判決の問題は、なぜ、原告主張の故意責任を認定しなかったかということである。これまでの公害事件でも、なかなか故意責任は認められないようではあるが(津地四日市支判昭和四七・七・二四判時六七二号三〇頁、新潟地判昭和四六・九・二九判時六四二号九六頁など)、安中公害訴訟では、重金属及び硫黄酸化物による大気・土壌汚染による農作物被害につき、被告は、操業当初から被害発生を認識しており、ことに大増設以後は周辺農民に対し深刻な被害を与えることを認識しながら、あえて操業に伴う排煙、排水を継続したとして故意責任を認定している(前掲地判昭和五七・三・三〇判時一〇三四号三頁)。そこで、事実状況を具体的に比較検討しなければならないが、さきに挙げた要素から考えると、本判決は、この安中公害訴訟と遜色のないもののように思われ、故意責任を認定してもよい事例ではなかっただろうか。もっとも、不法行為責任から制裁的賠償の考え方を否定する立場からすれば、故意責任か、過失責任かについてはそれほど神経質になる必要はないということになろうが、それでよいのかどうか疑問である。不法行為責任に、民事制裁的要素を含ましめることの方がよいのではないかと、かねがね考えていた者の一人としては(拙稿「Bernhard Grossfeld, Die Privat Strafe 1964」法論三八巻五号一四四頁以下)、この点を、慎重に認定してほしいところであり、疑問が残る。その意味では、安中公害訴訟よりも後退したという感じが残るわけである。

四　さらに、本判決では損害論に関しては、ばいじん等による損害賠償請求の方式と損害額の算定方法においての判示にも注目される。損害賠償請求の方式については、原告らが、第一次的に、本件工場の排出するばいじん等によって農業経営及び生活の全般が破壊されたという社会的事実を総体的にひとつの損害としてとらえて、いわゆる包括請求したのに対し、これを否認した。原告らの包括請求の根拠としては、被害の特質として、加害者と被害者の立場の被互替性、被害の長期継続性、被害内容の多岐、深刻、広範囲性、損害の拡大化に比例しての利潤の一方的拡大性などが存在するために、これを通常事件と同様に、損害の個別的かつ具体的な立証と、その積算を要求するとすれば、不可能を強いることになり、早期の救済に反することになるからだとしている。このような包括請求は、新潟水俣病訴訟（新潟地判昭和四六年九月二九日判時六四二号九六頁）や、熊本水俣病訴訟（熊本地判昭和四八・三・二〇判時六九六号一五頁）などを契機として、主張されてきたものである。ただ、これまでは、公害による人身被害に関係して主張されてきたのに対し、本判決では、財産的被害を中心とする賠償請求において主張されている点に特色がある。この意味では、さきの安中公害訴訟と同様である。

ところで、この包括請求については、公害による人身被害に関係しては、学説は好意的であるが（森泉「熊本水俣病訴訟における包括請求について」判時六九六号一〇頁以下、淡路「一律請求――損害賠償の新しい方向性」ジュリ四九三号六六頁以下など）、判例は、一般に否定的である。本判決も、これと軌を一にするものであることは明白である。もっとも、これまでの判例が、人身被害に関しても認めてこなかったのであるから、それよりも、比較的、個別的具体的な損害額の算定が容易な農作物減収などの財産的被害を中心とする本件において、踏襲されることは当然といえよう。そして、本判決については、その方が合理的ともいえるとの見解がみられる（本判決のコメント（判時一〇四八号二六頁）、同旨、安中公害訴訟コメント（判時一〇三四号四頁））。このことから、包括請求については、人身被害を中心とする場合でも、財産的損害を中心とする場合でも、これを認めないとするのが判例理論であるということになろう。なお、包括請求否定の理由としては、請求及び既判力の範囲を不明確にする」からだとしているが、これは、被告の主張を受け入れたものである。たしかに訴訟上は、このような問題があるかも知れないが、公害にともなう被害を損害として把握するにあたって個別的に把握できるのかどうか、もしかりに把握できるとしても、それは擬制の域を出ないのではないかという疑問が残る。この意味では、包括請求方式も無下に否定するわけにはいかないように思われる。そこで、本判決でも、包括請求否定の立場を徹底すれば、財産的損害と慰籍料を区別し個別具体的に判断することになるわけであるが、「財産上の損害の一部をしん酌しつつ慰籍料を算定することを許されるものと解する」として、包括化への思考がのぞきみられる点で、今後の展開が期待されるところである。

損害額の算定方法については、定型的手法により損害額を算出している。このような算定方法は、公害事件において承認されてきているところである。ところで、包括請求と、定型的手法での算定との関連をどう解釈すればよいのであろうか。その実質は同じであるといえないだろうか。ただ、その程度が異なるだけではないのだろうか。この異同の関係についての検討はここでは留保するが、もし、さきのような疑問が容認されるとするならば、一方を否定し、他方を利用することは、一つのごまかしではないだろうかという疑念が残る。今後の検討に待ちたいところである。

五　最後に、本判決は、消滅時効に関連して、いくつかの判示をしている。まず、民法七二四条前段の三年の短期消滅時効の起算点である「損害及ヒ加害者ヲ知リタル時」の意義については、①「被害者の加害者に対する賠償請求が事実上可能な状況」を前提として、②「加害者及び加害行為が違法であって不法行為を原因として損害賠償を請求しうることを、③「可能な程度に具体的な資料に基づいて」、知るに至った時としている。ところで、本判決では、①の、請求が可能な状況にあるという前提が加えられていることから、起算点の要件が形式的には加重されているわけであるが、実際上はどのような場合が考えられるのか、今後、集積されるべき課題である。また、②は、認識対象を明らかにしたものといえるが、その意味内容はやや曖昧である。しかし、判例（大判大正七・三・一五民録二五輯四九八頁、最判昭和四四・一一・二七民集二三巻一一号二二六五頁、最判昭和四八・一一・一六民集二七巻一〇号一三七四頁）、多数説（品川「判批」判例評論一三六号二五頁、沢井「判批」判例評論八五号一一頁、同「判批」民商六三巻一号一五一頁、幾代・不法行為三二七頁など）では、各要件に該当する事実について被害者が具体的に認識し、かつ、一般人として、それらの事実によって損害賠償請求ができると判断できた場合であるとしている（新美「クロム職業病判決と因果関係と時効論」ジュリ七五八号八〇頁参照）のと、差異はないものと推測できる。そうだとすると、三年の短期消滅時効制度というのは、被害者が損害賠償請求権の行使が可能であることを知っているのに相当期間行使しない場合に、加害者の信頼を保護しようとするものであり、そのために被害者に損害賠償請求権の存在についての具体的な認識が必要になるとの見解（内池「不法行為における損害賠償請求権の時効起算点―被害者における認識の原理とその限界―」法学研究四四巻三号一四一頁以下）が妥当と思われる（同旨、新美・前掲八一頁）ことから、本判決には異論がある。さらに、③では、認識の程度について判示しているが、この点は注目すべきである。認識可能な程度の具体的資料に基づくことを要求しているわけで、かなりの具体的資料に基づくことが必要になるといえよう。以上のようなことから判断すると、本判決は三年の短期消滅時効の起算点の判断において、かなりの絞りをかけているということがいえるようで、妥当ではないかと考えられる。ただ、②の点については、さらに進展が望まれるところである。

そして、本判決は、このような理論を前提にして、農作物被害との関係では、「本格的に被害の実情および原因解明のための調査をし始めた昭和四八年の初めころ」が起算点であるとしながら、慰籍料との関係では、本件工場の排出するばいじんによる生活環境全般の汚染のために損害が発生するたびごとの時点が起算点であるとしている。これはおそらく、農作物被害については、具体的資料に基づく原因解明が、調査開始を待たなければならなかったが、生活環境破壊による精神的損害発生の原因は、ばいじん汚染の生じている時点で知りえた筈だからとの判断に基づいて、両者につき別々に扱ったものと考えられる。本判決の論理を前提とする限りでは、妥当といえるし、私見のように解しても同様になるであろう。

ところで、この結果、本件では農作物被害については、時効が完成しないが、慰籍料については、一部、時効が完成する部分が出てくることになる。それは、本判決によっても、同様に判断されており、知りうるところである。しかし、このような結果について問題はないだろうか。そこでまず考えなければならないのは、一つは、継続的不法行為によって日々継続的に生ずる精神的損害の場合の時効の進行をどうするかということであり、二つは、同一原因によって発生した農作物被害と精神的損害とをこのように分離して時効の進行を考えることが妥当かどうかということである。

　ところで、前者に関しては、当初の判例は、被害者が最初の損害を知った時から全損害について時効が進行すると考えていたが（大判大正九・六・二九民録二六輯一〇三五頁）、その後、学説の批判を受け、今日では、日々新たな損害が発生し、その個々の損害について被害者が知った時から時効が進行するとの考えが確立するにいたっている（大聯判大正一五・一二・一四民集一九巻二三二五頁）。通説もまたこれに賛成している（加藤・不法行為法〔新版〕二六四頁、幾代・前掲書など）。本判決も、これらの考えを踏襲したといえる。これに対し、クロム職業病判決（東京地判昭和五六・九・二八判時一〇一七号三四頁）では、全症状を一個の損害として捉え、個々の症状については時効の判断をしないことによって、被害者がすでに認識していた症状部分についての時効の進行を否定している。この考え方は、継続的不法行為によって生ずる精神的損害の場合にも採用できるようである。このような場合の精神的損害というのは、日々生ずるものではあるが、それが分割して捉えうるようなものでもないし、日々のものが集積して始めて損害実体を捉えることができる性質のものであることから、継続的に生ずる精神的損害は、全体として一個の損害として捉えるべきではないかと考えられるからである。なお、この問題に関しては、鉱業法一一五条二項を類推適用して、継続的不法行為のやんだ時から時効が進行するとする見解がみられるが（前田・民法Ⅵ₂（不法行為）三九〇頁、石田（穣）・民法講義6三八九頁）、本判決は、傍論ではあるが否定している。この見解は、さきの私見と共通するところはあるが、解釈論的に、特別法を一般法化するという意味で抵抗があるように思われるし、それをやらなくても、「一個の損害」論で対応できるし、その方が妥当ではないかと考えられることから、この限りでは、これを否定した本判決は、妥当といえる。後者の点については、本判決は何ら考え方を示すことなく、区別して判断している。民法の基本的論理とされる個別主義の原理からみるならば、当然であるといえよう。しかし、そのように解するには、何か割り切れないものが感じられるのだがどうであろうか。かりに、ばい煙汚染を原因とする農作物被害と精神的損害とは別々の損害であるとして捉えるにしても、同一原因から発生している被害であることには変りはないのであるから、時効の進行については同一に取り扱うというわけにはいかないものなのかどうか。ここにその論理構成を示すことはできないが、疑問を提示し、今後の検討に待つことにする。

そこで、以上のようなことからすると、本判決が、慰籍料の一部について消滅時効を認めたことは、妥当でないように思われるのである。

さらに、本判決では、消滅時効の抗弁が権利濫用ないし信義則違反になるかどうかが問題にされ、これを消極に解している。しかし、さきの安中公害訴訟では、被害原因解明の困難さや、損害算定が容易でなかったこと、損害賠償交渉の決裂に至るまでの過程、および三年の短期消滅時効の進行が「請求することが可能となった時」からとしていることの趣旨などを考慮して、時効の援用は権利濫用になると判示した（前掲、前橋地判昭和五七・三・三〇）。そこで、この判例との関係でみると、本件においても、それら諸状況はそれほど大差がないのではないかと考えられることから、肯認すべきであったのではないだろうか。もっとも、安中公害訴訟では、慰籍料だけでなく農作物被害を含めて時効の援用の当否が問題になっており、本判決では、慰籍料についてだけ問題とされている点で違いはあるわけであるが、それを考慮に入れたとしても、さきの考えには差異は出てこないのではないだろうか。この意味で、本判決は、ここでも、安中公害訴訟に較べ後退が感じられる。

なお、消滅時効については、その消滅の対象になる権利の種類に対応して適用解釈していく必要があるように思われる。このため、不法行為上の損害賠償請求権のようなものは、もっぱら被害者の損害を塡補することを目的とするものであるから、請求権者である被害者によって明確に認識して権利行使を行わないでいるときにのみ時効の進行を認めるべきではないかと考えられる。この意味では、本判決の考え方には、やや疑問が残る。

6　国の責任と会社の責任の関係——福岡スモン判決をめぐって——

一　問題点

薬害訴訟においては、製薬会社の責任とともに国の責任の問われることが多くなった。そして、北陸スモン訴訟(1)、東京スモン訴訟(2)につづき本訴訟でも、国の賠償責任が認められ、それが定着しつつあるといえそうである。このように薬害訴訟で国の責任の問われるのは、本来、製薬会社において医薬品の安全性確保の責任があるにもかかわらず、ややもすると眼前の利潤追求に走り、安全性確保に関する配慮を十分に果さないことから生ずる国民の生命、健康への侵害を防止するために国の薬務行政において医薬品の安全性を確保させるべきであるという安全保持思想と、薬害によって被った被害者の損害に対する救済を確実なものにするためであることはいうまでもない。ところで、このように国の責任が問われることになると、つぎの二つの点が法律上とくに問題となって現われる。第一は、国はなぜ責任を負わなければならないのか、それはどのような場合かという帰責理由と成立要件の問題である。この点は、別稿で検討されるのでここでは論及しない。第二は、製薬会社との責任の関係である。この関係は、薬害被害者との関係において、製薬会社の責任と国の責任とがどのような態様で現われるのか、すなわち複数加害者の不法行為態様の問題と、国と製薬会社との内部的責任関係の問題に分けられる。そして、本稿では、この点につき若干の検討を加えようとするものである。

ところで、本稿で検討する問題は、複数責任主体の存在する場合の不法行為理論の問題として、共同不法行為を中心として、一般的に検討されてきている。そこで、これらの検討を前提として進めなければならないわけであるが、ここでは、主として、本判決に即して、薬害の場合に限りながらその複数責任主体類型の一つである国と私人（製薬会社）型という特殊な場合につき焦点をあててみることにする。この問題は、薬害訴訟に限らず、食品公害や災害訴訟などで、企業の責任のほかに国の責任を追求するという考えが一般化しつつあることから、行政上の監督規制権限の不行使にともない、危険な行為を行った者と並んで、国の責任が問われる場合に、両者の関係をどのように解するかという問題への広がりを持ち、今後の重要な課題になるものと考えられる。(3)

（1）　金沢地判昭和五三・三・一判時八七九号二六頁。
（2）　東京地判昭和五三・八・三判時八九九号四八頁。
（3）　原田「薬害と国の責任」判時八九九号一六頁。

二　被害者に対する両責任の法的関係

では、まず検討の出発点として、被害者に対する両責任のかかわりをどのように捉えているかについてみることにしよう。

(1)　薬害被害に対するかかわり

本判決は、まず、被害者に対して、国の不法行為と製薬会社の不法行為の成立を認めたうえで、両不法行為は各々独立したものであることを出発点として、両責任の法的関係を構成していることに留意しなければならない。そして、両者を独自の関係とみる論拠は判決によるとつぎの通りである。すなわち、製薬会社の責任は、医薬品を提供する者として安全性を確保しなければならない条理上の義務懈怠にもとづき報償責任、危険責任の法理を背景としているのに対し、国の責任は、薬事法上の医薬品安全性確保義務とそれを介して国民個々人の生命・健康の保全をはかるべき義務の懈怠にもとづき危険責任的法理および報償責任的法理に代る保証責任的思想を背景とするもので、「独自の過失」にもとづき、「責任の性質が違う」ためであるとされている。北陸スモン訴訟では、国の責任は、薬事法上、国民の健康の増進をはかるという公共目的実現のために負わされた義務懈怠にもとづくのに対し、製薬会社の責任は、営利を目的として、人の生命健康にかかわる医薬品を製造販売する者におわされる条理上の義務懈怠にもとづくものとして別個に生ずるものであるとして、本判決と同旨の見解を示しながら、国の許可不法行為と製薬会社の製造、輸入、販売行為は、被害発生について不可欠のものと認められ「まさに、密接不可分であって、これらを一体の行為として評価し得る」としている。また、東京スモン訴訟では「医薬品に内在する欠陥により服用者に被害を生じたときは、因りて生じた損害を賠償すべき義務の全部が製造（輸入）者に帰属するのは当然」で、規制権を行使すべき行政庁（国）は、「これら業者と共同不法行為者の関係に立つものではない」としている。以上のことから明らかなように、製薬会社の責任とともに国の責任を認める場合でも、その薬害被害への国のかかわりの理解がかなり異なっており、そのうちで本判決が最も厳しく解している点に留意しなければならない。

(2)　三つの判例の法的構成

本判決は、国と製薬会社との被害者に対する責任関係は、不真正連帯債務の関係にありとし、製薬会社の特定できる被害者に対しては認定損害額の全範囲において連帯して賠償し、製薬会社が特定できない被害者に対しては、国が単独で賠償しなければならないとしている。それは、両責任は独自の違ったものではあるが「損害の範囲を全く同じにするものである」からだとの理由にもとづいている。薬害被害者に対し、製薬会社が不法行為によってその損害を生じしめているとともに、国も独自の不法行為によって全く同じ範囲の損害を生じしめており、この両損害に対する責任は不真正連帯債務になると法的構成したものである。東京スモン訴訟もまた共同不法行為の関係を否定して不真正連帯債務として構成している。そして、またその理由として「行政庁の権限の行使または不行使に違法性が認められる場合において、賠償の対象となる損害が業者のそれと同一である点」にあるとして、この点でも共通している。このことから、両責任関係の法的構成については、本判決は、共同不法行為の関係につき明確には否定していないが、この東京スモン訴訟判決に従ったものと想定される。しかし、不真正連帯債務関係に立つ賠償義務の範囲については、東京スモン訴訟では加害者たる製薬会社らに認められる全部義務の三分の一の範囲においてであるとして限定している点が異なる。この相違は何によるものなのかつぎに検討する。なお、これら二つの判例に対し、北陸スモン訴訟判決はその法的構成を明らかに異にしている。そこでは、民法七一九条一項前段の共同不法行為の関係にあるとする。そして、国の製造・輸入許可承認行為と製薬会社の製造・輸入・販売行為とは密接不可分の一体の行為として客観的に関連共同し薬害損害を生じしめたからだとみているのである。このため、被害者に対しては製薬会社と同一範囲の損害について連帯して責任を負うことになる。

　この三つの判例の違いはどのような考え方からでてくるのであろうか。それは、まず国の責任についての帰責の根拠づけと関連しているようである。すなわち、本判決では、国の医薬品の製造の許可承認行為自体が義務違反になるというだけでなく「被告国はキノホルムに関しては、日本における最初の製造・販売者であり、戦後においては逸速くその製造・販売の途を民間企業に開いたのであって、その歴史をみるとき、被国国には製造者と同一の地位を付与することも可能なのである」（筆者傍点）とまで言い切ることによって、国の被害者に対する責任を他の判例よりも最も重く捉えているために、製薬会社の特定できない範囲の損害についても単独の賠償義務を課することになったといえる。これに対し、北陸スモン訴訟では、国の医薬品の製造の許可承認行為自体に義務違反があったとする点では共通しているが、その義務違反が製薬会社の安全性確保義務違反と一体的なものとして捉えたために、製薬会社の負担する損害賠償義務の範囲においてだけ国に賠償義務があるということになるし、東京スモン訴訟では、製造承認行為自体ではなく、昭和四二年一一月一日以降に国が薬務行政の基本方針を変更し安全性を欠く医薬品につき承認取消の措置をとることになって国民に対する医薬品の安全性確保義務が存在するようになったにもかかわらず、このような措置がとられなかったという義務違反にとどめていることから、それは製薬会社の責任に対する寄与的なものにすぎないとみて、一種の寄与率による責任分担の考えにもとづく結果だといえるからである。ついで、国と製薬会社の共同責任の負担範囲を調整するための法技術的要素も見逃してはならないようである。北陸スモン訴訟では、国は全員の被害者に製薬会社の賠償の範囲と同一範囲の賠償義務を負わすだけという単純な共同責任であったがために共同不法行為としても不都合は生じなかったのであるが、東京スモン訴訟では、三分の一の限度においての共同責任であり、本判決では、複数被害者のうち、製薬会社との共同責任にかかわる部分とそれが認められない部分があり、製薬会社の負担しない部分についても国が単独で賠償しなければならないというのであるから、従来の共同不法行為理論ではカバーしきれないと考えて、単なる不真正連帯債務として構成したのではないかと推測しうるからである。そして、この点は、共同不法行為として構成するか、単純な不真正連帯債務として構成するのかを考えるにあたって一つの重要なポイントになるものと思われる。

(3)　共同不法行為か不真正連帯債務か

では、国と製薬会社との責任の関係をどのように法的構成するのが妥当であろうか。このことに関し、一般論として、国と私人との責任が認められる場合の関係についてみると、判例理論では、共同不法行為とするものがやや多いが、単なる不真正連帯債務とするものもあり帰一していない[1]。違法な執行方法のために国に国家賠償責任があるとともに債権者にも民法上の不法行為責任が認められる事案で、共同不法行為とするもの[2]と、不真正連帯債務とするものがあるし[3]、特許権者の同意なしに専用実施権設定登録が申請され受理したことによる申請者と特許庁係官(国)との責任関係を共同不法行為としたもの[4]、公立小学校の教室内での傷害事故で公共団体の責任と両親の監督義務者責任を不真正連帯債務のようにみているもの[5]などがある。そして、いずれとみるかの決定の基準も明確に知ることができない。このことから、これまでの判例の見解にとらわれないで検討しなければならない。

そこで、学説には、川井教授のように東京スモン訴訟判決に関連して、共同不法行為の関係になくて不真正連帯債務の関係にあるのだという必要があったかどうか問題であるとし、結果的には、連帯責任が発生するのであるからさほど実質的な意味はなく「ひろい意味での共同不法行為がともかく成立して、行為者の責任がともに重なる限度で行為者は連帯責任を負うという考え方をとる余地がある」との主張がみられる。(6) この見解は、共同不法行為の責任範囲の限定づけの理論構成の一つの考え方として、川井教授の主張されるところの、共同不法行為の成立を広く認めるかわりに、複数の行為につき各人の行為と相当因果関係にある共通の部分についてだけ行為者全員の連帯責任を認め、その他の部分は個人責任とするという方法での限定づけの理論(7)を背景としていることはいうまでもない。本判決や東京スモン訴訟判決のような見解は、薬害事件との関係で、これを直接支持する学説はみあたらない。しかし、最近の学説では、責任範囲の限定づけとも関連して、共同不法行為の成立を比較的狭く認める傾向にあり、かつ、各人の行為と損害との間に因果関係の認められるときには民法七〇九条による単独不法行為が各別に成立し、これらが損害に対し結果的に「共同」した限りにおいて不真正連帯債務として構成するだけでよいとの見解が有力であり(8)、これに従ったものといえる。

このように、不真正連帯債務とする構成は、複数加害者の存在する場合の一般論における学説の動向とも一致するのであるが、薬害事件における国と製薬会社の責任の関係としては、とくにそのように構成するのが適切ではないかと思われる。

第一に、判例が指摘するように、国の薬事法上の医薬品の安全性確保義務は、実質的にみると、製薬会社が自主的に行うべき安全性確保義務の補充、後見的関係にあるにすぎず、薬害事件においてまず第一次的かつ究極的に責任を分担すべきは国ではなく製薬会社であることからすると共同不法行為とすることは適切でない。民法七一九条一項前段は、各人の行為との相当因果関係を越えた全損害について、その共同の行為より生じたものであるならば全額連帯責任を負うとした規定と解する立場(9)とは、一致しないといえるからである。国の責任と製薬会社との責任を「共同の行為により生じたもの」と解すべきではないからである。この意味で、共同不法行為とする北陸スモン訴訟判決は「一体の行為」と捉えた点で基本的に妥当性を欠くものといわなければならない。

第二に、国の医薬品についての安全性確保義務は、補充、後見的とはいえ、国民に対する関係では法的には第一次的な義務であると解すべきであるから、薬害による損害がその義務懈怠にもとづく範囲においては独立の不法行為が成立し賠償義務が生ずることになる。それゆえに、国と製薬会社の関係は単独不法行為の競合の場合として捉えるべきであり、両者の義務懈怠は一般的には偶然的に結合したまでであるとみられることから、結果的に損害が共通する範囲においてのみ連帯して責任を負うことになると解するのが妥当である。このため、本判決のように、国の製造許可認容行為自体における医薬品の安全性確保義務の違反によって生じた損害が、製薬会社の安全性確保義務違反によって生じた損害とがその損害の全範囲において共通するときはその共通の範囲において連帯性が存在し、ある特定の被害者との関係で国の義務懈怠によるものであると認定できるが、被告とされた製薬会社とは結び付かないというときはその範囲において国単独の賠償義務が存在するにすぎないということになる。このことは、東京スモン訴訟で、国の不法行為による損害は製薬会社の負担する損害の三分の一にすぎず、この範囲のみが共通するので、その範囲についてのみ連帯責任となるとしたのと論理的には共通しているわけである。ただ、一方は全範囲についてとし、他方は三分の一の範囲についてと限定したのは、国の帰責事由の捉え方の相異によるにすぎない。このことについての適否の検討はここでの対象ではないが、附言するならば、薬害事件においての国の帰責事由としては、本判決や北陸スモン訴訟判決の考え方の方が東京スモン訴訟判決よりも妥当ではないかと思われる。

第三に、かりに、国と製薬会社との安全性確保義務違反によって、被害者Aに一〇の損害を発生させ、国の義務違反程度が四であるので、この四の損害の範囲についてのみ連帯責任があるという場合、国と製薬会社とは共同不法行為が成立するが、そのうち四の損害についてのみ連帯責任があり、六の損害については製薬会社だけの責任であると構成しても、製薬会社の責任は一〇の損害についてであり、国の責任は四の損害についてであり、ただ競合する四の損害の範囲について不真正連帯債務になると構成しても、実質的には何ら差異のないことは川井教授の指摘されるとおりである。すなわち、同一被害者に生じた損害に対する責任負担範囲を問題にするだけでは、理論構成上の適否はともかくとして、いずれの構成でもそれほど論議する実益がないといえる。しかし、本判決のように、複数被害者が共同して訴訟を提起し（薬害事件では一般的である）、国の責任は全被害者について成立するが、製薬会社の責任は一部の被害者につき認定できないような場合に、共同不法行為として構成したのでは処理できないのではないだろうか。もっとも、このような場合には、一部の被害者については別に判決し、他を共同不法行為とすればよいとの反論も予想されるが、成立要件を共通的に判断している訴訟においてこのようなことは適切ではないであろう。全体としての判決の中で、それを調整できる論理構成こそが優れているのではないかと思われる。複数加害者間の同一被害者に対する責任範囲の調整とともに複数被害者に対する責任関係の調整をも同一理論で行いうるという意味においても、不真正連帯債務としての構成の方が優れているといえよう。

以上のような理由から、東京スモン訴訟判決につづいて本判決でも、被害者に対する国と製薬会社との責任の関係を不真正連帯債務としたことは正当であるし、判例の理論として形成されていくことが望まれる。そして、危険な行為を行った者と行政上の監督規制権限の不行使による国の責任との関係については、原則として、不真正連帯債務とみてもよいのではなかろうか。

（1）詳細は、貝田守「公務員および国の責任」法時五〇巻六号六〇頁以下参照。
（2）鳥取地米子支判昭和三一・一二・一二下民集七巻一二号三六〇八頁、広島高判昭和三三・二・一九高民集一一巻二号八八頁。
（3）東京高判昭和四八・九・二七判時七二四号三八頁。
（4）東京地判昭和三九・五・九下民集一五巻五号一〇四〇頁。
（5）神戸地判昭和五一・九・三〇判時八三六号二四頁。
（6）川井「民事法の観点からのスモン判決」判時八九九号一〇頁。
（7）川井「判例共同不法行為法」法時三四巻一一号一七頁、一八頁。同「共同不法行為の成立範囲の限定」判タ二一五号六一頁。
（8）平井「共同不法行為に関する一考察」民法学の現代的課題二九八頁、拙稿「共同不法行為」続判例展望一三一頁など。
（9）拙稿・前掲一三四頁参照。

三　国と製薬会社の内部的責任負担関係

国と製薬会社が被害者に対して連帯して賠償責任を負う場合に、最終的に両者にそれをどう分担させるかも重要な問題である。このことにつき、本判決では直接訴訟の対象になっていないことから、附論として「先ず第一次的、かつ、究極的に責任を分担すべきは被告国ではなく、製薬業者即ち被告会社ではないか、との思惟に傾くのである」。原告らが「先ず被告国の責任を、次いで被告会社の責任を主張してきたにもかかわらず、当裁判所が先ず被告会社の責任を、次いで被告国の責任を論じたのは、右のような思惟の結果でもある。しかし、この問題は、被告ら相互の内部関係の問題に帰着し、原告らとの関係では、これ以上触れる必要はないので、問題性の指摘にとどめることにする。」とのべている。ところで、この究極的責任分担者は製薬会社であるとみるのは、内部的には国の負担部分がゼロであるということなのかどうか。単に、責任負担の大半は製薬会社にあるというにすぎないのか。いづれとも明らかでないしその答を推測できる状態にもない。ところが、北陸スモン訴訟判決では、傍論としてではあるが、「共同不法行為による不真正連帯債務者の負担部分は、両者の過失割合によって定まると解されるところ」「注意義務の根拠、内容、注意義務懈怠の態様を対比、総合して判断すると、被告国四、被告会社ら六の割合と認められる」として、負担部分も明らかにしている。もっとも、国の安全性確保義務は実質的には補充・後見的であるとしていることから製薬会社の負担部分の方が多くなるだろうということはいえるが、それが六対四の割合にとどまるのはなぜかということについては判然としない。裁判官の裁量に委ねられる部分であるとはいえそれで妥当な割合かどうか疑問が残る。また、東京スモン訴訟判決では、「行政上の監督責任の性質、その他諸般の事情に鑑み」、三分の一の範囲で不真正連帯の関係にあるとしているのであるが、その三分の一というのは連帯債務関係の生ずる範囲であるにすぎず国の究極的責任範囲を意味するものではないと解しえないでもない(1)ことからすると内部的責任関係については何ら明らかにしていないといえそうである。ただ、被害者との関係でも責任の範囲を三分の一に限定したということは内部関係での責任負担範囲が三分の一であることを前提としたものであるとも解しうる。そこで、ここでも、三分の一とするのは妥当かどうかの疑問が生ずる。

この点に関し、多数の学説は、内部的には製薬会社が全額負担し、国には責任がないと考えるべきだとしている。[2] その理由として、PPP（汚染者負担）原則にもとづいて当然に製薬会社が負担すべきだからとか、国の責任の性質から、それはいわば連帯保証人の責任に類した補足的な責任にすぎないからとかいわれている。ただ、このような見解に対し、川井教授は、内部関係でも国の独自の責任が残りうるのではないかと考えるとし、とりわけ北陸スモン訴訟判決と異なり国の責任原因を医薬品の製造承認に求めない東京スモン訴訟判決では国として副作用のある医薬品の回収措置を怠ったという責任のある以上、国の不法行為責任は独自性をもつから内部関係でも国の負担は残るとされている。[3]

ところで、安全性に欠ける医薬品を製造提供したのは製薬会社であり、そのことによって生じた全損害については本来的に当然に製薬会社において負担しなければならないことはいうまでもなかろう。かりに、その製造に際し、国の許可承認をうけたからといってもそれによって責任が転換されるわけでもない。もし、国に義務懈怠のある場合にでもしろその責任の一部が転換されるというのであれば国の製造承認を受ける必要のない商品の欠陥の場合にはその余地がなく、一部企業活動についてだけ国が面倒をみるという不公正な結果に陥ることになる。このようなことから、内部関係において究極的に国にも負担部分があるとみることは不都合である。そこで、理論的には、川井教授の見解にどう答えるかが問題となる。このことにつき考える場合、川井教授が国の独自の責任が残るとされる論拠につき検討を加えておかなければならないようである。まず、国の責任原因の捉え方によるかの如く、表現されているが、かりに北陸スモン訴訟のように医薬品の製造承認に求めたとしても、本判決のように国の独自の不法行為責任の存在を構成できるわけであるから、とりわけ東京スモン訴訟の場合に責任が残るとはいいきれない。そこで考えられるのは、北陸スモン訴訟のように、密接不可分一体の行為とみて共同不法行為とした場合ならば、国の責任は独立したものではなくこの内部で解消できる可能性があるが、東京スモン訴訟のように国と製薬会社の不法行為責任がそれぞれ別個に独自性を持つが損害の共通する範囲で不真正連帯債務になるとみる場合には国の責任は独自なものとして残るではないかという点にあるということである。そして、この観点からの反論は、本判決のような立場に立ちながら内部関係では国の負担部分はゼロであるという論理を導き出そうとする者にとって痛烈である。今、ここにこれに答えるだけの十分な論理を示すことはできないが、被害者との関係をみた場合には、製薬会社の生じさせた損害の存在を前提として、国は国民（被害者）に対して負担している安全性確保義務に違反したことにより、その損害との因果関係が生じ、そこに独自の不法行為が成立するというだけのことであって、製薬会社との関係では、国が自づから独自に生じさせた損害ではないと解することによって、内部関係では独自の不法行為責任はみられないといえるのではないだろうか。法律上の効果は、相対的に処理しうる場合が多いわけであるから、被害者との関係では、独自の不法行為責任の存在を認めても、製薬会社（内部関係）との関係では、まぼろしの如く消滅させることも可能なのではないだろうか。そして、それを可能にするもう一つの根拠は、国の被害者に対する不法行為責任は独自なものであるとはいえ、その成立の前提は、製薬会社が本来的に生じさせた損害の存在に依拠しているところにあるといってよいであろう。

（1）　川井教授は、「国が三分の一の責任を負う以上、その限度で国と製薬会社とは内部的にも責任を分担すべきことになると考えられる」として、本文のようにみておられる（前掲・判時八九九号一〇頁）。
（2）　牛山「公害裁判の流れとカネミ油症・北陸スモン判決」法セ一九七八年五月号七頁、森島「北陸スモン判決の問題点」ジュリ六六三号、原田・前掲一六頁、阿部「行政の危険防止責任㊦」判例評論二三二号二〇頁、ただ阿部教授は、例外的修正を認めている。
（3）　川井・前掲判時八九九号一〇頁。

むすび

以上みてきたように、本判決は、国の責任と製薬会社の責任の関係について判断するところは、きわめて適切である。

薬害事件において本判決の示した方向に進展するとともに、国の負担部分をゼロとし、製薬会社に対する求償権行使が承認されていく方向で考えていくべきではないかと思われる。

II　複数関与者と共同不法行為

7　因果関係論――不法行為法の新たな展開――

はじめに

不法行為責任を考える場合、因果関係は不可欠な要因である。因果関係は要するに、二つの事象における原因・結果の関係を意味するものであり、加害者が被害者に対して不法行為責任を負担するための前提要件であるからである。ただ、この因果関係に関する理論については、錯綜した状態が現出している。これは、不法行為法理論の錯綜状態と無縁ではない。そこで、因果関係理論につきどのように考えていくかについては、不法行為理論についての基本的な捉え方と深くかかわってくることになる。この不法行為理論についての基本的な捉え方としては、一つは、不法行為法の新たな法的構成という思考のもとに、民法典を離れ、そのあるべき姿を各自が考え、独自の体系を考えるという方法があり、二つは、民法典の従来の構成のもとで新たな法思想を取り入れながら新しい展開をはかっていくという方法がある。[1]これらは法学方法論に対する基本的思考によって異なるところであり、とくに法解釈論についての思考の差異にもとづいて、いずれの方法論を妥当とするかが決定されよう。ただ、その当否は、ここでは論ずる余裕はない。しかし、今日、余りにも錯綜した状態にある不法行為理論のなかにあって、もう少し、単純化した理論構成が出来ないものであろうかと常日頃素朴に考えている一人としては、やはり、もう一度、不法行為理論を民法典に依拠しつつ展開していくことに郷愁を感じないわけにはいかないことから、一応、第二の方法に立ちながら検証を試みることを許してもらいたい。[2]そのことは、因果関係に関連していえば、いわゆる「相当因果関係」論をみなおしながら、新しい法思想をもり込めるかどうかを検証することになる。

そのために、本稿では、まず、新しく展開されている因果関係論の思考の解明を行い[3]、「相当因果関係」論との関連性を明らかにしながら、新展開のためのスケッチを描くにとどめたいと考えている。

(1)　川井健「損害賠償法の新展開」日弁連合会特別研修叢書・昭和五三年度。

(2)　今日の理論の大勢は、これとは別のように思われる。そして、ここでの検証の結果、大勢に逆うことによって流されたり、旧い革袋に新しいブドウ酒を入れることによって破損することも考えられないでもないが、これらを承知の上で、検証を実施することの意味も多少はあるように思われるのである。

(3)　今日における因果関係論の全体的状況把握については、國井和郎「因果関係論の現代的一側面」Law School 七号一七頁以下、森島昭夫「因果関係について」私法四一号一八七頁以下に簡潔で要領を得たすぐれた論稿があるので、改めてこの点にはふれない。

一　因果関係の理論状況

不法行為責任にかかわる因果関係論が、まず活発に論議されたのは民法四一六条を基礎とする相当因果関係論が類推適用されるかどうかにかかわってである。この相当因果関係論は、第一に、その行為がなければその損害が生じないであろうと認められ、かつ、第二に、そのような行為があれば通常はそのような損害が生じるであろうと認められる場合に[1]、不法行為責任があるとする。それは、因果関係については、行為と損害との間にいやしくも因果があればよいとする条件説に対し、この自然的因果関係を通常生ずべき損害ということで限定しようとするものであるとされている[2]。そこでは、「成立要件としての因果関係」と「賠償範囲の因果関係」という二つの因果関係が把握されてきた[3]。そして、この論議の結果として、相当因果関係説が通説[4]、判例[5]となるに至った。判例は、今日でも、この考えを基本的には承継している。ところで、これらの議論においては、前提として、共通の要素のあることを見逃してはならない。それは、不法行為責任にかかわる二つの因果関係を同一論理内で把握しているということである。そして、論議は、この上に立って展開され、その焦点は、原因＝行為とかかわる結果＝損害側の問題に置かれていた。それは、結果＝損害側を民法四一六条の理論をかりて限界づけるか、これとは別に不法行為の理念によって判断するかという法的価値基準の選定にかかわるものであった。(6)

つぎに、登場した議論は、表面上は、相当因果関係の当否ということで、先の論議の延長のようにみられるが、実質的には、コペルニクス的転換を求めるものであった。それは、これまで不法行為責任にかかわる二つの因果関係を同一理論内で把握するという基盤に立っていたのに対し、不法行為責任にかかわる因果関係を分解し、その分解部分ごとに異なる論理を形成しようとするものであったわけである。その論陣は、平井教授によって開始されることになる。(7)すなわち、相当因果関係は従来、多義的かつあいまいな概念であって、それは、①事実的因果関係、②保護範囲、③金銭的評価の三つに区分して考えるべきであると主張される。そして、事実的因果関係は、訴訟において賠償を求められている損害が被告（債務者・加害者）の行為によって生じたかどうかを確定するところにあり、それは、原則として「あれなければこれなし」という条件関係として捉えられ、保護範囲は事実的因果関係に立つ損害のうちどこまでを賠償させるのが妥当かという政策的価値判断の問題であり、金銭的評価は保護範囲に存すると判断された損害をどのようにして金銭に評価するかという問題であるとされる。そこでは、原因＝行為と結果＝損害との間の因果事実の存在が前提として先行しており、その上に立って法的保護の可否という価値判断が下されていくとする論理構造のみられることはいうまでもないであろう。そして、このような論理構造にもとづく分解論は、今日では、有力になりつつある。(8)ただ、事実的因果関係の分野については、その立証上の負担を緩和するための理論＝法的構成につき、種々提唱され議論されているし、保護範囲の分野については、その法的価値判断基準の定立に関して、いろいろな見解が主張され、帰一しているわけではない。(9)そして、後者に関しては、責任原因の解釈によって賠償範囲を個別的・具体的に定める「義務射程」理論や、個別的損害説[10]などのように従来の相当因果関係理論とは別の新しい理論を形成しようとする立場と、危険性関連という独自の規準を画定しながらその危険性関連に民法四一六条の内容を接合させようとする立場[11]がある。このため、分解論は、論理構成を共通にしながら、基本的には、従来の相当因果関係論と接合するものとそうでないものにわかれ、かつそれぞれに画定基準が異なるというように複雑である。

もっともこのような因果関係論を事実的因果関係を前提としその上に立って保護範囲を画定するという二重構造的論理構成によって捉えていこうとする分解論に対し、今日でもなお根づよい反対論がある。幾代教授は、このような「段階区分ないしは局面区分は、必ずしも絶対的に必要というものではないのではないか、というのが私の感想である。」とされ[12]、國井助教授は「従来の通説にしても新理論にしても道具概念なり推論手順の違いにもかかわらず、処理対象や処理方向が基本的に相違するわけでなく、法律構成が処理結果の差に直結するのでもあるまい。だとすれば、相当因果関係概念のあいまいさを意識し、問題領域を正しく踏まえるかぎり、従来の通説的見解を一概に非難できないだろう。相当因果関係がわが国の実務に定着していることも、無視しがたい事柄である。」とされ[13]、判例は依然として従来の相当因果関係理論によっていることなどにより知ることができよう。これらの反対論は、分解論によって指摘された事実的因果関係と保護範囲の二つの領域が問題になることを是認しながら、これまでの相当因果関係論と同様に両者を同一理論内で把握するのが妥当とするものであるといえよう。それは、修正相当因果関係論とも呼んでいいであろう。そして、本稿における基本的出発点からすれば、このような思考に従って一応、検討することになるわけで、強い味方ということになりそうである。

ただ、残念なことに、この修正相当因果関係論にもとづくところの因果関係の判断基準なるものが全体的に明らかにされていないことである。従来の相当因果関係論に立ち返ろうとするだけなのか、新しい判断基準を設定しようとするものなのかが明らかにされていない。このために、かかる思考に立ってどのような論理体系を形成していくかが課題となる。そして、このような課題に答えていくためには、まず分解論が正しく指摘したところの事実的因果関係と保護範囲といわれるものの論理をさらに解明することから始めなければならない。そして、この解明に関連することとして、いわゆる複合原因問題にどのように対処していくか、その当否の検討が行われなければならないであろう。

(1) 我妻栄・事務管理・不当利得・不法行為（新法学全集）一五四頁、加藤一郎・不法行為〔増補版〕一五四頁。
(2) 加藤・前掲書一五二頁。
(3) 高木多喜男ほか・民法講義6〔石田〕一三一頁参照。
(4) 鳩山秀夫・増訂・日本債権法各論下巻九四三頁、我妻・前掲書二〇二頁など。
(5) 大連判大15・5・22民集五巻三八六頁。
(6) このことは、相当因果関係の理論は、ドイツにおける完全賠償の原則を前提として、第一次損害と後続損害についての責任限定のための理論が、わが国では民法四一六条の解釈論と結び付き展開されたといわれていることからも明らかであろう。
(7) 平井宜雄・損害賠償法の理論四二九頁以下。
(8) 前田達明・不法行為帰責論二三〇頁以下、石田穣・損害賠償の再構成二三〇頁以下、前田・民法VI_2（不法行為法）一二六頁以下、高木ほか・民法講義6〔石田〕一三七頁以下多数。
なお、事実的因果関係ということばについては、自然的因果関係、条件的因果関係、条件的関係、条件関係、因果関係という用語を用いたり、保護範囲については、法的因果関係、帰責範囲、危険範囲、危険性関連という用語を用いる場合もあるが、その論理構造は本質的には違いはない。
(9) 平井「不法行為における損害賠償の範囲」現代損害賠償法講座7三頁以下。
(10) 前田・不法行為帰責論二三〇頁以下。
(11) 石田・前掲書二三〇頁以下、高木ほか・前掲書〔石田〕三三一頁、三三二頁。
(12) 幾代通・不法行為一二九頁。
(13) 國井・前掲二二頁、二三頁。

二　事実的因果関係の論理

事実的因果関係といわれるのは、分解論によれば、不法行為責任の成立にかかわる因果関係であるとされている。不法行為責任を追及するためには、まず被告の行為が原告の損害を惹起したという事実（事実的因果関係）の存在が必要とされるため、それは不可欠の要素である。そして、事実的因果関係があるというためには、一般には原因と結果との間に「あれなければこれなし」の条件関係がなければならないとされている。これらの点では、その指摘は正当といえよう。ところで、分解論では、この事実的因果関係は、純粋に事実的、自然的、機械的、没価値的に事物生起の過程を観察したときに認められるところのもので、第一次的不可欠要件であるとも解している。(1) たしかに、それは事実的、自然的な事柄であることは是認してよいであろう。しかし、機械的、没価値的な事柄であり第一次的な関係に立つものであるかどうかということになると若干の疑問が生ずる。

第一に、Aの行為とBの行為とが合して損害が生じ、かつAの行為のみで当該損害が生じる場合には、右の条件関係をもって判断するならばAの行為もBの行為もともに損害との間に事実的因果関係を有しなくなるという不当な結果を導くために、この場合においては「あれなければこれなし」の公式は働かないと解さざるを得ない。事実的因果関係という概念もより高い抽象のレヴェルにおいては、一つの価値判断の基準を与えるものであるにすぎないと考えれば、かような例外が生ずることは当然であるとして、(2) 決して没価値の世界の問題でないことが分解論に立つ者によってもすでに認識されていること。

第二に、不作為の不法行為における因果関係について、「少なくとも不作為に対して責任を問うためには一定の事態に対する法的評価（作為義務違反）が要求されることが広く認められている以上、それは事実的因果関係と平面を異にしている」とされているが、(3) 事実的因果関係は没価値的判断と解する立場からして当然とはいえ、それでは不作為不法行為責任の成立は何によって判断することになるのであろうか。不作為不法行為ではこの事実的因果関係の存在を必要としないというのであれば、第一次的不可欠要件とみる論理が崩れてしまうであろうという疑問の存在すること。

第三に、事実的因果関係の立証にあたっては、自然科学的証明は必要ではなく、高度の蓋然性を証明することで足りるとし、それは技術的には、合理的に考え証拠の重さが優越しているとみられる程度まで証明されればよいとする「証拠の優越」論(4)や、原告が相当な蓋然性を立証すれば足り、被告がこれをくつがえすに足りる反証を挙げないかぎり、因果関係が立証されたことになるとする「事実上の推定」論(5)、あるいは、因果関係の連鎖を構成する事実を分解し、そのいくつかが証明された場合には、他は推定され、被告はこの主要事実の不存在を推定せしめる事実(間接事実)を証明しないかぎり因果関係は肯定されるとする間接反証説(6)などが主張されている。ところで、事実的因果関係が、事実的、自然的で没価値的な判断の問題であるとみるのならば、当然に、自然科学的証明が前提とならなければならないのではないだろうか。これに対し、その立証内容緩和理論が不法行為法の分野において一般的に承認され、論議されているということは、不法行為責任の成立にかかわって、それが肯認できる程度の立証でよいとする価値判断が加わっていることを物語っているのではないだろうか。そこで、今日、主張されている諸理論はその価値判断基準についての論理であると解するのが妥当ではないかと考えられること。

第四に、事実的因果関係についての段階的・連続的なさまざまの心証度のうちの何十パーセントかの線の上下でもって「(完全に)存在した」か「(全然)存在しなかった」かの、どちらかの認定をするよりも、ある程度以上の心証度を得られたときには、得られた心証度の強さに応じて不法行為責任を認めるのが妥当ではないかとする「確率的心証」論も主張されているが(7)、このような考え方が、事実的、自然的、没価値的な思考領域において妥当性をもつものかどうかは疑問である。ただ、事実的因果関係を価値判断領域に属するものであるとするならば、かかる主張も可能ではないかと考えられ、このため「確率的心証」論の出現こそがその価値的な要因のあるものであることを示すものと考えられること。

事実的因果関係にかかわる以上のような理論状況を前提として考えてみると、それは決して、単なる事実的、自然的、没価値的な領域に属するものではなく、事実関係についての法的価値判断にかかわるものであると考えるべきであろう。そして、このような法的価値判断が何に向けてなされているかということであるが、それは結果＝損害にかかわる因果原因要素を確定することについて行われているとみることができよう。ところで、この点では、因果原因要素が単一要素である場合は事理当然のこととして、その法的価値判断は顕在化する余地はないが、公害訴訟、製造物責任訴訟、交通事故訴訟、医療事故訴訟などのように因果原因要素が多数現出するか、原因において因果系列が存在するというような場合に多数の因果原因要素からどれを抽出するのが妥当か、原因因果系列にある諸要素のどこで切断し結果＝損害との因果関係を認めるのが妥当かという法的価値判断が常に入ってくることになる。それは、端的には、多数の、あるいは因果系列にある原因＝行為作出者の誰れとの関係で不法行為責任を成立させるかという非常に重要な法的価値判断を意味しているといえる。それゆえに、事実的因果関係というのも、因果原因要素あるいは原因因果系列を対象とするところの法的価値判断にかかわるものであると理解されることになる。

(1)　幾代・前掲書一一一頁参照。
(2)　平井・前掲書四三三頁。
(3)　平井・前掲書四三六頁、四三七頁。
(4)　加藤・公害法の生成と展開一八頁以下。
(5)　徳本鎮・企業の不法行為責任の研究五九頁。牛山積・公害裁判の展開と法理論三五頁、沢井裕・公害の私法的研究二二六頁など。
(6)　好美＝竹下「イタイイタイ病第一次訴訟第一審判決の法的検討」判例評論一五四号五頁以下、淡路剛久・公害賠償の理論〔増補版〕三五頁以下など。
(7)　倉田「交通事故訴訟における事実の証明度」実務民訴講座3一三四頁、淡路「判批」判例評論一四八号一二八頁は交通事故訴訟では是認。

三　保護範囲論の論理

保護範囲の問題は、分解論によれば、加害行為と事実的因果関係のあるすべての結果＝損害のうちどこまでを賠償させるのが妥当であるかにかかわっていることになる。そして、これは法的価値判断あるいは政策的価値判断の問題であるとみる点では一致している。ただ、その保護範囲画定の基準すなわち価値判断基準の定立にあたり、その見解がわかれることになる。その主要なものとして、つぎのような見解がみられる。一つは、平井教授の主唱される保護範囲説である。(1) 故意による加害行為の場合は、一応は事実的因果関係の存する全部を保護範囲とみるが、加害者の意図した結果とあまり大きな差のあるときは被害利益の重大さの程度との相関関係により決まる。過失による加害行為の場合は、事実的因果関係に立つ損害に対しての加害者の防止義務の範囲―被侵害利益が重大であれば防止義務も拡大される―を基準にし、その義務の範囲内（義務射程）に入っていれば保護範囲に入るとの見解である。二つは、前田教授の主唱される個別的損害説である。(2) すなわち、財産的損害のうち積極的損害については、それが当該権利侵害から当該被害者にとって不可避的に生じたもののみが賠償され、消極的損害については、当該被害者において妨害された財産の増加の取得の確実性が、賠償されるべき要件であり、精神的損害については、慰藉料の複雑な機能からして裁判官の裁量にまかされるとする見解である。三つは、石田穣教授の主唱される危険性関連説である。(3) 加害行為から第一次的に生じる第一次損害については行為者に有責性が認められる限り賠償の対象となる（違法性関連ないし有責性関連）が、第一次損害から派生して生じた後続損害については危険性関連が認められる限り賠償の対象となる。そして、この危険性関連の判断にあたっては、民法四一六条一項の通常損害は、行為者の認識可能性を問題にすることなく危険性関連が認められる後続損害であり、二項の特別損害は、認識可能性あるときにはじめて危険性関連が認められる後続損害となるとの見解である。

ところで、これらの新しい判断基準の当否についての検討はここでは留保するが、いずれもが結果＝損害を対象としていることは明らかである。それは、原因＝行為によって惹起している結果＝損害に向けられた判断基準であるということである。この点では、従来の相当因果関係理論と異なるところはない。相当因果関係理論も結果＝損害側の因果系列に注目して、因果関係存否の判断基準を論じてきたからである。このため、保護範囲の問題として捉えられている内容も、従来、相当因果関係の問題として捉えられてきた内容も、原因＝行為に対し、どの結果＝損害を結び付けるのが妥当であるかという法的価値判断に関するものであったとみることができよう。それは、石田教授が、不法行為が行われると、そこからまず第一次損害が生じ、ついでこれを起点として後続損害が生じるが、第一次損害は成立要件の問題であり、後続損害の範囲の限定づけが損害賠償の範囲＝保護範囲の問題であるとの考え方で示唆されているように、結果＝損害因果系列にあるもののうちどこまでが、加害者による原因＝行為と因果関係にあるとみるべきであるか、すなわちどこまでが不法行為責任によってカバーされるのかについて法的価値判断を下すことであるといえよう。それゆえに、保護範囲は端的には、結果＝損害側の因果系列についての法的価値判断にかかわる論理であることを認識しうるであろう。そうだとすれば、結果＝損害因果系列にかかわる法的価値判断基準として、従来の相当因果関係理論に頼りうることの可能性が大いにあるといえる。とくに、危険性関連説はそのことを如実に物語っているといえるし、新判断基準としての保護範囲や危険性関連、危険範囲という論理を用いても処理結果の差に直結することもないようであるから、あるいは結論の正当化の論理の違いにすぎないのであるから、わが国の実務に定着した相当因果関係理論によってもよいのではないかとの見解[4]などもそのことを示唆したものといえよう。

（1）　平井・前掲書三〇九頁以下。
（2）　前田・不法行為帰責論二三〇頁以下。
（3）　石田・前掲書三九頁以下。
（4）　國井・前掲二三頁、森島・前掲一九一頁、五十嵐清ほか・損害賠償の法律入門〔沢井〕八四頁、沢井「食品・薬品公害と製造物責任3」法時五〇巻一〇号八二頁。

むすびに代えて

事実的因果関係も多数因果原因要素あるいは原因因果系列に向けられた法的価値判断の論理であり、保護範囲も結果因果系列に向けられた法的価値判断の論理であるということになると、分解論が明確に指摘し、そして今日では因果関係の問題を考えるにあたって大方が承認しているところの、事実的因果関係の問題は保護範囲あるいは相当因果関係の問題の前提条件となるという論理は再考しなければならなくなる。両者は、次元の異なる問題として現われるのではなく、「その加害行為者はその損害につき不法行為責任がある」ということの判断に同一次元においてかかわっているものと考えるべきではないだろうか。ただ、そのかかわりの方向が一方は原因＝行為側に、他方は結果＝行為側にというように異なっているにすぎないのではないだろうか。

そして、不法行為責任にかかわる因果関係の問題というのは、「特定のＺ（結果）が特定のＸ（原因）によって生じたものである」ことを法的価値評価を加えながら確定することであるとするならば、それが確定されると他の要件を備えるならば、そのＸの作出者がＺについての不法行為責任を負うことになるわけで、そこでは不法行為責任の成立とともにどの範囲について成立するのかが同時的にみられることになると解されよう。このために、原因側の問題は単なる事実の問題であり、結果側の問題はもっぱら法的価値判断の問題であるというように異なる次元の問題として捉えるべきではない。「ＺがＸによる」を確定するにあたっては、事実的・自然的にはいずれも広がりをもった状況、すなわちいずれもに因果系列がみられる場合に、それが法的レベルでの因果関係として捉えていいかどうかの判断が、いずれの側においても行われ、両者が結び付けられて行くということでなければならない。このため、いずれもが、事実的・自然的因果系列を前提とした上で法的価値判断が加えられ、その両者が相関的に結び付いたものが、不法行為責任にかかわる因果関係の内容であると解すべきである。そこで、原因側、結果側という両側における事実的・自然的因果系列という事実状態が法的価値判断の前提をなすことは確かであるが、それは、事実的因果関係と保護範囲の関係と同一の関係にあるものではない。このため、不法行為責任の要件としては、因果関係が立証されればよいわけであるから、事実的・自然的因果系列という事実状態を前提として法的価値判断の加えられた部分（それには当然、事実的・自然的因果系列についての判断も含むが）について立証すればよく、事実状態としての因果系列の存在を立証する必要はないことになる。今日における事実的因果関係の立証緩和論の論理は、この意味に解してこそ正しく位置づけることができよう。原因因果系列に対する法的価値評価の問題は単なる事実的な因果関係として捉え、その立証を緩和するという訴訟手続上の問題に転換すべきではなく、立証緩和の理論そのものが法的価値評価基準であり実体法上の因果関係の内容を決めるための理論であるということになる。

また、事実的因果関係と保護範囲の問題を原因因果系列と結果因果系列として同一平面、同一次元で捉えることの妥当性については、今日、最も注目されている有責第三者の競合、自然力作用、病的要因、被害者及び被害者側過失、仮定的原因事実の存在というような複合的事実の介在する場合の因果関係を考えるにあたってなお、明確にされる。そのことを、ここで詳論する余裕はないが、これらの問題を考えるにあたって、ある事実を、ある者は事実的因果関係の問題として捉え、他の者は保護範囲の問題として捉えていることから判断すると、事実的因果関係と保護範囲は決して次元が異なるものではないと推論できそうだからである。

ところで、従来の相当因果関係理論は、このような見地からみると、結果因果系列に向けられた法的価値判断にかかわる論理であったことは明白である。では、原因因果系列に向けられ法的価値判断にかかわる論理としては何ら作用をしてこなかったのであろうか。たしかに、そのことは明確には示されているとはいえないが、しかし、この点に関しては、相当因果関係理論では両者を明確に分離しないで因果関係を論じていることから「相当」の基準のもとで作用してきたであろうことは想像に難くないであろう。すなわち、そこでは、「相当」という抽象的同一基準のもとで、同一次元で結果因果系列についても原因因果系列についても捉えてきたわけで、かかる論理は、さきにみた因果関係論を考えるにあたっての論理と共通するものであることを認識しなければならない。そこで、もう一度、この相当因果関係理論に立ち返って考えるのが妥当と思われる。ただ、その際、因果関係の問題は二方面に向けられるということとその相関的関連づけということが問題になっているということを認識しながら、その上に立って新たな理論構成をしていくことが必要となる。そこでは、とくに、原因因果系列について配慮されなければならないが、事実的因果関係のところで展開された論理が参考となるであろう。

これまでの検討、論述は非常に粗雑なものであり、多くの誤解があるかも知れない。それは、因果関係論について、未だ精練されないでいる私のナマの思考を示したにすぎないからである。そこで、今後は、このことにつき教示を得ながら思考を精練し、さらに深く検討を加え、相当因果関係理論を基調にした理論構成を試みる予定である。

8　運転者と運行供用者——責任競合の一考察——

一　問題の所在

(一)　行為競合と責任競合

自動車事故の場合、その事故要因は複雑で、車両・道路・人の三要素がからんでいる場合が多い。この場合に、それぞれの要因関与者が、賠償責任負担者であるかどうか、その責任負担の法的根拠と法律関係が、まず問題になる。そして、この問題は、事故原因に対する行為的関与の複数性として、製造者・道路管理者・運転者などの共同の不法行為成立の可否が中心課題となる。これが、自動車事故における行為競合の場合の問題である。

自動車事故の場合はまた、このような複数者の関与とは異なる複数者関与が一面で存在する。運転者の過失による事故の場合には、法定賠償責任者として、使用者(民法七一五条一項)、事業代理監督者(民法七一五条二項)、運行供用者(自賠法三条)が現われ、運転者の一般的不法行為責任と競合して賠償責任を負う者の存在が予定されている。そこで、この関係を責任競合の場合として捉えてみた。この責任競合の場合は、その法定賠償責任を導き出す原因となった運転者の行為責任との競合というにとどまらず、その運転者の加害行為が、他車運転者、道路管理者、製造者と行為競合して、それらの者が、共同の不法行為責任を負う場合のそれらの者の行為責任との競合、あるいはそれらの者の法定賠償責任者の責任との競合をも包含したものとして捉えているのである。

㈡　責任競合の概念整理

責任競合を、以上のようにみると、従来、「横の関連＝異圏間の競合＝横の共同不法行為」と「縦の関連＝同圏内の競合＝縦の共同不法行為」として、[1]捉えてきた類型とは若干異なることになる。そこで、責任競合の概念の整理をまずして置くことにする。そして、そのことを、先ず要約しておけば、事故に対する原因関係での行為競合がみられず、したがって、関与者の競合があっても、それが不法行為成立の問題にかかわりを持つものでない競合の場合、すなわち、運行供用者、使用者の法定賠償責任と関与者の行為責任ないし法定賠償責任が競合する場合が、これに該当する。

運転者の単独過失による事故の場合の、過失運転者の行為責任と運行供用者ないし使用者の法定賠償責任の競合がその典型である。また、この延長線上で、複数の運行供用者、使用者の法定賠償責任の競合(運行供用者と運行供用者、運行供用者、使用者と使用者)も包含される。従来、「縦の関連」として捉えていたものである。しかし、この運転者と運行供用者、使用者の場合も、その運行供用者、使用者が自動車の管理上の過失や運転指示ミスなどのため事故の原因に関与しているものとして捉えられる限りにおいては、[2]行為競合であり、責任競合の問題ではない。

甲車と乙車の両運転者の共同過失の事故の場合には、甲車運転者と乙車運転者の競合は行為競合の典型であるが、甲車にかかわる運行供用者、使用者の法定賠償責任と乙車運転者の行為責任ないし、乙車にかかわる運行供用者、使用者の法定賠償責任も責任競合として捉えるべきである。判例は、甲車・乙車両運転者の共同過失で共同不法行為に当るから、甲車運行供用者と乙車運行供用者も共同不法行為者として競合して責任を負担するとし、[3]同様の見解は、二隻の船舶の船長の共同過失による事故について「各船主ハ民法第七一九条第一項ニ依リ各自連帯シテ賠償ノ責ニ任ス……」、[4]「各船長ノ責ニ任ズル債務ニ民法第七一九条第一項ニ依リ連帯ナルヲ以テ、各船舶所有者モ亦連帯債務ヲ負担スベキモノトス」[5]として、早くからみられるところである。また、学説にも、法定責任者間の同質責任の関係にあり、横の関連とみて、自動車事故の実務上の共同不法行為責任処理における通常の形態として、共同不法行為責任になるとしている。[6]ところで、共同不法行為となるかどうかの検討は、ここでは留保するが、[7]共同不法行為処理をする前提として、判例ではやや不明確であるが、行為競合として捉えようとしているのは疑問である。たしかに、共同過失者間では行為競合がみられ、それを前提としての共同不法行為成立が問題となるが、それらの者の一方と運行供用者、使用者(船主)ないしその相互間には、事故の原因関係としての「行為の共同」はみられないわけであるから、客観的関連共同説に立つにしても共同不法行為に持ち込むかどうかも問題にならず、単なる責任競合でしかないと解すべきである。そして、このように解すると、共同過失者間では共同不法行為責任であるのに複数の運行供用者・使用者間ではこれと異なる責任関係になり妥当でないとの反論も予想されるが、それは、運行供用者ないし使用者の責任をどうみるかにかかってこよう。これらの責任を、代位責任とみるならば、共同過失者の責任と同質でなければならないと言えそうである(8)。しかし、使用者責任については、代位責任的構成を捨てて、使用者の固有の責任とみる傾向も出てきており(9)、またそれが妥当と思われるし(10)、運行供用者責任については自己個有の責任とみるのが一般的であることからすると(11)、かかる反論には十分に答えるものと思われる。

運転者の過失と道路管理瑕疵が行為競合の場合を、運転者にかかわる運行供用者、使用者の法定賠償責任と道路管理者の行為責任とが競合する場合も、責任競合として捉えることができる。もし、運行供用者ないし使用者の責任を過失運転者の責任に代る代位責任であるとするならば、過失運転者と道路管理者の共同の不法行為責任と同様の関係になるといわざるを得ないであろうが、そのような理解の妥当でないことは前述の通りであるし、運行供用者、使用者と道路管理者にはいわゆる行為競合も見られないからである。判例には、Y_1運転のダンプカーで、黒瀬町Y_2管理の柳国橋上で五才の子供を轢過死亡させた事例で、Y_1に運行供用者として全額賠償責任が、Y_2に橋の管理瑕疵を認めたうえで被害者の過失四割を過失相殺した賠償責任がそれぞれにあるとしたうえで「債務額の少ないY_2の負担する範囲でいわゆる不真正連帯債務の関係」となると判示するもの(12)、Y_1所有の自動車をその被用者Aが私用で、神戸市Y_2管理の山岳道路をドライブ中、土砂崩れで崖下に転落し、同乗者Bを死亡された事例で、Y_1は運行供用者としてBの好意同乗による慰藉料二割減額の約四七四万円の賠償義務を、Y_2は道路管理に瑕疵ありとして約五三四万円の賠償義務を負うとしたうえで、Y_1

に対する認容額と一致する範囲内では不真正連帯の関係に立つと判示するものがある。[13] これらは、Y_1とY_2の関係を共同不法行為として捉えているのではないことは明らかで、責任の単なる競合とみていると言えよう。このほか、判例には、Y_1は、過失運転者として民法七〇九条により、Y_2は、加害車両の運行供用者として自賠法三条により、Y_3は道路管理瑕疵により国賠法二条によりそれぞれ賠償義務があるとしたうえで、「被告らは連帯して」[14]「各自連帯」[15]して義務を負うと判示したものがある。判示上は、この連帯の意味は明確でないが、賠償責任を各別に認定したうえであることからすると、前の二つの判例と同様に責任の単なる競合とみていると言えそうである。

そこで、本稿では、このような自動車事故の場合の責任競合の法理を検討することになるのであるが、しかし、その一般論としてではなく、その典型とされる運転者と運行供用者の責任競合に焦点をあてて検討することにする。ただ、その場合、この事例と最も近似性をもつ運転者と使用者の責任競合についても、つねにこれを睨みながら進めることにする。

（1）舟本信光「自動車事故における責任の共同」自動車事故民事責任の構造九一頁、一〇三頁、原田和徳「自動車事故と共同不法行為」現代損害賠償法講座3一八八頁、一八九頁、山口和男「交通事故訴訟における和解」実務民事訴訟講座3三三六頁以下など。

（2）運転者として不適当な者に運転を命じた点に重過失ありとして運行供用者と過失運転者を共同不法行為とした判例（京都地判昭三八・一一・三〇下民集一四巻一一号二三八九頁）、踏切事故で、使用者の設備不備の過失を共同原因として、運転手との共同不法行為を認めた判例（大判昭和七・一二・二三評論二二民法三〇一頁）、同旨判例（大判大正一四・一〇・二三民集四巻六四〇頁）がこれにあたる。このため、これらの判例を、使用者と被用者の共同不法行為を認めた例とされているが（椿寿夫「共同不法行為」総合判例研究叢書民法⑿一二四頁以下）、行為関与がみられる場合ということで限定して理解しておかなければならない。一般化は許されない。

（3）神戸地姫路支判昭和三九・八・一三下民集一五巻五号一九七六頁、同旨、大阪地判昭和四〇・一二・一〇下民集一六巻一七五八頁。

（4）大判明四四・一一・六民録一七輯六三三頁。

(5) 大判大正三・一〇・二九民録二〇輯八三四頁。
(6) 舟本・前掲九八頁、原田・前掲一八八頁。
(7) この点は、右近健男「複数の使用者・複数の運行供用者」判タ三九三号八五頁以下参照。
(8) 前注(5)判例は、同旨にもとづくものと言えよう（椿・前掲一三四頁）。
(9) 神田孝夫「企業責任」加藤一郎＝米倉明編・民法の争点二九二頁参照。
(10) 拙稿「被用者の行為による企業の責任」乾昭三＝平井宜雄編・企業責任二一〇頁以下、同、「企業の責任と被用者個人の責任」乾＝平井編・前掲書二一五頁以下。
(11) 舟本・前掲一〇四頁、金沢理「運行供用者の求償権」ジュリ五三〇号一二一頁など多数。
(12) 広島地判昭四六・四・八判タ二七二号二六九頁。
(13) 大阪地判昭四七・九・二六判時七〇七号七八頁、判タ二九八号四二一頁。
(14) 熊本地判昭四五・三・二〇判時六一一号八〇頁。
(15) 横浜地川崎支判昭四六・四・二二交通民集四巻二号二二二頁。

二　責任関係の法的性質

(一)　運転者と運行供用者の責任関係

運転者の過失による一般不法行為責任（民法七〇九条）と、その加害車両の運行供用者としての責任（自賠法三条）が競合する場合、この責任競合関係を法的にどのように捉えればよいかがまず問題となる。

これに関する判例は膨大で、全てをフォローできないが、判示の表現で別けると三つに分れる。第一は、「各自」「それぞれ」「おのおのに」賠償義務を負うとするものである。そして、判例の数としては、この表現のものが一番多い。(16) これによると、運転者の責任と運行供用者の責任とが、それぞれ単独で存在するものとして捉えていると言えよう。そして、この単独で存在する責任の関係がどのような法律関係に立つのかは何ら明らかにされていない。それは、被害者との関係では、明らかにする必要はなかったからであろう。しかし、法律的につきつめていけば、同一被害者との関係で、単独の責任が、併存する場合には、不真正連帯債務として捉えられることは明らかであろう。第二は、「連帯して」責任ずるとするものである。この表現の判例は、先の判例について多い。[17] ただ、なぜ「連帯」になるのか、その「連帯」の意味は明らかでない。しかし、運転者の一般的不法行為責任、運行供用者としての自賠法三条による責任をそれぞれ個別に認定し併存することを前提としたうえであることからすると、共同不法行為としてではなく単なる責任の併存による不真正連帯債務とする考えにもとづくものと言えよう。第三は、「被告等の右責任は、いわゆる不真正連帯債務である」[18]「被告ら各人の債務は、その間に主観的共同関係がなく、また被害者保護の見地にかんがみ、不真正連帯の関係にたつ」[19] とするものである。ところで、後者は主観的共同関係がないためとして、共同不法行為における主観的関連共同説に立つならばとの表現のように受け取られるが、かりに客観的関連共同説に立ったとしても行為の関連共同がないことから同様になろう。以上のようなことから、判例理論としては、それぞれ独立の賠償責任の併存として不真正連帯債務とみることに異論はないと言えそうである。

学説も、これらの判例と同様である。舟本判事は、「全く異なった根拠からそれぞれ損害との全部的な因果関係が認められる本来的な全部義務」の「併存」であるとされる。[20] 原田判事は、共同不法行為たる関係は発生せず、「それぞれの立場において、被害者に対して賠償責任を負担し、それらの複数債務は、被害者の満足の一回性という要請により牽連的に併存しているにすぎない」[21] とされる。そして、多くの学者は、運転者と運行供用者間の債務は不真正連帯債務となると解している。[22]

このように、運転者の責任と運行供用者の責任は、それぞれ異なる法的根拠によって成立する不法行為責任で、本来的に独立したものであるが、しかし被害者との関係では牽連的に併存し、それは法律的には不真正連帯債務の関係にあるとするのが妥当であり、判例・学説上も、余り異論がないようである。

(二)　運転者と使用者の責任関係

被用者である運転者の過失による事故によって、使用者は民法七一五条一項の使用者責任を負い、これと運転者の一般的不法行為責任が競合する場合の競合関係についても、共同不法行為ではなく、単独責任の併存による不真正連帯債務とみるのが、通説、判例である。[23]その理由として、能見助教授が、使用者・被用者という一般的な関係の存在だけでは関連共同として不十分で、共同不法行為責任を負わせるべきでなく、使用者は、被用の不法行為について被用者とともに責任を負い、両者は不真正連帯の関係に立つとされる。[24]ところで、使用者と被用者の関係が関連共同として不十分なのは、そこに行為競合がみられないからであるという補足を加えることによって、正当な論理と言える。

そして、このような運転者と運行供用者、運転者と使用者の責任競合の場合に限らず、責任競合として捉えられる場合には、一般的に、単独の不法行為の併存として不真正連帯債務の関係に立つと言えよう。このため、責任競合の場合は、競合関与者の一人一人について、その責任根拠規定によって賠償責任を判断することになり、その責任は同質ではなく、また負担の量的範囲も同一であるとは限らない[25]、と言うことになる。

㈢　運行供用者責任と使用者責任

このように、運転者と運行供用者の責任関係と運転者と使用者の責任関係が、法的性質として同じであるということになると運転者と運行供用者の法律関係を考えるにあたっても、これまで民法七一五条論のなかで展開されてきた被用者と使用者の法律関係に関する理論が、そのまま通用するものなのかどうかが問題となる。現に、運転者と運行供用者の法律関係は、被用者と使用者の法律関係と区別されることなく、包括的に、捉えられ、説明されるのが、普通のようである。[26]そして、さらにはこれが一般論化されて、不真正連帯債務論として捉えられ、説明されている。しかし、求償関係に関連して、両者を全く同一に解することは妥当でないとの主張が有力になってきた。[27]また、根本的には、自賠法三条を民法七一五条の延長線上で捉えてきた従来の通説的理解に代って、非連続的な別の責任法理にもとづくものであるとの認識が通説となってきたことを見逃してはならない。[28]そのことは、自賠法三条は民法七一五条に連なるというよりは七一七条、七一八条的規定であり、危険責任の原理にもとづくものであることの主張、運行供用者概念の二元説から一元説への移行、また運行供用性の認定方法の具体説から抽象説への推移の動向が密接な関係で展開し、「国賠法三条は、七一七条・七一八条的規定であって、危険責任の原理にもとづいている。そうしたとき、運行供用性は、一般的・抽象的な運行支配の喪失事由の有無によって決すべきことになる。こうして見ると、七一五条と本条とは、責任の法律構成が乖離しているとしなければならない[29]」ことになるとの主張に端的にみられるのである。かくて、運行供用者責任と使用者責任は乖離化の途を進むことになる。それが、運転者ないし被用者との内部的な法律関係においても、その影を落とし、大きな影響を与えずにはおかないことはいうまでもないであろう。ただ、このような理解は、使用者責任の法理をこれまでの通説的見解にもとづいて捉え、そこに留めおく場合には、まさに正当と言わざるをえない。しかし、この使用者責任の法理を、民法七一五条と民法七一七条とをパラレルに捉え、後者は物的施設の瑕疵によっての責任を規定し、前者は人的組織の瑕疵によっての責任を規定したものと解し、危険責任論にもとづき使用者の自己責任として捉えた場合[30]にも、なお乖離論を維持できるだろうか。たしかに、現象的には、人的と物的の違いはみられるが、それだけで責任の法律構成を異にしなければならないと言い切れないのではなかろうか。とくに、運行供用者責任も単に物的な自動車の所有、占有、管理の責任として捉えられているのではなく、他人を通して自動車という物を使うことの責任であると言われている[31]のに対し、使用者責任をさきのように解するときは、単に人を使うことの責任というだけでなく、その人の使い方、それは自動車事故では自動車という物を使うということとのかかわり合いで捉えたところの人の使い方の責任として理解できるであろうことから、両者は同様に把握できると解してよいであろう。これを自動車事故に対する責任の法理という観点からながめた場合に、人と車両の関係を切り離したところで責任構成をすることができることからもそのように解しうるのではなかろうか。このようなことから、運行供用者責任の使用者責任からの乖離を一面では認めながらも、使用者責任の自己改革による接近があれば、自動車事故の領域では連続性をもちうるものであることを認識すべきであろう。このことは、まさしく、川井教授が、運行供用者責任と使用者責任の非連続性を強調される一方で、この運行供用者責任は、民法七一五条に該当するものとして責任を肯定してきた従来の判例とは連続性のあることを検証しておられるが、[32] それは判例による自己改革の証しであり、このことによって裏付けされていると言えよう。

このようなことから、運転者と運行供用者の法律関係と運転者と使用者の法律関係とは基本的に同じであるとの前提に立ちながら、ただ、運転者と運行供用者の法律関係の検討にあたっては、自己改革前の従来の使用者責任の理論を前提とした非連続部分の除去に留意しながら、使用者責任での理論を援用することは許されるということになる。

(16) たとえば、東京地判昭三九・二・二九判タ一五九号一八九頁、大阪地判昭四〇・一〇・六判タ一八三号一二七頁、名古屋地判昭四一・一・二八判タ一八八号一三五頁、横浜地判昭四二・一二・八判タ二一八号一八五頁、大阪地判昭四三・三・二一判時五二〇号七二頁、大阪高判昭四四・一〇・三〇判タ二四一号九九頁、大阪高判昭五二・一〇・二七判時八八三号四一頁、など。
(17) 函館地判昭三九・一一・三〇下民集一五巻二八五四頁、東京地判昭三九・一二・一七下民集一五巻二九四五頁、東京地判昭四一・四・二一判タ一九一号一一四頁、前掲熊本地判昭四五・三・二〇、前掲横浜地川崎支判昭四六・四・二二など。
(18) 新潟地長岡支判昭四四・七・二四判時五七三号八六頁。
(19) 仙台地判昭四四・三・二七判時五五七号二五九頁。
(20) 舟本・前掲一〇四頁。
(21) 原田・前掲一八九頁。
(22) 金沢・前掲一二一頁、山口・前掲三三八頁など。
(23) 運転者と使用者の事例に限って例示すると、最判昭四五・四・二一判時五九五号五四頁、最判昭四六・九・三〇判時六四六号四七頁などがある。
(24) 高木多喜男ほか共著・民法講義6二六七頁〔能見善久〕。
(25) 舟本判事の指摘されるところであり、妥当といえる（前掲一〇四頁）。
(26) 淡路剛久「共同不法行為に関する諸問題」ジュリ四三一号一四七頁、山口・前掲三三八頁、舟本・前掲一〇六頁以下など。
(27) 金沢・前掲一二二頁。同旨、西島梅治「判批」判時七三七号一五二頁、但し、求償権の根拠、制限の問題については共通性があるとされる。
(28) このことについては詳論はここでは省略する。詳細は、とくに、川井健「運行供用者責任の根本理念」現代不法行為法研究三頁以下、國井和郎「使用者責任とその周辺問題」法時四八巻一二号三〇頁、三一頁参照。
(29) 國井・前掲三〇頁、三一頁。

(30) 拙稿・前掲二二一頁。
(31) 川井・前掲一九頁。
(32) 川井・前掲二〇頁以下。

三 運転者か運行供用者の一方に生じた事由の効力

(一) 問題の限定

この問題は、従来、共同不法行為者の一人につき生じた事由の絶対的効力として論ぜられ、一部の見解を除いてはそのなかで、運転者・運行供用者間、運転者・使用者間の場合も包含して論議されてきた。[33][34] しかし、行為競合を前提としての複数関与者間の場合と、責任競合を前提としての複数関与者間の場合とでは、かりに、被害者との関係では不真正連帯債務として同様に捉えられるとしても、その債務共同関係には違いがあり、[35] このことが、複数関与者の一人に生じた事由の効力を考えるにあたって結論を左右することも予想されることから、ここでは、まず責任競合の場合に限定して検討を加えるにとどめる。また、問題になる事由についても、弁済・代物弁済・相殺・混同・免除・時効・判決既判力など種々存在する。このうち、債権の終局的満足＝損害の塡補をもたらす弁済・代物弁済につき絶対的効力の生ずることは争いのないところであるから改めて論及しないが、その他の事由については、実際上最も多く問題となる免除についてのみにとどめる。

(二) 免除の効力

自動車による事故の多くは示談により解決していると言われている。その際、示談書には、全部または一部の権利放棄条項の入っているのが普通である。そこで、加害運転車が被害者との間で、あるいはまた運行供用者または使用者が被害者との間でこのような合意をした場合に、それぞれ他方にもその効力が及ぶかが問題となる。ところで、このことについては見解がわかれている。連帯債務説、不真正連帯債務説、折衷説、不訴求合意説、に大別される。そのうち、連帯債務説は、共同不法行為の場合に関連して、その責任債務と解し、民法四三四条以下を適用して絶対的効力を認めようとする見解があるが[36]、責任競合の場合にはまず連帯債務とみることのできないことから問題にならない説である。不真正連帯債務説は、その複数関与者間の責任は不真正連帯債務であり、これには連帯債務の各条文が適用されない結果、免除についても相対的効力しか生じないとする見解である[37]。しかし、不真正連帯債務として捉えられる範ちゅうは非常に広く、このため債務共同関係にも差異のあることが予想されることから、不真正連帯債務であるというだけでは不十分ではないかと思われる[38]。不訴求合意説は、被害者がその一人に対し債務を免除した場合には、その実情からして、多くは、その者に対して請求しないというだけで、他の者に対してまで免除したものでなく、このため、その他の者に対しては全額を請求する趣旨であると解する[39]。この不訴求合意説に対しては、野村教授の批判がある[40]。また、この説では、被害者の意思に頼ることになるわけで、その限りでは肯認しなければならないが、被害者が示談によっての一括解決の意図を持たない場合に、責任競合する一人に対する免除の効果が、他方になぜ及ばないことになるのかという論拠は何ら示されていないのではなかろうか。折衷説は、被害者との示談により免除を受けた者の負担部分が大きいときは絶対的効力が生ずるが、負担部分の小さいときは相対的効力しか生じないとか[41]、あるいはこのことを前提とした上でそれに修正を加え負担部分の大きい者との免除の場合は被害者が他の者の負担部分の立証ができなければ賠償を請求できないが、立証できればその負担部分につき請求でき、負担部分の小さい者との免除のときは、他の者が負担部分を立証できないときは全部の賠償責任が認められ、立証したときは負担部分に限り請求できるとするものである[42]。この説では、運転者（被用者）と運行供用者・使用者との負担部分の状態が、免除が絶対的効力をもつのか相対的効力を持つにすぎないのかを決める重要なキーポイントとなっている。しかし、被害者としては、負担部分を前もってはっきりと知りうるわけではないのであるから、放棄条項を入れることはかなり冒険をおかすことになる。このことは修正理論による場合でも本質的には変わりはないのではなかろうか。そして、最も重要なことは、ここでいわれている負担部分とは何を意味するかということである。とくに責任競合の場合には、行為競合の場合のような事故に対する原因的寄与としての負担部分というようなものは存在しないわけであるから、それを被害者に判断させたり、立証させるというようなことを前提とした考え方は妥当ではないように思われる。すなわち、運転者と運行供用者、運転者と使用者というような責任競合の場合には、それぞれが、全く異なった法的根拠から、その損害について本来的な全部的義務を負い、責任の同質性や負担の量的範囲の同一性というものは予定されておらず、したがって負担部分というのはその間にないと解すべきである。[43] ただ、求償関係の段階で、これを認め、いわゆる負担部分として問題にするのは求償の範囲の判断にかかわってのことであり、それは実質的には弁済負担者から他方に対する債務不履行ないし不法行為にもとづく損害の賠償額の判断のための何ものでもないわけで、これを被害者に判断ないし立証させて免除の効力を決するというのはどうかと思われるからである。

そして、さらに、この折衷説にもとづいて、被用者（運転者）と使用者の責任競合の場合につき、被害者の意思の明確でない場合は、被害者の被用者に対してなした免除の効力は使用者におよぶが、被害者の使用者に対する免除の効力は被用者におよばないと解すべきだとの見解がみられる。それは、使用者の被害者に対する責任は、被用者の代替責任で使用者には負担部分がないからだといわれている。[44] しかし、この考えは、使用者責任を代位責任として捉えることにまず問題がある。もし、かりにこのことにつき一歩譲ったとしても、使用者の求償権を全面的にあるいは著しく制限しようとする今日の一般的見解は、被用者にだけ負担させるべきではないとの考え方が基礎になっていることから、[45] これと著しくかけ離れることになるし、さらに、被用者から使用者へのいわゆる逆求償権をも認めようとする傾向には対応しきれない。また、一般に、自己責任として理解されている運行供用者との関係ではどのように説明することになるのかという重大な疑問が生れる。

判例も、このような各学説に対応して存在している。ただ、運転者と運行供用者、運転者（被用者）と使用者の事例に限ってみると、折衷説[46]と不真正連帯債務説[47]に限られるようであり、そして後者の方がやや多いように感じられる。

ところで、この問題を考えるにあたっては、これまでたびたびくり返して言ってきたように、責任競合の場合の関与者の責任は、それぞれ異なった責任法規を根拠として、独立性を持ち、質的・量的にも非同質的なものであることを基本的出発点としなければならない。この結果は、責任競合関与者の一人が、被害者との関係で免除を受けたからといって他の者にその効力が及ぶといういわれは原則としてありえないということになろう。このことは、不真正連帯債務説に立つ最高裁判例が、両者の責任は「各自の立場において別個に生じた同一損害の塡補を目的とする限度において関連するにすぎないのであって、〔いわゆる不真正連帯の関係に立つものと解される。そして、不真正連帯の〕債務者相互間には右の限度以上の関連性はないのであるから、債権を満足させる事由以外には、債務者の一人につき生じた事由は他の債務者に効力を及ぼさないものというべきであって」と判示している理由から、その中に付した〔　〕部分を除いた債務共同関係の実質的判断部分をもって根拠とするものと同義であり、すでに判例によっても実質的理由とされていると言えるのである。ただ、〔　〕部分の除去、すなわち不真正連帯債務という媒介項を通すことを排除するのは、行為競合の場合に不真正連帯債務であるが故をもって、免除の絶対的効力が全面的に否定されてよいかどうかに大きな疑念を持っているからであり、この点で、かかる判例にも全面的に従いえないという違いがあるのである。

そして、このような見解の結果、運転者または運行供用者ないし使用者が、被害者から賠償義務の一部または全部の免除を受けたのちも、他方は、被免除者によって弁済されなかった全部の賠償義務があることになる。このため、被害者に対し、その義務を履行しなければならないが、その弁済負担の後は、被免除者に対し求償できるという関係に立つことになる。(49)ただ、この求償関係は、後述するような債務不履行・不法行為による損害賠償という性質のものであるわけであるから、このような考えでは、示談により免除を受けた者も、最終的な損失分配では、示談免除がなかったと全く同様になり不都合であるとの批判はあたらないであろう。すなわち、被害者といえども、そのうちの一人とだけで、この者に対する紛争の一挙解決を図るために損害賠償額を減額するというのならともかく、責任競合関与者全体に対し他の者からの内部的な関係での損害賠償的な要素を持った求償まで免れさせうるというようなことはできないであろうからである。

(33)　舟本・前掲一〇一頁、一〇五頁、山口・前掲三三八頁以下。同「共同不法行為者の一人につき生じた事由の効力」判タ二六八号一一四頁。
(34)　とくに自動車事故に関連したものとして、野村好弘「共同不法行為と示談の拘束力」ジュリ四二八号一一九頁、一二二頁、淡路・前掲一四五頁。
(35)　淡路・前掲一四六頁、川井健「共同不法行為法の諸問題」現代不法行為法研究二五七頁。この問題は不真正連帯債務の本質論にかかわるため、ここでは結論は留保する。この問題については椿教授、淡路教授の詳細で卓越した研究がある。
(36)　谷口知平＝植林弘・損害賠償法概論一七二頁など。
(37)　加藤一郎・不法行為法二〇六頁、我妻栄・事務管理・不当利得・不法行為一九二頁。
(38)　淡路・前掲一四六頁、川井・前掲二五七頁。
(39)　淡路・前掲一四六頁、同旨、渡辺公雄「共同不法行為者の一方との和解と負担部分」判タ二一二号一九一頁。
(40)　野村・前掲一二〇頁。
(41)　宮原守男「示談と過失割合」判タ二一二号一八八頁。
(42)　野村・前掲一二一頁。
(43)　舟本・前掲一〇四頁。
(44)　山口・前掲三三九頁、三四〇頁、同・前掲（判タ二六八号）一一四頁、一一五頁。ただ、使用者の求償権が著しく制限されるか、全面的に制限される場合には、免除の効力は被用者にも及ぶと解されていた時期もあったが、修正されている。
(45)　椿寿夫「判批」判時五二五号一二二頁。
(46)　折衷説に立ち、被用者との免除の効力は、使用者には、被用者との支配従属関係が弱く負担部分がないために及ぶとした判例がある（東京地判昭四三・四・一八判時五二〇号六八頁。）
(47)　最判昭四五・四・二一判時五九五号五四頁、最判昭四八・一・三〇判時六九五号六四頁、東京地判昭四九・三・二七判時七五五号八二頁。なお、不真正連帯債務であることと示談契約で及ぶとする特段の事情がないことを理由に相対的効力だとする判例がある（仙台地判昭四四・三・二七判時五五七号二五九頁）。
(48)　前掲最判昭四八・一・三〇、同旨、前掲最判昭四五・四・二一。
(49)　同旨、最判昭四六・九・三〇判時六四六号四七頁。

四　運転者と運行供用者間の求償関係

(一)　求償関係の承認

自動車事故によって、運転者および運行供用者が共に賠償責任を負うときで、そのいずれかが、被害者に対し賠償義務を履行し弁済負担した場合、その者は、他方に対し求償できるだろうか。このことに関し、今日まで、運行供用者からの運転者への求償に関連して、余り疑問視されることなく、肯定されてきた。(50) しかし、責任競合の場合の債務共同関係からみると、直截的にそういえるのかどうか考えなければならないであろう。舟本判事が、自動車事故責任は、自動車交通の特質として社会構造的関連から問われる直接・端的な危険責任・結果責任で、自己責任であり、そしてまた保険制度を前提としており、賠償システムとしてはその内部構造に同一圏内の求償権は予定していないと言うべきであると指摘しておられる。(51) 川添教授は、また、使用者の求償権に関連して「使用者責任と被用者の負担する責任とは、内部的にも外部的にも独立であって、その何れが被害者に対し賠償の責任を果たしても求償権は成立しない」とも言われているからである。(52) このことは、責任競合の場合に一般的にいえることは明白であろう。そして、このような指摘からすると、賠償の代位であるとか事務管理であるとかの理由にもとづき当然に求償関係を導き出すことができない。しかし、一方が弁済負担をした場合には、それを蒙った損害として、自己が負担すべき固有の部分を除き、賠償請求できるとするのが公平の理念にかなうものと言えよう。そこで、責任競合の場合の求償は損害賠償的性格を持ったものとみるべきである。(53) このため、ここでの求償関係においては、当該自動車事故の被害者との関係を捨象して、(54) 運転者と運行供用者ないし使用者の関係においてだけの事情をもとに判断していかなければならない。

(二)　運行供用者と使用者の求償競合

運転者とともに責任競合にある運行供用者は、民法七一五条一項の要件を充足するとき使用者としても責任競合に立つことになる。そこで、弁済負担後は、運行供用者としての求償と使用者としての求償という競合現象が生ずる。このことについても、今日まで余り議論されていないようである。[55] それは、運行供用者の求償権の根拠をどこに求めるかにつき、自賠法四条による準用の中に民法七一五条三項も当然含まれるとし、この規定の類推適用に求める説によれば当然のこととして、民法七一五条三項を注意規定と解し、使用者の求償権の根拠も債務不履行ないし不法行為に求める通説も、運行供用者の求償権についても同視してきたからであろう。すなわち、運行供用者の求償を使用者の求償の中に包含してしまっていたわけである。これに対し、金沢教授[56]は、運行供用者には、その主体的責任性、ならびに自己固有の直接責任であるという法的構造の特殊性から、全損害中の少なからざる部分を、終極的に負担すべき固有の負担部分のあることを前提にしての求償関係の理論を展開するために、使用者の求償とは別異のものであることを強調される。そして、使用者の求償権の範囲は事情により〇から一〇〇％間で変動するのに対し、運行供用者のそれは自己固有部分を控除するため一〇〇％求償は許されないとされ、自動車事故による人身損害の場合は、自賠法三条は民法七一五条の特則であることから、使用者資格にもとづく求償は認められず、運行供用者としての求償に限ると解される。

かかる見解は、使用者責任を代位責任として捉え、これを前提として求償関係を考えてきた従来の考え方を出発点としておられるわけで、この限りでは正当といえる。しかし、使用者の求償権については、その制限的構成という形ではあるが変革がみられ、また前に考察したように[57]責任理論の自己変革も行なわれているということを基調としてこれを理解していくべきではないだろうか。そして、このような観点に立つとき、両者の求償権を別異に捉えるのではなく、自動車事故の場合の求償は、求償者には自己固有の責任部分のあることを前提としての損害賠償的性格をもった求償権としての求償法理を形成し、統括していくという方向において理解すべきではないかと思われる。

㈢　求償の範囲

運行供用者の求償の範囲については、判例・通説は、使用者のそれと何ら区別することなく同一に帰するものとして捉えてきている。そして、現時の支配的学説である制限的構成理論を踏襲する。このため、共同不法行為理論、権利濫用理論、過失相殺理論、公平・条理のそれぞれにもとづいて求償権を制限し、求償の範囲を決めている。(58)しかし、このような理解は、求償権の内容を代位責任として、まずその範囲を一〇〇％とみて制限を加えるという理論であり、前述のような求償法理の形成をめざす過程で範囲の決定理論としては妥当でない。このため、運行供用者なり使用者が弁済負担した金額が損害になるのではなく、その中から固有の責任部分を控除した超過範囲においてのみ、運転者に求償できると解すべきである。(59)

そこで、この固有の責任部分というものをどのようにして判断するのか。その判断要素となるものはどういうものであるかの検討は理論的にも実務的にも重要な問題であり、それゆえに詳細におこなわれなければならないが、その余裕がないためその基本的な柱となるものについてだけみるにとどめる。それは、先ず、運行供用者、使用者の運転者に対する自動車の運行に際しての支配命令関係の強弱、運行利益の帰属の状態を基本として判断しなければならない。(60)このためには、これまで形成されてきた運行供用者類型にもとづきながら、かかる関係や状態を明らかにする作業がまず必要とされ、そして、その作業結果としてそこに客観的な求償範囲の枠組みができ上るのではないかと想像される。そして、このような枠組みを前提とした上で、当該運転者との関係における個別的要因を加味するということになろう。そして、求償の範囲確定にあたって何が意味のある要因であるかの決定については、まず、これまで使用者の求償権制限の理由とされてきた要因を参考にすることは可能である。それは論理的には制限事由ということであるが、判例にみられるように、実質的には運行供用者なり使用者の固有責任部分を明らかにすることにあったと言えるからである。もっとも、そこで取り上げられてきた、事業の性格、規模、施設の状況、業務の内容、労働条件、勤務態度、加害行為の態様、加害行為の予防・損失の分散についての配慮、運転者の経済状態、営業状態などというような要因の全てが、判断要因として妥当かどうか、また、これにつきるかどうかについては検討を加えセレクトすることでなければならないであろう。また、この判断に際し注意すべきことは、事故被害者に対する関連での責任評価とはストレートに結び付けてはならないということである。(61)これは行為競合の場合との大きな相異点でもある。そして、これらによって判断できない場合は、折半ということにならざるをえないであろう。

(50)　判例も同様で、運行供用者の求償権の存在自体を否定するものはみあたらないといわれている（金沢・前掲一二二頁）。
(51)　舟本・前掲一〇六頁。
(52)　川添清吉「使用者責任における求償権」青山法学八巻三号一四〇頁。
(53)　同旨、舟本・前掲一〇六頁、拙稿・前掲二二三頁。ただし、いずれも、債務不履行なり不法行為構成を前提とするものである。求償関係の場合に請求権の発生を根拠づけるにどうしてもこのような法理を介入させなければならないものなのかどうか。求償関係として捉えられる場合は種々様々であるが、このため、委任類型、事務管理類型、賠償代位類型、不当利得類型、損害賠償類型などに分けられること、そして、それぞれの類型毎に若干の法律関係は異なるとしても、その求償関係をそれぞれの類型に対応した法理に還元してしまわなければならないものなのか。求償法理という統括的法理を根拠とするだけではだめなのかどうか。このような疑問に今だ答えを持ち合せないため、ここでは、その点についての論拠を曖昧にしたままにしておく。大方の教示と批判を望むところである。
(54)　舟本・前掲一〇六頁。
(55)　金沢教授が明確に指摘されるところである（前掲一二二頁）。
(56)　金沢・前掲一二二頁、一二二頁。淡路教授も仮定的に肯定しておられるといえようか（同「使用者責任と求償」ジュリ五三〇号一一二四頁）。
(57)　本文の二・㈢　運行供用者責任と使用者責任の項参照。
(58)　各説の学説とその論者の注記は省略するが、運行供用者ないし使用者から運転者に対してなされた判例としては、つぎのようなものがある。共同不法行為説――京都地判昭三八・一一・三〇下民集一四巻二三八九頁（〇％）。権利濫用説――東京地判昭四五・三・二五判時五八八号三〇頁（〇％と一八％）、東京地判昭四八・三・五判時七一五号八二頁（〇％）。過失相殺――松江地浜田支判昭四二・一一・二一判時五一七号七九頁（七五％）。公平条理――大阪地判昭五一・六・九判時八四二号一〇二頁（〇％）。（　）内は求償範囲。
(59)　同旨、金沢・前掲一二二頁、舟本・前掲一〇七頁、淡路・前掲一四七頁。
(60)　同旨、淡路・前掲一四七頁。
(61)　舟本・前掲一〇七頁、なお、運転者について被害者との関係では五割であるが、使用者からの求償関係では負担部分はないとした判例がある（前掲東京地判昭四八・三・一五）

9　運転者と道路管理者――行為競合の一考察――

一　問題の所在

自動車交通の構成要素は、人、自動車および道路環境である。したがって、自動車事故発生の三要因は、自動車交通の構成三要素それぞれについて存在するはずであり、[1]「その一つ、もしくはいくつかが有機的に変容化の様相をもちつつ連鎖し、最終的には直接的要因を経て、事故発生をもたらすのであり、交通事故は複数要因の介在を通例とする」といわれている。[2]本稿では、そのうち、加害運転者と道路管理者が関与する場合の法的責任の法理を検討しようとするものである。

しかし、かかる検討に際しては、まずつぎのようなことを留意しておかなければならない。

まず、その検討の方法論が問題となる。自動車事故に際しては、その複数関与者の存在態様は複雑多様である。そこで、この複雑多様な関与の態様を、事故現場から、すなわち存在実態から捉え、類型化して、その法的責任の法理を追及するという方法の用いられる場合が多い。[3]この方法によるときは、加害運転者と道路管理者の関与態様も、無数に存在する関与態様のうちの一態様であるにすぎず、その結果として、そこで検討された法的責任の法理はその限りに留まり、それが、一般的な責任法理となるためには、さらに類似の類型を、さらに同様に検討をするという作業が必要となろう。しかし、かかる方法が、どれだけ成功したか、それが実用法学的であったであろうか。たしかに、かかる方法は、多くの特殊的事実から一般的原理を発見する方法としての帰納法として評価されなければならないことは言うまでもない。しかし、そのものとして、未だ完成をみるにいたっていないことから、責任法理も個別バラバラの状態にあり、一般的原理が生み出されるものなのかどうかさえ見通しが立っていないと言えようし、また、個別的事実から導き出された責任法理が、安易に一般的原理化される恐れも加わって、なお一層の検証を加えなければならないことから、複雑であり、成功度は疑問である。さらに、実用法学的見地からすれば、個別的事実をもとにした検討の行なわれることが有用であることも言うまでもない。しかし、このことが、最も有用性を発揮するのは、一般的な責任法理が確立していて、その具体的事実をこの責任法理にどのように適用していくか、その際の具体的要件事実として何が必要かという観点から検討される場合であって、今日のように、その責任法理が確立されずにそれを模索する過程の中で行なわれる限りにおいては、ますます複雑になり、混沌とした状態になり、実用性を発揮できるものなのかどうか疑問である。このようなことから、帰納的方法論の必要性を否定し批判するものではないが、現状で、より実用性を求めるという意味において、また混沌とした状態から抜け出るための一路を見出すための実験として、法的責任の面から観念的に捉えて、検討の出発点とすることにした。

そこで、このような観点に立つとき、自動車事故における複数関与者の態様は、行為競合と責任競合の二類型にわけて、その責任法理を検討するのが妥当ではないかと思われる。(4) すなわち、その自動車事故に、複数の者が共同で行為的に寄与している場合が前者であり、これに対して、このような行為的寄与はみられないが、法的責任が競合する場合が後者である。そして、前者では、共同の行為的寄与を法的にどのように捉えるかが重要な問題となり、後者では、このような問題は存在せず、競合する責任関係をどのように捉えるかが重要になるという意味において、責任法理の検討にあたっては、質的な違いがあると思われるからである。(5) そして、このような類型化によるとき、加害運転者と道路管理者の態様は、行為競合の一態様に属するものと言うことになる。この行為競合の典型としては、車対車の衝突事故により、同乗者、通行人、家屋などに被害を惹起させる場合のように、過失作為行為の共同する場合がある。また、一方の車に衝突して倒れたところを他車が轢過したとか、一方の車の無謀な運転行為が原因で他車が事故を起したという場合も、同様とみてよい。さらに、自動車事故と医療過誤の場合も、その被害を区別できないときは、被害に対する過失行為の共同として、この類型に入れてよい。そして、また、運転過失と道路瑕疵という場合も、道路瑕疵は、事故誘因の危険性である素質的寄与として捉えることもできるが、これを遡れば、作為または不作為の行為態様とみることができる[6]ことから、それと過失作為行為の共同として、同類型に属すると言えよう[7]。そこで、重要なことは、各行為について個別に、自動車事故により惹起した損害に対し、不法行為上の責任の成立が認められるという状態での行為の併存状態にあるにすぎないということではなく、競合する行為が、損害発生システムとしての共同行為「損害発生に対する原因行為として不可分一体性[8]」という行為の共同状態にあることである。そこで、本稿では、抽象的に捉えれば、このような場合の複数関与者の責任法理を探求するということになる。ただ、そのなかでも、事故運転者と道路管理者の場合は、単独では事故発生に至らないが、他の行為と相合して損害を生ぜしめる「集合的共同」不法行為類型[9]という特質をもつものであること、さらに、その共同は、主観的認識にもとづくものとしては捉ええない「客観的な共同[10]」でしかないということを見逃してはならない。そして、この問題は、今日、一人一説的状態にある共同不法行為の理論的状況を生み出すに至った元凶でもあることから、たやすく組みすることができないが、かかる理論的状況を踏えて検討されなければならないのはいうまでもないことであろう。ただ、その点では、ここでは、運転者と道路管理者を素材としての一考であるにすぎないことをお断りしておきたい。

(1)　宇留野藤雄・交通心理学一五〇頁以下、伊豆山太郎＝伊豆山四郎・道路の人間学一〇二頁以下など。

(2)　國井和郎「自動車事故における共同不法行為に関する一考察」民商七一巻一号一三頁。なお、國井助教授は、このことを基本的視点にすえ、自動車事故における共同責任の法理形成を試みられているようであるが、それは、まさに卓見であるといえよう。本稿でも、その思考に負うところが大きい。

(3)　これまでの検討の多くは、かかる方法論によるのが一般的であったように思われる。たとえば、淡路剛久「共同不法行為に関する諸問題」ジュリ四三一号一四二頁以下、舟本信光「自動車事故における責任の共同」自動車事故民事責任の構造所収九〇頁以下、原田和徳「自動車事故と共同不法行為」現代損害賠償法講座3一七七頁以下、國井・前掲（民商七一巻一号、二号、三号、六号、七二巻一号）などがある。この方法論は、共同不法行為の研究にあたってのアプローチの方法と軌を一にするものであることはいうまでもない。

(4) 舟本判事の提唱される、異圏間の競合（横の関連）と同圏内の競合（縦の関連）の類型化とほぼ同じである（前掲九二頁以下、一〇三頁以下）。同旨、原田・前掲一八三頁、一八四頁。しかし、これらは、責任競合が「横」に現われるか「縦」に現われるかで類型化されているのであるが、「横」の場合には、まず責任競合になるのかどうかの検討こそが重要であるという意味において、本文のように類型分けをしてみたわけで、その意味では、かなりの違いがあるというべきかも知れない。

(5) なお、責任競合の場合の一考察としては、拙稿「運転者と運行供用者――責任競合の一考察」判タ三九三号、本書*8*論文参照。

(6) 舟本・前掲九三頁、國井・前掲民商七一巻二号二二九頁。なお、國井助教授が、道路の瑕疵による交通事故の責任法理を、義務違反として構成しようとしておられるのも（同「道路の設置・管理の瑕疵について」判タ三二六号、三二七号、三三二号、三三五号、三三八号、三四八号、三七二号、未完）、かかる発想によるものとして注目すべきであろう。

(7) 同旨、舟本・前掲九三頁、原田・前掲一八八頁、一八九頁。

(8) 國井・前掲民商七二巻一号三九頁。

(9) 拙稿「共同不法行為」続判例展望一三三頁参照。

(10) 國井・前掲民商七一巻二号二三六頁。

二 判例・学説の理論状況

自動車事故に対し、運転者の過失行為と道路管理者の管理瑕疵が、原因的に共同する場合に、その運転者と道路管理者の法的責任の関係をどのように捉えていけばよいか。まず、判例・学説の現況の分析から出発しよう。

(一) 判例の現況分析

このことは、判例上、落石、路面・橋梁の崩壊、路面の欠陥、道路の照明・標識・信号機設置の瑕疵などと運転上の過失の共同の事例として、少なくないことは、舟本判事によって、指摘され抽出されている。[11]また、判例が、法的責任の関係をどのように捉えているかについての分析作業と理論的検討も、國井助教授によって行なわれている。[12]そして、再度の検討の必要性も感じないことから、これらの検討を前提に、それを目的的に援用しながら、判例の理論状況を摘示するにとどめたい。

そこで、國井助教授の検討の結果からみると、運転者と道路管理者の両責任が問われた事例において、大別すると五つのタイプがあるといえそうである。その一つは、運転者あるいは道路管理者いずれかの単独責任とする判例[13]である。この場合は、運転者の運転過失あるいは道路管理者の管理瑕疵のいずれかを否定し、一方だけが事故原因とみるわけであるから、その認定が正しいかどうかの問題は残るにしても、理論的にはいわゆる「行為競合」が存在しないということで、ここでは、対象外においてよいタイプといえよう。ここでの関心は、残りの四つのタイプにある。

その一は、共同不法行為責任の成立を認めて、全損害につき連帯しての賠償義務を認めるものである。飯塚市Y_1は、道路管理者であったが、非舗装のため随所に窪みがあり、一見して危険を感ぜしめるような外観は呈していなかったが、数日来の降雪や水道管の漏水のため水溜りとなっていた。Y_2は、Y_3の被用者であったが、自動三輪車に土木用レールを積み、その荷台に被害者らを同乗させて運転していたところ、この水溜りに落ち込み、横転させ、荷台に乗っていた被害者が路上に転落した頭上に積荷が落下し、死亡させた事案で、「漏水による窪みが生じたことによって事故地点の路面は道路として通常備うべき安全性を欠いていたものというべきであるから、Y_1の右水道並びに道路の管理につき瑕疵があったものと認めざるを得ないし、……右瑕疵は本件事故の一因をなしたことは明らかであって、右瑕疵と〔被害者〕の事故死との間には相当因果関係の存することも容易に認められる。……さすれば、Y_1は国家賠償法第二条第一項の規定により本件事故により発生した損害を賠償すべき義務を負う」。Y_2は、荷台に立ったまま同乗させたことが「転落及び死傷を惹起した一因となっていたことを推認するに難くないから」その過失により、またY_3は民法七一五条により「損害の賠償義務を負う」。つまり、Y_1「の水道並びに道路の管理に関する瑕疵とY_2の過失とは互に競合して本件事故を発生せしめたものであること、即ちY_1とY_2とは共同不法行為者たる関係において、またY_3はY_2の使用者たる関係においてそれぞれ本件事故より発生した損害の賠償責任を負うもので……いずれも連帯してこれが賠償義務を負わねばならない」（傍点筆者）と判示する[14]のがそれである。しかし、このような考え方の判例は多くはない。そして、なぜ共同不法行為となるのかの理論構成は定かでない[15]。そこで國井助教授は、その構成として二様の解釈が可能であり、一方では、道路管理者と運転者に別個の不法行為が独立して成立した旨を説示し、ついで管理瑕疵と運転過失とが競合して事故を発生させたということによって「客観的関連共同性」を指示したものと解するならば、従来の通説・判例による共同不法行為の成立要件論を踏襲したと考えられるし、他方は、道路管理瑕疵と運転過失の事故発生に対する一体性すなわち判例の言う「競合」を条件として、各行為についての「独立の不法行為性」の存在することという従来の要件論の枠をのりこえて、両者が結合して生ずべき損害を共同不法行為により処理したものとも考えられると、解される[16]。しかし、國井助教授も指摘されるように、前者の考え方によったものとすると、本件のような場合に、道路管理瑕疵や運転過失がおのおの各別に「独立不法行為」を成立させるという事情になく、両者が共同し一体とみて始めて「不法行為」の成立が認められるにすぎないという状況にあることから、従来の考え方ではカバーしきれないと言わざるを得ない[17]し、また、不法行為の成立の根拠として、Y_1に国賠法二条、Y_2に過失責任、Y_3に民法七一五条とそれぞれに判断していることから考えると、後者の考え方によったとも言い切れない。このことから、共同不法行為として扱う理由がどこにあるのかが解決されないまま、行為が競合しているというだけでそのように判断したものとしか考えられない。本件以外、共同不法行為と明言する判例がほとんどないのも、そのことを物語っていると思われるし、またリーディングケースになり得ないのもこの辺に理由があるのではなかろうか。

その二は、共同不法行為に触れないが、全損害につき、連帯しての賠償義務を認めるものである。熊本市Y_1管理の市道を、Y_3所有の貨物自動車に鉄材を積載して、Y_2が、運転中に、対向車を避けるため左側に寄ったところ、Y_1管理の下水桝の蓋が不完全であったので、車輪が落ち込み、車体が傾き、荷台に乗っていた被害者が転落、その上に鉄材が落下して、死亡した事案で、本件事故はY_2の過失にもとづくもので、Y_2は民法七〇九条により、Y_3は自賠法三条により、Y_1管理にかかる本件下水桝の蓋が本件事故前に破損していたことが明らかであるから、その管理に瑕疵があり、国賠法二条一項により、本件事故につきその損害を賠償する義務を負う。そうだとすると、Y_1、Y_2、Y_3は連帯して、損害金を支払う義務があると判示するのがそれである。[18] そして、同趣旨のケースの判例が最も多い。[19] このため、これらの判決が、責任の「連帯性」の根拠をどこに求めているかと推論するかによって、判例理論に対する理解が左右されることになる。このことに関し、判例は、共同不法行為にはふれていないが、裁判官の頭の中ではこれを前提としたとも考えられ、その認容判決例と解しうる余地を否定しえないとする見解がある。[20] しかし、他方では、各関与者それぞれに賠償責任を認めた上で、責任競合にある関係から、被害者に対する関係で、不真正連帯債務になるとしただけであるとも解しえよう。とくに、これらの判例の中には、道路管理者と運転者という行為競合にある者同志の関係にとどまらず、運行供用者のように法的責任者をも含ませていることからも、[21] このように解しうる余地が大きいと言えよう。

その三は、共同不法行為に触れることなく、損害額の一部についてのみ不真正連帯債務とするものである。黒瀬町Y_1管理の柳国橋は、木造で、老朽して橋桁が腐朽し、橋面には穴があり、二屯積以上の貨物自動車が通行することは危険な状態にあったところ、Y_2は、四屯積ダンプカーを運転し、この橋を渡ろうとして、五才の子供を轢過、死亡させた事案で、Y_2の過失の責を免れえず、運行供用者として本件事故につき賠償義務がある。Y_1の橋の管理にも瑕疵があり、本件事故はY_1の瑕疵にも基因するものと認められ、Y_1にも賠償の責がある。しかし、被害者にも過失があるので、Y_1に対する関係では過失相殺により損害額の四割につき賠償請求権を取得し、Y_2に対する関係ではY_2の過失がAの過失に比し著しく大きいので、全額の賠償を請求でき、その結果、「債務額の少ないY_1の負担する範囲でいわゆる不真正連帯債務の関係となる」と判示するのが、[22] それである。この判例は、広く共同不法行為の成立を認めながら加害者の違法性の大小で連帯責任の成立する範囲を限定しようとする川井教授の所説に近いと解しうる余地がある。[23][24] また、共同不法行為責任を認めた判例として揚げる学者もいる。[25] しかし、ここでも、判例が共同不法行為とみたと解することに疑問がある。それは、道路管理者と運転者の関係として捉えるのではなく運行供用者との関係として、すなわち責任競合の関係として捉えられているという点が見落してはならない。このため、道路管理者の責任と運行供用者の責任とを別々に認定して、ただ競合する範囲で、不真正連帯債務としたにすぎないとみるならば、きわめて当然のことといわなければならない。また、判例は、共同不法行為の場合にその責任の関係を「真正連帯債務」とみるのが一般的であることからすると、わざわざ「不真正連帯債務」と言い切ったのは、共同不法行為としてではなく、単なる責任競合とみたからだとも考えられるからである。[26]

その四は、共同不法行為の成立を否定し、損害共通の部分で、不真正連帯債務とみるものである。和歌山県Y_1管理の国道一七〇号線で、被害者が、早朝、原付自転車を時速六〇粁で運転していたところ、Y_3の被用者である運転者Y_2の過失で破損し、道交法に違反した状態で、約八七時間放置されていた大型貨物自動車に激突し、即死した事案で、道路管理の瑕疵を認めたうえで「道路管理者のこの責任と、道路に故障車を放置したY_2Y_3両名の責任とは、たまたま両者が競合したにすぎず、客観的に一個の共同行為と見ることはできないので、民法所定の狭義の共同不法行為ではなく、講学上いわゆる併発不法行為に該当するものであるから、各自別個に相当因果関係の範囲において損害を算定すべきであり、その損害が両者に共通の部分においていわゆる不真正連帯債務を負うものと解せられる」と判示したのが、それである。[27]このような判例はただ一件だけである。しかし、その三のケースと、余りにも近似した思考にもとづくものと言えるのではないだろうか。そして、その三のケースでは、共通損害部分が不真正連帯債務になる理由が示されず、結論だけであったのに対し、この判例は、その点を明確にしたということもできよう。そして、この判例が、その三のケースと合体するものであるとするならば、その二のケースをも包含して、そこに判例理論を形成しうる可能性も大いにあるとみることができるのではなかろうか。その二のケースが、その四ないし三のケースほどに共通性がないような表現のとられているのは、道路管理者、運転者あるいは運行供用者それぞれが全損害につき責任のある場合であったからにすぎず、この全損害に対する責任の競合とみていたという点では、基本的思考の論理は何ら異なるものはなかったとみる方が、共同不法行為側に嵌め込むよりも素直ではないだろうか。

このような意味において、判例の理論状況は、運転者と道路管理者の法的責任関係につき、連帯性を認めながらも、それは個別不法行為として成立し責任が認められ、その責任の競合する範囲においてであるとの考えによると言えそうである。とくに、その一のケースで、共同不法行為として捉えた判例が、十分な理論構成を展開していないことからも、このように帰結しておくことが無難ではないだろうか。もっとも、判例の考えをこのように集束できるとしても、それが、運転者と道路管理者の法的責任関係の捉え方として、正しい思考であるというのではない。その元凶は、行為競合の場合に責任競合の場合を混同して捉えているところにある。責任競合の場合は、まさに判例の思考通りであるが、行為競合の場合には、論理的に無理があるからである。運転者と道路管理者の法的責任をそれぞれ別個の個別不法行為として成立させるということはできにくい状況にあることをネグレクトしてしまっているからである。この場合には、損害惹起に対する原因行為として不可分一体性の行為として捉えなければ「不法行為」が成立した点が看過されているのである。

(二)　学説の現状分析

学説は、運転者と道路管理者の法的責任の関係を、共同不法行為処理に持ち込もうとする傾向が強い。もっとも、その場合の共同不法行為構成なるものは一様でない。また、このような共同不法行為処理と異なる見解もないわけではない。

(1)　狭義共同不法行為説

(a)　一般的な狭義共同不法行為論に若干の修正を加えながら、運転者と道路管理者の法的責任関係を処理しようとする見解が、先ずみられる。舟本判事、原田判事に代表される見解である。このほかにも下山教授[28]は、その三のケース例示の事案に対する原審判決[29]を例示されて、民法七一九条の共同不法行為責任は全面的に適用になり、これを否定するものも、否定する論拠も見出しえないとされている。また、淡路教授[30]は、運転者と道路管理者類型に関しては直接的見解が述べられていないが、交通事故に複数の行為が原因となっている場合を類型化して検討されるなかで、行為競合の諸類型につき、民法七一九条一項前段と後段の篩い分け適用によって処理しておられる。ただ、この両教授の見解はこれ以上に知ることができない。ところで、舟本判事の見解の大要はつぎのようである[31]。複数の原因寄与が行為的関連として、動態的に不可分離に結合合成され、一つの打撃として損害を発生させた場合は、狭義共同不法行為がこれに当る。そして、そのための要件論に関し、狭義共同不法行為が成立するために「行為者各自に主観的要件たる故意・過失の具わることを要する」、「数人の行為がいずれも当該損害の原因となることを要する」とされるが、そうした行為主体ごとに求められる違法性・因果関係も、各別の法的評価の限りにおいてであって、「各行為そのものを抽象的に切り離してなお各別に不法行為が成立することまで要求してはいない」として修正され、むしろ「共同の行為という中間項」もしくは行為の客観的関連を介して損害発生との因果関係が不可分離に推定されるとして、客観的関連共同説とそれを前提とする因果関係推定論を援用し、かかる前提に立って、過失運転は行為的寄与であり、道路管理瑕疵は素質的寄与ということになるが、この素質的寄与も遡れば作為または不作為の行為態様として、共同不法行為の成立にその客観的関連を要求される行為にふくまれたため、その間に共同不法行為が成立するのは当然であると主張される。責任論に関しては、共同不法行為では損害発生と原因寄与との因果関係の分量的配分の困難さ、証明責任の負担軽減という政策的要求から、各自損害との全部的因果関係の推定・擬制が行われるために、各自独立した損害賠償の全部義務となる。ただ、事故により偶然的に関連づけられた負担者の間で、その与り知らぬ被害者側の選択いかんによって、不均衡、不公平の生ずることを解消するため、被害者の保護目的を害さない限り、原因寄与の度合に応じて損害の負担部分を定めて責任を分配すべきであるとされる。原田判事は[32]、民法七一九条一項を、関連共同性を前提としての因果関係推定の機能を有するにすぎず、加害者らの責任を追及する根拠法条は、あくまで民法七〇九条等の一般規定であると捉えたうえで、この因果関係推定規定の適用を受ける者相互間に共同不法行為者たる関係が成立するとし、運転過失と道路管理瑕疵の競合の場合は、関連共同に主観的要素を必要としないことから「行為の関連共同性」の要件が充足しており、また、運転者の過失と損害との間および道路の瑕疵と損害との間の個別的因果関係が推定される関係にあるので、共同不法行為が成立すると解する。責任論に関しては、加害者らの行為群と因果関係を有する全損害についての連帯とみるが、自己の行為と損害との間の個別的因果関係不存在を主張立証することによって免責されるとしたうえで、運転過失と道路管理瑕疵の競合の場合は、個別的因果関係不存在の抗弁はほとんど排斥され、ごく例外的にしかみとめられないと解する。なお、これらの見解の当否については後に検討することにする。

(b)　共同不法行為の成立範囲限定理論により処理しようとする見解もある。[33] 川井教授は、自動車事故への共同不法行為理論の一般的適用の検討の中で、事故が単一の形態としてではなく複合的形態をとって生じ、それが客観的共同原因とみられるとき共同不法行為は成立するが、各共同不法行為者が共同不法行為への関与の度合を証明することができるならば、共同不法行為の成立範囲が限定され関与の度合の少ない者は、関与の度合に応じた範囲での連帯責任が生じ、残余は最大の関与をした者の個人責任とすべきであると解される。ただ、交通事故へのこのような理論の適用に対し、交通事故の場合は、被害者保護の観点から過失をほとんど無過失責任に近く広げて解されている実情において、他にたまたまより大きな過失をおかした者がいると、小さな過失をおかした者は一部の賠償でよくなる、というのは不当であるという理由で、批判されている。[34]

(c)　共同不法行為成立の要件とされた「独立の不法行為性」要件を捨て去った上でなければ、共同不法行為処理ができないとする見解がある。この見解は、従来の共同不法行為論とは異なり、民法七一九条一項前段を、事故に対する不可分一体的共同行為にある場合の成立要件規定とみる考え方で、根本的修正を伴うものである。國井助教授が主唱され、その大要はつぎのようである。[35]

まず、共同不法行為論の現代的課題は、複数関与者が損害惹起の過程に立ち現われる紛争の処理にあるとみる。そのうちで、道路管理瑕疵と運転過失とが競合する場合には、それぞれ単独で事故が発生する事案は現実問題として想定しえないため、両者が相合して事故が発生したとの事実を直視して、共同不法行為の適用が考えられねばならないと指摘される。この結果、これまで、共同不法行為成立の一個の要件とされてきた「独立の不法行為性」は捨て去らざるをえず、道路管理瑕疵と運転過失とは、事故に対する一体不可分な共同行為として、損害とその間の因果関係を認定するだけでなく、共同行為というスクリーンを通して、これをみなければならず、それは、民法七〇九条などのものとは異なる。つまり、共同不法行為の不法行為性は、単独不法行為における成立要件を個別に充足する必要はなく、「関連共同性」を承認された他の行為との一体性において判断さるべきものということになるとみる。そして、道路管理者と運転者の関係は、共同不法行為論をこのように捉えてはじめて、共同不法行為処理ができるとする。責任論に関しては、かくて、共同不法行為は、その成否を「関連共同性」に集中して、これが認められれば、共同行為者に全部責任の共同を負わし、免責、減責の抗弁を一切許さないものとするとされる。

(2)　民法七一九条一項後段適用説

狭義共同不法行為説は、その成立要件としての「関連共同性」を、客観的関連共同性があればよいとの考えを出発点にしていることは明らかである。しかし、これに対し、全額連帯責任としての特別の効果を認めるためには、その前提として、「共同する意思」あるいは「共同行為の認識」という主観的関連共同性がなければならないとの見解も有力である。[36] そしてこの説によれば、道路管理瑕疵と運転過失という偶然の競合の場合には、狭義共同不法行為の成立が一般的に認められることはない。そこで、共同不法行為理論の援用をあきらめるということも考えられるが、これに対し、民法七一九条一項後段の共同不法行為として処理しようとする見解もみられる。[37] しかし、後段は、事故に対する加害者不明の場合の規定であり、このような場合に適用すべきものでないと思われる。

(3)　複数不法行為競合説

能見助教授[38]は、その四のケースの判例を例示されることから、共同不法行為は成立せず、数個の不法行為の競合にすぎないとされるようである。そして、各人につき、それぞれ責任の範囲が決められ、競合する部分は不真正連帯債務と解されるようである。

(11)　舟本・前掲一一五頁注(15)～(22)参照。
(12)　國井・前掲民商七一巻二号二四三頁以下、(民商七一巻三号) 三八八頁以下。ここでの分析作業と理論的検討は、非常に、詳細であるとともに明晰で、すぐれたものである。その後、判例が附加されているが、改めて、検討しなおす必要はないと思われるので、これに、全面的に依拠することにする。
(13)　たとえば、和歌山地妙寺支判昭四五・六・二七交通民集三巻三号九五四頁、横浜地判昭四七・一・二〇交通民集五巻一号三四頁など。
(14)　福岡高判昭三五・一二・二七下民集一一巻二八〇七頁。本件原審判決も同様である (福岡地飯塚支判昭三四・一〇・三〇下民集一〇巻一〇号二二九二頁。)
(15)　國井・前掲 (民商七一巻二号) 二四五頁。
(16)　國井・前掲 (民商七一巻三号) 三九一頁、三九二頁。
(17)　國井・前掲 (民商七一巻三号) 三九二頁。
(18)　熊本地判昭四五・三・二〇判時六一一号八〇頁。
(19)　東京地判昭四二・三・二七下民集一八巻三・四号二六九頁、横浜地川崎支判昭四六・七・二二交通民集四巻二号二二頁、大阪地判昭48・3・16判タ二九七号三〇五頁など。
(20)　國井・前掲 (民商七一巻三号) 三八九頁以下。同旨コメント・判時六一一号八〇頁。
(21)　もっとも、行為競合にない運行供用者と運転者または道路管理者の責任法理として共同不法行為処理ができるかどうか自体問題である。この点は、本誌の別項で検討するが、そこでは、否定的に解すべきであると思われることから、なお、一層、本文の論拠となりえよう。
(22)　広島地判昭四六・四・八判タ二七二号二六九頁。同旨、大阪地判昭四七・九・二六判タ二九八号四二二頁。
(23)　川井健「共同不法行為の成立範囲の限定」現代不法行為法研究二二九頁。
(24)　国井・前掲 (民商七一巻三号) 二五一頁。
(25)　下山瑛二・国家補償法八〇頁。
(26)　大判大正三・一〇・二九民録二〇輯八三四頁。もっとも、下級審判例の多くは、不真正連帯債務とみているとする見解 (高木多喜男ほか・民法講義6 (能見善久) 二六四頁) からすると、本文のような理由づけは成り立たないことになろう。
(27)　大阪高判昭四七・三・二八判時六七五号五八頁。
(28)　下山・前掲書八〇頁。
(29)　広島地判昭四八・四・八交通民集四巻二号五八〇頁。

(30) 淡路・前掲一四二頁以下。
(31) 舟本・前掲九二頁、九三頁、九六頁、九九頁。
(32) 原田・前掲一八一頁、一八三頁、一八八頁、一八九頁、一九二頁。
(33) 川井・前掲二四五頁、二五〇頁。
(34) 淡路・前掲一四三頁。
(35) 國井・前掲民商七一巻六号一〇〇七頁、一〇一〇頁、民商七二巻一号三八頁、五一頁。
(36) 川島武宜「判批」判例民事法昭和九年度四三七～七〇頁、拙稿「公害の私法的救済と共同不法行為理論」明治大学法制研究所紀要一一号三六頁以下など、公害に関連して主張されることが多い。
(37) 伊藤高義「共同不法行為」演習民法債権五二一頁。
(38) 高木ほか、前掲民法講義6〔能見〕二六七頁。

三　集合的単独不法行為構成の必要

(一)　共同不法行為処理への疑念

道路管理者と運転者との法的責任関係に関する判例・学説の理論状況の検討で明らかになった第一の争点は、共同不法行為処理が可能かどうかということである。不法行為の規定のなかで、加害行為に対する複数関与者の現われることを前提としたのが、共同不法行為規定であることから、これに嵌め込もうとする作業の行われることは、当然のなりゆきであるということと符節している。しかし、このような共同不法行為処理のための嵌め込み作業に対し、いくつかの疑念を提示しておきたい。

第一に、一般的な共同不法行為理論によれば、まず、道路管理者と運転者の各各の行為が、独立の不法行為として評価されることが前提となるが、果して、この前提を満しうるであろうか。たしかに、そのために、道路管理者についてては国賠法二条の不法行為が成立し、運転者については民法七〇九条の不法行為が成立するものとして、まず理解されるのであるが、しかし、前者については「瑕疵」の判断に運転者の過失が絡み、後者については「過失」「違法性」の判断に、道路管理者の瑕疵が絡みついているのではなかろうか。事故に対する原因行為として、両者が不可分一体的である以上、このことは論理的に認めざるを得ないであろう。そうだとすると、それでも、各行為は「独立の不法行為性」を持つと言い切れるものだろうか。たしかに、舟本判事は、各行為を抽象的に据えて判断することまで要求されてはいないとして、これに答えておられる。しかし、国賠法二条や民法七〇九条の不法行為が成立するかどうかを判断するに他者の行為をも包含してよいはずはないであろう。共同行為だからといっても各別に判断することを前提としている限りでは、同様と思われる。そこで、それが許されるのは、民法七一九条一項前段が適用されるからだということになろうが、果して、この規定がそのようなことを承認する規定なのかどうか、また、民法七一九条は、国賠法二条、民法七〇九条と融合して、加害者との責任追及根拠法条を形成することになるからだというのであろうか。そこでは、狭義共同不法行為は、「単独に不法行為性」のある行為の集合の場合にかかわる法理であるということから出発しながら、行為競合により一体不可分の原因行為をなしている、いわゆる「集合的単独不法行為」ともいうべき場合をも認識上混同したところに、不適合性が生じてきたと言えそうである(39)。

そこで、國井助教授は、このことを明確に認識されたうえで、各行為についての「独立の不法行為性」を問題にすることをあきらめ、単独では個別的な不法行為性を備えない行為の集積を、また責任法理の異なる個別行為であっても、「合わせて一本」の不法行為とみて、この処理を共同不法行為理論でやってはと主張される(40)ことになる。道路管理瑕疵と運転過失を「合わせて一本」の不法行為として処理せざるを得ないとの主張は、まさに卓見である。しかし、その処理のために、共同不法行為理論を援用するのが妥当かどうか疑問である。

そこで、第二の疑念が生まれる。それは、民法七一九条一項前段は、加害者らの責任を追及する根拠法条と解しうるのかということである。すなわち、民法七一九条一項前段の規定から、「合わせて一本」の不法行為の責任が成立するための要件をどのようにして導き出すことができるのかが問題になろう。その際、他の責任根拠法条に応援を求めることも考えられないことではないが、それでは、国賠法二条と民法七〇九条の競合例で、どちらの要件に従うことになるのか。また、いずれか一方を選択するならば、「合わせて一本」をそのなかで処理できないものであろうか。

第三は、狭義共同不法行為処理説は、いずれも、「客観的関連共同」でよいとの前提に立っていることは明らかであるが、大いに疑問のあるところである。この問題は、ここで論議をつくすことが出来ないので、私見だけを一方的に述べることによって、疑念の提示に代えておきたい。まず、不法行為制度の基本的出発点は各別の加害行為によって惹起した損害について、その加害行為を行った者が、賠償責任を負うという原則を確認する必要がある。そして、このことを前提として、民法七一九条一項前段が、「共同ノ」の要件を加味することによって、その損害惹起に関与した者に、全損害の連帯責任を課していることの意味を解明するとき、本来ならば、各関与者は、その各人の加害行為によって惹起させた損害の範囲でのみ賠償責任を負うべきところ、各人の加害行為によって惹起させた損害の範囲を越える全損害についての賠償責任を負わそうとした規定であると解するのが妥当ということになる。[41]それは、一方では、被害者の保護のためであることはいうまでもないが、他方では「共同ノ」不法行為であることの当然の帰結とも言えよう。そうだとすると、この「共同ノ」の意味は、各人の加害行為によって惹起した損害の範囲を越えた全損害について、各関与者に賠償責任を課するに価いするだけの状態にあることを前提にして考えなければならない。このため、単なる偶然的に各行為が競合したというだけでは十分でなく、他人の行為と「共同する意思」「共同行為の認識」があり、法律上一個の行為および結果として擬制的ないし拡張的に取り扱われる場合を意味するということになろう。[42]そこで、このようなことから、道路管理瑕疵と運転過失というような行為競合では、まず、このような関連共同性はみられず、偶然的、客観的な共同であることから、狭義共同不法行為処理は適切でないということになると言わざるをえないであろう。

第四に、共同不法行為処理が、被害者の保護になるとの発想がみられるが、果してそうであろうか。共同不法行為が成立した以上、道路管理者・運転者に全部責任の共同を負わし、免責・減責の抗弁を一切許すべきでないとする見解[43]によるならば、この発想にマッチすることになろう。共同不法行為の効果論としては、この見解は、まさに正論と言える。

ただ、このように言えるのは主観的関連共同を要件とするからである。現に、客観的関連共同説に立つ者には、加害者側の自己の行為と損害との間の個別的因果関係不存在の抗弁を提出することにより免責される場合があると指摘するものが多い。[44]そうだとすると、共同不法行為処理というだけで、被害者保護につながるものでもなさそうである。

㈡　集合的単独不法行為の試み

道路管理瑕疵と運転過失の行為競合を「合わせて一本」の加害行為として捉えていくべきことの必要性は、これまで、度々、指摘してきたところであるが、では、このような行為競合に主観的関連共同性の認められないとき、どのような法理によって法的責任を根拠づけることができるだろうか。共同不法行為理論によることができないとするならば、これに、代わる理論的根拠を見い出しうるだろうか。行為競合が生じ「合わせて一本」の加害行為に関する不法行為責任成立要件規定については、現行法上は、直接に見い出すことができず、不法行為法上の欠缺部分であると言わざるをえない。そこで、この欠缺をどのようにして補うかということになる。そして、この際、不法行為法上のどれかの責任追及根拠法条に頼ることになるが、最も素直なのは、その一般規定である民法七〇九条によることであろう。ただ、その際、民法七〇九条で捉えうるかということになるが、この規定の適用の前提として、多方、無意識的に、「一人の者による加害行為」である場合に限るとしているドグマを再考することによって可能性が見出しうると思われる。この規定の適用は、加害行為に関与する者が一人である場合に限ると理解しなければならない必然性がどこにあるのであろうか。この規定は、一個の加害行為の不法行為責任成立にかかわる規定であることは確かである。しかし、この一個の加害行為に一人の者がかかわっている場合に限ると限定する必要はないのであって、複数の者がかかわりを持っている場合でもよいのではなかろうか。すなわち、複数の関与者が存在するが加害行為としては一個であるという状態が客観的に存在し、この行為の法的評価に際しても各関与者に分解できないか、分解すると正しい評価の行いえない共同行為、すなわち「集合的単独不法行為」の場合にも、適用しうると解せられるのではなかろうか。このことから、道路管理瑕疵と運転過失の行為競合は「合わせて一本」として客観的に存在し法的評価をする必要のあることからすると、集合的単独不法行為の典型例であり、民法七〇九条によって処理するのが妥当ということになる。この場合には、不法行為成立のための要件とくに、「因果関係」「違法性」「過失」という要件については「合わせて一本」である共同行為というスクリーンを通してみることになろう。(45) そして、その加害行為に不法行為性が認められる限りにおいては、その加害行為によって惹起された損害につき、複数関与者はそれぞれに賠償責任を負うことになる。また、民法七〇九条による以上は、寄与度に応じて責任を負うべきであるとの原則に従わざるを得ない。そこで、理論的には、寄与度の立証ができれば、寄与の割合に応じた分割責任になるとみなければならないが、「合わせて一本」の加害行為により一個の損害が惹起されているというような場合に、対被害者側からの請求との関係で、このような立証は不可能ではないかと思われる。(46) このため、各人は、全損害について、それぞれに賠償責任を負い、そこに、同一責任が競合するということから不真正連帯債務になると解しえよう。

(39) このことは、公害の問題に関連しても、指摘したところである（拙稿・前掲（注36）四三頁）。
(40) 國井・前掲民商七二巻一号四五頁。
(41) 前田達明「山王川事件（共同不法行為）」判例不法行為法一七五頁、森島昭夫「公害における責任の主体」ジュリ四五八号三七〇頁、淡路剛久「最近の公害訴訟と私法理論(二)」判タ二七一号八頁など。
(42) 川島・前掲四三九頁、末弘厳太郎・債権各論一一〇〇頁。もっとも、主観的関連共同説に立つ者が多いが、ここでそれを注記することを省略する。
(43) 國井・前掲民商七二巻一号五一頁。
(44) 平井宜雄「共同不法行為に関する一考察」来栖＝加藤編・民法学の現代的課題三〇六頁など。自動車事故に関連しても、舟本・前掲九九頁、原田・前掲一九一頁。
(45) このことは、國井助教授がまさに指摘される通りである（前掲・民商七二巻一号五〇頁）。
(46) このこととの関係で、かつて集合単独不法行為とみることによって、分割責任を容易に導き出されるかの如く理解していた点は（拙稿・前掲（注36）四七頁）、ここで改めておきたい。

四　損害分担と求償関係

(一)　損害分担の問題

道路管理瑕疵と運転過失が不可分一体の加害行為として現われ、それにもとづき一個の損害が生じているため、分割責任として処理することは、実際上、出来ないことは、前に述べた通りである。この意味で、道路管理者の賠償責任範囲、運転者の賠償責任範囲として個別に判断すること、とくに、一方との関係においてだけ、被害者の過失を相殺するというようなことも、許されるべきではない。

しかし、このような論理は、対被害者との関係においてのみ言えることであって、道路管理者と運転者間の内部的関係においては、また、別に考えなければならないはずである。それは、自動車事故との関係では「合わせて一本」の加害行為として捉えざるをえない場合でも、その「合わせて一本」の加害行為への寄与の仕方、程度というものは、おのずから異なるといわざるをえないからである。そこで、道路管理者なり、運転者なりが、これにどのように寄与したかによって、損害分担部分を決めることができるわけである。これは、内部的な関係におけるところの、寄与度に応じての割合的な損害分担額の問題である[47]。多くの論者も、各人の負担部分を肯定するのも[48]、かかる意味においてならば正当ということになる。そこで、この負担部分決定の基準として、過失の軽重[49]、過失の軽重を含めた損害発生への加功度[50]、違法性の度合[51]などが主張されているが、この問題は、責任追及論の問題から切り離して、全損害に対してどのような比率において行為寄与したかによって、すなわち、損害発生メカニズムの検討を通じての行為寄与の度合により、判断すべきであろう。このために、行為競合の態様が重要になり、ここにいたって始めて、その類型論的検討を必要とすると言わざるをえないのである。この一般論的検討は後日に譲るが、道路管理瑕疵と運転過失に限ってみれば、抽象論としては、その瑕疵なり、過失が、発生した自動車事故のメカニズムの中で、相関的にどのように位置づけ、比率化できるかということによって判断されるものと言えよう。そして、かかる割合的判断の行いえない場合は、平等の割合とみるのが、妥当性を持つと言えよう。

㈡ 求償関係

道路管理者・運転者間において、このような損害分担関係にあり、対被害者に対しては各人が全損害を賠償しなければならないという関係にある以上、両者を調整するためには、求償関係を認めていくことが望ましいということになろう。ただ、この求償関係は、通常の連帯債務における求償権とは異なった構造をもち、事務管理に準ずる費用償還請求権的なものとみるべきであろうか。(52) そして、このようにみることによって、求償権の行使のためには、被害者の損害塡補の機能を損ってはならないという観点から、第一に、自己の損害分担部分を超えて弁済していること、第二に、被害者の賠償請求権が、いずれの者に対しても全部消滅していることを要件とするとの見解(53)に従いうるであろう。

運転者と道路管理者の法的責任関係に関しては、まだいろいろな問題が山積している。しかし、紙数を大巾に超えてしまったため、共同不法行為処理の妥当でないこと、それに代りいわゆる「集合単独不法行為」として民法七〇九条で処理できないかということ、その場合の法律関係にかかる若干の問題を検討するだけに留めざるをえなかった。

(47) このため、被害者の過失相殺は全損害との関係で行うべきであり、この被害者の過失の理由に、一方の責任を軽減するのだというのであれば、内部関係での損害分担の中で反映させるべきであろう。
(48) 舟本・前掲九九頁、原田・前掲一九五頁など。
(49) 舟本・前掲一〇三頁。
(50) 椿寿夫「共同不法行為論の再検討」法時三四巻一一号一二頁。
(51) 川井・前掲三二六頁。
(52) 舟本・前掲一〇二頁。
(53) 舟本・前掲一〇二頁。

10　加害者と被害者の競合——過失相殺論の機能——

はじめに

不法行為における複数関与者の問題の一態様として、被害者の関与が問題となる。そこで、不法行為に被害者が関与している場合において、不法行為理論のなかで、かかる関与をどのように処理し、かつ理論的に位置づけていくべきか考えなければならない。このことは、これまでも、個別の事例ごとに問題とされてきたといえるが、総体として捉えられたことはないのではないかと思われる。もっとも、総体として捉えることにどれほどの意味があるかも問題であるが、本稿では、その危険性を覚悟のうえで、総体的に捉えてみることにする。

ただ、被害者の関与といっても、加害行為に関与する場合であるとか、損害の発生に関与する場合などがあり、また、それぞれの場合における関与の態様も異なっている。そこで、出発点として、関与の態様別にその理論をみておくことが必要ではないかと思われる。

なお、被害者の関与の問題を処理するために、民法は、過失相殺を規定している(民法七二二条二項)。そして、これが被害者関与問題を考えるにあたっての唯一の規定である。そこで、被害者関与の場合の理論的検討においては、この過失相殺理論を機軸として考えなければならない。被害者関与の場合における過失相殺理論の果たす役割やその限界、あるいは被害者関与の場合において過失相殺理論におけるような損害賠償額の軽減という方法での処理のみでよいのかどうかなどを考えなければならないのである。

ところで、以上のような検討は、総体的にかつ個別に検討を加えるのでなければ、理論的にもまた実際上も役立つものではない。そして、これらの検討を前提として、私見を展開することも必要であると思われる。しかし、本特集は、不法行為理論における複数関与者問題を考えるにあたっての出発点であることを狙いとするものであることから、被害者関与の場合の従来の理論を整理し、若干の指摘をするにとどめる。

一 被害者ないし被害者側の過失による関与

1 過失関与類型の意義

被害者ないし被害者側に過失があって、加害行為に対して直接関与している場合である。この場合を、さらに二類型にわけることができるといわれている[(1)]。第一は、歩行者が信号を無視して横断し、自動車に轢かれたというような被害者の過失が法的義務違反にあたる場合（義務違反類型）と、第二は、スキーヤーが、ゲレンデの伐倒木に衝突して損害を受けたり、商品取引に手を出した者が値下がりで被害を被ったというような被害者がある程度、損害発生の危険を認容している場合（危険認容類型）である。なお、被害者が、加害者に対する注意義務違反として不法行為の成立要件としての過失による関与の場合は、交叉的加害行為類型として捉え、過失関与類型とは区別する。そこで、義務違反類型の場合における被害者の過失関与については、その法的義務違反が不法行為の成立要件としての過失にあたるときは、交叉的加害行為類型の問題として捉えることになるが、この場合に、過失関与類型を過失相殺理論で処理する立場に立てば、過失相殺における過失との二面性をもつことになる[(2)]。しかし、このような二面的関係をもっての関与は、交叉的加害行為類型の本質的な側面であるので、そこで検討することにする。ただ、ここでは被害者の過失関与においては、過失相殺という損害論とのかかわりと、成立要件論とのかかわりの二面性があり、それが相互に関係し合っているものであることに注目しておく必要があると思われる。

2　過失関与類型の場合の処理理論

(1)過失相殺理論による処理　過失関与類型の場合については、過失相殺の理論によって処理されていることは一般的に承認されるところである。そのことは、前述したように民法七二二条二項でも予定しているところである。その処理は、損害賠償額の減額という方法で行われるところに特徴がある。すなわち、被害者の過失を考慮して、被害者がこうむった損害の額から合理的な減額をしたものをもって、加害者が現実に賠償義務を負うべき額とする手法によるものである。[3]そして、この過失相殺理論は、過失関与類型においては、加害者への配慮の法的手段として拡張して利用されてきているのが実情である。そして、それに伴って、過失相殺理論の拡張利用だけではなく変質が生じつつあるように思われる。それを概観するとつぎのようである。

第一に、被害者の「過失」に関係してである。この「過失」は、被害者の単なる不注意で足りるとするのが、通説、判例である。[4]そこで、このような見解に従うならば、義務違反類型も危険認容類型も区別することなく過失相殺理論で処理できることになる。

しかし、近時、社会共同生活においては、信義則上、自分自身を加害しないように行為せよという法義務を負うものであるとして、この法義務違反が「過失」とみる見解も有力である。[5]そこで、この立場に立つならば、義務違反類型は過失相殺で処理できるが、危険認容類型の場合には法義務違反があるとはいえないことから過失相殺理論は当然には適用されないことになる。もっとも、その場合も、その趣旨から類推適用することは可能であろうとの指摘もある。[6]それとともに、危険認容類型については、いわゆる「危険の引受」「被害者の承諾」という加害行為の違法性阻却事由と連続するものであることから、[7]過失相殺による処理からはみ出されたとしても、それらの理論によって処理できる可能性があるともいえる。その場合には、「危険の引受」「被害者の承諾」理論の中に入れ込むことができるかどうか、また、これらの理論のもつオール・オア・ナッシングの論理を変更することができるかどうかは検討されなければならないところである。これらの検討は留保するが、ここでは、過失相殺という損害論にかかわる手法で処理されている被害者関与の場合のなかに、違法性(阻却)としての成立要件論と連続しているものも混在していることに留意しなければならないのである。また、過失相殺とは「違法性相殺」のことであり、「危険の引受」や「被害者の承諾」が「違法性阻却事由」であるのと、調和するし、被害者の違法な行為が寄与していなければ過失相殺はなされないのであるから、この点からも、「違法性相殺」と考えるのが合理的であるとの見解もみられる。[8] この見解によれば、違法性を減少させるということによって、損害賠償額を減額する手法として過失相殺を利用するものと考えられるが、そうだとすると過失関与類型の処理にあたっては、成立要件論の問題と損害論の問題とが区別することなく関係づけられているとみることができるのである。

さらに、被害者に非難に値する主観的状態があったことすら必要ではなく、加害者側の非難可能性の大きさという観点から、その責任の量（賠償額）を減縮することを妥当とするような事情が被害者について存するという程度の関与でも、過失相殺が認められるとする純客観主義的な見解も有力である。[9] この見解では、すでに被害者の過失行為関与の域を脱しており、被害者の主観的、客観的事情の総てが被害者関与の問題として考慮され、その法的手法として過失相殺が用いられることになる。このことによって、被害者のどのような「関与」を不法行為理論のなかで問題にすべきであるのかを考えていかなければならない課題を提供したものといえる。そして、直接的には、被害者の関与にあたっての「主観的要因」を無視してよいのかどうか検討する必要があるということである。

第二に、被害者の能力にかかわってである。かつては、責任能力のある被害者の過失関与の場合にのみ、[10] 過失相殺理論によって考慮されてきたのであるが、事理弁識能力で足りるとするのが、通説、判例である。[11] そして、最近では、自己の行為の支配能力(事理弁識能力といってもよい)があればよいとか、[12] さらには、この事理弁識能力すら必要でないとの見解も有力であり、下級審判例にもみられるところである。[13] それは、被害者の関与に際しての「能力」に関係なく考慮される傾向にあることを意味するものである。ここでも、被害者関与の問題を考えるにあたって、被害者の「能力」を考慮する必要がないのかどうか検討しなければならない問題を提起しているのである。

第三に、被害者にかかわってである。かつては、被害者本人が関与した場合に限ると考えられてきたのに対して、被害者本人でなくても被害者「側」にあるものの過失関与についても考慮されるとする見解が一般的に承認されていることである[14]。そして、この被害者「側」に入るものとしては「身分上ないし生活関係上一体」をなす者とするのが通説、判例であるが、その範囲をいわゆる代理監督者まで広げようとする見解[15]や、その広がりの危険性を指摘し血縁関係にあることを前提とするとして縮減する見解[16]などさまざまである。法的形式的には別の人格者とされている場合でも、被害者との実質的関係に注目して、その者の関与と被害者の過失関与として考慮するものである。これは、被害者関与の延長線上に登場した理論であるが、実質的にはそこに留まるものなのかどうか、被害者関与の衣を着た別の問題の処理のための理論として検討する必要があるように思われる。

第四に、被害者の過失の評価方法にかかわってである。その方法として、加害者の過失と被害者の過失との対比により割合を定めるべきであるとする相対説[17]や、被害者の過失だけを単独に評価して、その程度に見合う減額をすればよいとする絶対説[18]があるなかで、加害者の非難性ないし非難可能性を中心に考える違法性説[19]が少数ではあるが主張されている。そして、この違法性説では、被害者の過失は加害者の違法性を減少させる一標識であるとの理解に立っていることから、被害者の過失関与を過失相殺理論によりながら成立要件論上の問題として処理しているものといえる。もっとも、結果としては、損害賠償額を減額させることになるために損害論の問題であるとの反論も考えられる。しかし、従来の過失相殺のように全額について不法行為の成立を認めその額を減額するというものではなく、過失相殺の認められる範囲における額については不法行為は成立していないとの考えによるものとしてしか考えられないことから、やはり損害論上の問題としての捉えかたとは異なるものと思われるのである。ここでも、過失関与類型の処理のために利用されている過失相殺理論が成立要件論に持ち込まれ得る可能性のあることを知ることができるのである。

(2)　部分的因果関係理論による処理　　過失関与類型の処理にあたっては、部分的因果関係理論による有力な見解がある。[20] この見解では、過失相殺は部分的因果関係の問題であるとする。すなわち、過失相殺は、加害者の行為と被害者の行為とが損害の発生あるいは拡大に占めている因果関係上の割合の確定であり、過失によって、被害者と加害者との間に因果関係の分割がなされ、部分的因果関係が生ずるとされる。また、被害者の行為が過失に基づくものでない場合でも、部分的因果関係の理論に立って部分的な責任のみを加害者に認めることができるともいわれている。そして、「因果相殺」という言葉は、賠償額の勘案だけの問題であるという誤解が生じ、事柄の本質が「責任の分割」であるという点を見失わせるおそれがあるが、過失相殺も責任分割の問題であると主張されている。フランス学説でもまた、因果関係の問題として取り扱っているとのことである。[21] ここでは、過失関与類型の処理は成立要件上の因果関係理論の問題に転嫁してしまったことになる。

（1）　前田達明・民法Ⅳ$_2$（不法行為法）三五九頁。
（2）　不法行為の成立要件としての「過失」と過失相殺における「過失」との関係については、見解の分かれるところである。それを「違法な不注意」であるとして両者を同一視する見解（好美清光「交通事故訴訟における過失相殺の諸問題」実務民事訴訟講座3二二八頁参照）によれば、常に交互的不法行為類型になるのかどうか不明である。また、過失相殺の「過失」を信義則上の法義務違反であるとする見解（大判昭和一五・四・五民集一九巻六六八頁）についても若干不明なところがあるが、その法義務を、社会共同生活における各自の自己に対する信義則上のものであることを前提としている（前田・前掲書二二九頁）ことからすると、不法行為の成立要件としての法的義務違反とは異なるものであり、過失関与類型の問題として捉えてよいものと思われる。
（3）　幾代通・不法行為三〇二頁。
（4）　加藤一郎編・注釈民法(19)（沢井裕）三五二頁以下参照。大判大正四・六・一五民録二一輯九三九頁など。
（5）　前田・前掲書三五九頁参照。前掲大判昭和一五・四・五。
（6）　前田・前掲書三六〇頁。
（7）　前田・前掲書三五九頁。
（8）　前田・前掲書三六二頁。
（9）　西原道雄「判例批評」判例評論七五号三五頁、広中俊雄・債権各論講義四八六頁、平井宜雄「過失相殺」ジュリスト五〇〇号一八

〇頁、舟本信光「交通事故訴訟における過失相殺適用の基準」実務民事訴訟講座3二六九頁。
(10) 前掲大判大正四・六・一五、最判昭和三一・七・二〇民集一〇巻八号一〇七九頁など。
(11) 加藤一郎・不法行為〔増補版〕二四九頁など。最（大）判昭和三九・六・二四民集一八巻五号八五四頁など。
(12) 前田・前掲書三六一頁。なお、事理弁識能力と同じなのかどうか疑問である。
(13) 西原道雄「生命侵害・傷害による損害賠償額」私法二七号一一一頁、川井健「過失相殺の本質」判例タイムズ二四〇号一一頁、平井・前掲書一七七頁、一八〇頁、広中・前掲書四八七頁など。東京地判昭和四四・一〇・二二下民集二〇巻九・一〇号七六三頁など。
(14) 最判昭和三四・一一・二六民集一三巻一二号一五七三頁など。
(15) 藪重夫「過失相殺」総合判例研究叢書(12)二四七頁、加藤・前掲書二五〇頁、幾代・前掲書三〇七頁など。
(16) 前田・前掲書三六五頁。
(17) 西川美数他編・交通訴訟の諸問題六二頁以下参照。
(18) 好美・前掲二二九頁。
(19) 川井・前掲（判タ）一〇頁、篠田省二「過失相殺の本質」判例タイムズ二六八号一六八頁。
(20) 浜上則雄「損害賠償法における『保証理論』と『部分的因果関係の理論』（一）」民商法雑誌六六巻四号五四四頁以下。
(21) 浜上・前掲五四六頁注(5)参照。

二　被害者の素因の寄与

1　素因寄与類型の意義　　被害者の持病や潜在的疾症などの体質的素因や心因的素因などが競合して損害の発生または増大に寄与する場合である。交通事故や医療事故の場合において、それをどのように処理するか議論されているところである。そして、これを考慮するかどうかについても、積極論と慎重論がみられる(1)。また、交通事故の場合には、瞬間的に人を轢くといったように、被害者がどんな体質の人間か分からないから、被害者の体質的素因を寄与度と考えて損害額に反映させることは合理的であるが、医療行為の場合は、よほど緊急の場合は別として、医師には患者の体質的素因を調査し、それを考慮のうえ治療を施す高度の注意義務が要請されているから慎重論に賛成したいとの見解などもある。[2] しかし、学説、判例の多くは一般論としては積極論であるといえる。また、積極論に立つ限りにおいては、この問題は、交通事故や医療事故の場合に限定されるものではなく、不法行為における一般的問題であることはいうまでもないであろう。ただ、被害者の体質的素因をどのような場合に考慮するのかについての基準が解明されていないし、そのための法的根拠もわかれており、さらに検討しなければならない課題である。なお、心因的素因の扱いも体質的素因と同様でよいのかどうかも問題である。

2　素因寄与類型の場合の処理理論　(1)　相当因果関係論による処理　相当因果関係の認定のなかで処理するものであり、従来のオーソドックスな手法である。それは、加害行為と損害との間の相当因果関係を認定するにあたって、通常の損害と特別の事情によって生じた損害とを区別し、体質的素因によるものを後者に入れ、この体質的素因という特別事情につき加害行為当時に予見が可能であったか否かによって判断するか、[3] または、行為と損害との因果関係を肯定した場合に、その損害の範囲を限定するために通常損害と体質的素因などによる特別損害に区別し、体質的素因などによる特別損害についてては予見可能性の有無によって判断するものである。[4] この相当因果関係論に対しては、加害者に予見可能性のあるときは、全損害の賠償を肯定し、そうでなければ加害者の賠償を全部否定するというオール・オア・ナッシングの状態になるとか、体質的素因を特別事情であるとする考え方には疑問があり、たとえこれを特別事情と解したとしてもその予見可能性は全ての場合に肯定できることになるのではないかとの批判がみられる。[5]

ところで、素因寄与類型の処理を相当因果関係論で行うことの適否の検討はここでは留保するが、この理論では、成立要件としての因果関係の問題として捉えていることに注目しておく必要がある。

(2)　割合的因果関係論による処理　加害行為と被害者の素因との損害に与える影響の度合、すなわちそれぞれの寄与度の割合に応じた因果関係を認定することによって、被害者の素因寄与の割合部分については、加害者の責任を認めない手法での処理である。この場合、不法行為の成立要件としての因果関係では、加害行為と損害発生との原因・結果関係としての事実的因果関係と、この上に立って法的価値判断をもっての帰責範囲決定＝保護範囲画定とが問題となるとの見解[6]によるときは、事実的因果関係のレベルでの寄与度の割合に応じた因果関係の問題として処理することもできるし、[7]保護範囲画定の問題として捉えることもできる。[8]そして、判例の多くは、[9]この方法によって具体的解決を図っているとの指摘がなされている。[10]なお、かかる立場の判例のなかには、被害者の体質的素因を民法七二二条の類推適用による抗弁事由としてこれを判断するまでもなく、相当因果関係の有無により損害を確定すべきであるとするものもみられる。[11]すなわち、後述の過失相殺類推適用論による処理以前の問題として捉えようとするものである。

ところで、素因寄与類型を割合的因果関係論で処理することについては、不法行為の成立要件である因果関係が割合的認定に親しむものなのかどうか疑問であるし、寄与度という概念自体極めて曖昧であって、それは確率的心証による因果関係の割合的認定につながり、裁判というものが本質的に有する事実認定機能を不当に軽視し、安易な妥協的認定に道を開くものであるとの批判がなされている。[12]ここでも、かかる批判の当否の判断は留保するが、成立要件論の問題として処理されていることに注目すべきである。

(3)　寄与度減額論による処理　　被害者の素因の損害に対する寄与度という概念を活用して賠償額を評価するについて割合的認定をし、素因の寄与度に応じた賠償額の減額を認めようとするものである。[13]そして、素因の存在を賠償額算定における減額事情として考慮し、その寄与度による過失相殺に準じた割合的控除をすべきであるとする判例[14]も、同旨のものといえる。

寄与度減額論は、素因寄与を成立要件論上の問題から離れて損害論上の問題として捉え、かつ賠償額算定にあたっての減額事情として考慮するところに特色がみられる。

(4)　過失相殺法理の類推適用による処理　　素因寄与につき、過失相殺の法理を類推適用して減額するもの[15]と、過失相殺の類推適用により素因の寄与度に応じた原因相殺を認める見解[16]がある。前者については、素因の寄与度についての賠償額の減額を行うにあたって、過失相殺の損害の公平な分担という理念から導き出そうとするもので、基本的には寄与度減額論と共通する論理によるものと推測される。後者については、原因相殺の概念がやや不明であるが、損害発生原因自体を相殺するものであるとすれば、加害者の行為と被害者の素因とが損害の発生に対して競合するものとして捉えていることになり、加害者競合の問題に転嫁するものといえそうである。

(5)　公平理念による処理　損害の公平な負担の理念により素因の寄与度に応じて損害を減額するものである。(17)　これは、過失相殺法理の類推適用という論理を持ち出さずに、その基礎となっている公平の原則と一般理論を援用して減額するものである。このため、基本的には、寄与度減額論や過失相殺法理類推適用による減額論と共通するものであるが、かかる一般理論の援用での処理が妥当かどうか検討しなければならないであろう。

(1)　慎重論としては、淡路剛久「判例批評」判例評論一四八号二二頁。
(2)　田上富信「判例批評」判例評論二三〇号一三七頁。
(3)　福島地判昭和三五・三・一六下民集一一巻三号五四一頁、大阪地判昭和四三・一一・二八判例タイムズ二三二号二〇二頁。
(4)　大阪地判昭和四三・一〇・三一判例タイムズ二二八号一九九頁。
(5)　山本矩夫「判例研究」ジュリスト五二六号一二六頁。
(6)　平井宜雄・前掲書一三五頁以下。
(7)　稲垣喬「交通事故と民事責任の相当性」判例タイムズ二六九号三二頁。
(8)　田上・前掲一三七頁参照。
(9)　体質的素因寄与に関するものとして、東京高判昭和四六・八・一〇下民集二二巻七・八号八四九頁、東京地判昭和五〇・二・二七判例時報七九二号四九頁、大阪地判昭和五九・八・九判例タイムズ五四一号二二六頁など。心因的素因寄与に関するものとしては、名古屋地判昭和五八・三・三〇判例時報一一一二号一〇三頁、横浜地判昭和五八・四・二二判例タイムズ五〇六号一八二頁など。
(10)　大橋堅固「判例研究」交通事故判例百選（第二版）七五頁。
(11)　大阪地判昭和五九・一一・二九判例タイムズ五四八号二四〇頁。
(12)　山本・前掲一二五頁。
(13)　山本・前掲一二六頁。
(14)　高知地判昭和四六・九・二三判例タイムズ二六九号二一九頁。
(15)　名古屋高判昭和五七・九・二九判例時報一〇五七号三四頁、東京高判昭和五八・九・二二判例タイムズ五一五号一四三頁。

(16)　中野貞一郎「判例研究」続民事訴訟法判例百選一六八頁。
(17)　神戸地判昭和五九・一一・二九判例時報一一四三号一三〇頁。

三　被害者の意図的関与

1　意図的関与類型の意義　被害者が意図的に関与する場合としては、加害行為自体に自らの意思によって関与する場合と、加害行為により発生した損害の拡大に意図的に関与する場合が考えられる。加害行為への意思関与の場合としては「被害者の承諾」ないし「危険の引受」の問題として問題にされている場合がそれであり、いわゆる好意同乗の問題もその特殊な場合としてここに入れることができるであろう。また、損害拡大への意図的関与の典型は被害を苦にしての自殺の場合であり、これは積極的関与といえるが、治療放置なども消極的関与とみて同様に考えることができよう。

2　意図的関与類型の場合の処理　（A）　加害行為への意思関与の場合

加害行為への積極的意思関与の場合については、前述のように「被害者の承諾」ないし「危険の引受」の問題として処理されている。その詳細な検討はここでは留保するが、不法行為の成立要件にかかわっての違法性阻却の問題として捉えられており、このことについてはほぼ異論をみない。しかし、違法性阻却の問題として捉える限りにおいては、オール・オア・ナッシングになってしまうわけで、その意思関与の程度に応じて柔軟に処理することができなくなるわけであるが、意思関与の場合には、そのような配慮は必要としないのかどうか問題である。

また、加害行為への意思関与の特殊な場合である好意同乗の処理については、その根拠づけは多種多様であり、統一的理論は確立されていないといわれている。[1] その根拠づけとしては、好意的協定関係説、他人性阻却説、責任相対説、割合的責任説、修正責任相対説、個別的解決説などがある。そのなかで、好意同乗者には、他人性と運行供用者性が同時に存在し、好意同乗の諸類型に応じて、同乗者の取得した運行供用者性の程度に応じて他人性が失われ、残る割合での他人性に対応する保護しか受けられないとする割合的責任説[2]は、責任論上の問題として割合的に処理するものであり、割合的因果関係論や割合的違法性論と共通するものである。これに対して、賠償義務者の無償同乗者に対する運行供用者性の阻却を割合的に認め、これを過失相殺の類推適用によって損害論の平面に投影して処理しようとする修正責任相対説[3]は、素因寄与類型における寄与度減額の考え方と共通するものである。ここでも、成立要件論上の問題としても捉えることができるし、損害論上の問題として捉えることができることを暗示しているといえるのである。

(B)　損害拡大への意図的関与の場合

(1)　相当因果関係論による処理　被害者が後遺症などを苦に自殺するという損害拡大への意図的関与については、かつては相当因果関係の存否の問題として処理されていた。すなわち、加害者にとって被害者が自殺するという特別事情の予見が可能であったかどうかの問題として処理してきたのである。そして、当初の判例は、相当因果関係を否定していた[4]。しかし、近時の判例では、この因果関係を認めるのが多いようだといわれている[5]。そして、相当因果関係論による判例では、死亡の結果に対しても加害者に全部の責任を認めている[6]。

このため、相当因果関係論では、不法行為の成立要件の問題として、かつオール・オア・ナッシングにより処理していることになる。これに対して、事実的因果関係を肯定しながら、意図的関与の部分については、加害者の責任を減額する考えが有力になりつつある。

(2)　割合的因果関係論による処理　自殺という意図的関与の寄与度に応じて、因果関係を割合的に認定し、その範囲において加害者の責任を減額するものである[7]。これは、素因寄与類型における割合的因果関係論による処理と異なるものではないと考えられる。

(3)　寄与度論による処理　事故と自殺との事実的因果関係を肯定した上で、自殺したことにより生じた損害のすべてを、一律に事故により生じた損害として、加害者に負担させることは、公平の理念に反することから、自殺するに至ったことについて、事故の寄与した限度においてのみ、加害者に責任があるとするものである。(8) この見解は、自殺による死亡という全損害に対する事故の寄与度を問題にするもので、素因関与類型における寄与度減額論と同様の発想ではないかと考えられる。いずれにしても、損害論上の問題として処理しているわけである。

(4)　過失相殺理論の類推適用による処理　加害者において、被害者が自殺に及ぶことは予見可能であり因果関係があることを前提として、自殺による損害のすべてを加害者側に負担させることは、損害を公平に分担させるという損害賠償法の理念からみて相当ではないことから、民法七二二条の過失相殺の法理を類推適用し、自由意思の関与の程度を斟酌して加害者側の賠償すべき損害額を減額すべきであるとするものである。(9) 素因寄与類型における過失相殺理論の類推適用による処理と全く同じであり、損害論上の問題として処理しているわけである。

(5)　部分的因果関係論による処理　具体的に提唱されているわけではないが、減額の法的構成としては、フランス法に由来する部分的因果関係論も参考になろうとの指摘もある。(10) もしこれによることができるとするならば、成立要件上の問題として捉えることもできることになる。

(1)　好意同乗の詳細については、羽生雅則＝青山揚一「好意同乗」現代損害賠償法講座7三七一頁以下参照。
(2)　伊藤高義「好意同乗者の他人性と運行供用者性」交通民集三巻索引解説号三二一頁、野村好弘「運行供用者と他人」交通法研究創刊号八五頁。
(3)　原島克己「自賠法三条のいわゆる『他人』の範囲」現代損害賠償法講座3一二二頁。
(4)　最判昭和五〇・一〇・三交通民集八巻五号一二二一頁など。
(5)　半田吉信「被害者の自殺と不法行為責任」ジュリスト一二五五号一二五六頁。なお、判例については、小山昇「交通事故と自殺の因果関係」判例タイムズ四五七号三二頁以下参照。
(6)　東京地八王子支判昭和四九・三・二八交通民集七巻二号四二五頁、大阪地判昭和五四・七・一〇判例時報九五二号九八頁など。
(7)　大阪地判昭和六〇・四・二六判例時報一一七一号一〇六頁。
(8)　広島地判昭和六二・八・二八判例時報一二五三号九九頁。

（9）　浦和地判昭和六二・九・二五判例時報一二五三号一〇四頁。
（10）　半田・前掲二五八頁。

四　交叉的不法行為

1　交叉的不法行為の意義　船舶や自動車が双方の注意義務違反により衝突したような場合で、双方共、その注意義務違反が不法行為の成立要件としての過失にあたる場合である。このような場合の処理にあたっては、そもそも一個の不法行為として成立するのか、相手方に対して別々の不法行為が成立するのかが問題になる。そして、今日では、後者すなわち交叉的不法行為として取り扱うのが通説である。(1) そこで、交叉的不法行為とみる立場に立った場合には、両者の関係をどのように取り扱うかも問題である。

2　交叉的不法行為の処理

(1)　単一責任論による処理　衝突という不法行為は全体が一個であるとして、これから生ずる損害も一団として考察して、被害額および過失を標準として受取勘定になるほうの一方当事者からの他方当事者に対する一個の損害賠償請求権のみが発生するとみる見解がある。(2) この見解では、損害を一団として考察しながら過失相殺的配慮を行うことによって、過失の重い方に賠償責任を認めるものである。それは、成立要件としての損害の問題のなかで処理しているといえよう。

(2)　過失相殺論での処理　相手方に対して別々の不法行為が成立するとして交叉的不法行為を前提とする場合は、一方の他方に対する損害賠償請求は、みずからの被害者としての過失のゆえに過失相殺をおこない、また別訴または反訴しておこなわれる相手方の損害賠償請求についても過失相殺をして処理するものである。(3) このような処理は、過失関与類型での過失相殺論による処理と同様であるが、被害者の注意義務違反が他人に対して不法行為の成立要件としての過失となりうる場合においても、損害論上の問題として処理することが妥当かどうか疑問である。

(3)　相殺論での処理　交叉的不法行為によって双方に生ずる損害賠償請求権につき、相互に相殺をして処理するものである。これは、まず民法五〇九条が不法行為による損害賠償請求権につき相殺を禁止していることとの関係で問題となる。最高裁判決では、(4)相殺は認められないとしているし、学説にも制限的にしか承認すべきでないとの見解もあるが、(5)多数説や(6)近時の下級審判決には相殺を認めるものも少なくない。(7)すなわち、「同条は不法行為の被害者には現実の弁済によって損害の塡補をうけさせようとするものであるから、双方過失による衝突のような一個の同時的現象において相互的に発生した同質的な損害についてまで相殺を禁止する趣旨のものではないかと考えられる」などの理由によって肯定するものである。

(1)　石井照久・海商法三三七頁、鴻常夫「双方過失による船舶の衝突」我妻栄還暦記念論文集（中）六二三頁以下、加藤一郎・不法行為二五三頁、幾代・前掲書三〇五頁、前田・前掲書三九九頁、好美・前掲二四三頁。
(2)　幾代・前掲書三〇三頁参照。
(3)　好美・前掲二三四頁、幾代・前掲書三〇三頁参照。
(4)　最判昭和三二・四・三民集一一巻四号六四六頁。
(5)　前田・前掲書四〇一頁。
(6)　幾代・前掲書三二二頁、好美・前掲二四四頁など。
(7)　東京地判昭和四〇・七・二〇判例時報四二六号四一頁、大阪地判昭和四九・五・八判例時報七六八号八七頁など。

五　若干の検討

(1)　被害者関与と不法行為理論　不法行為に被害者が関与ないし競合する場合の態様は多様である。また、それぞれの態様ごとにみてもそれを処理するための法的構成ないし法的根拠は様々である。いずれの側面からみても、統一的な理論は存在しないどころか論理一貫性をもって整理されているものでもないことが明らかになったものと思われる。個別の具体的問題の処理という見地からすれば、被害者の関与の場合には何らかの考慮をおこない最終的に賠償額を減額することだけでなく、そのための手法や理論がまちまちであっても問題ではないとみることもできる。しかし、不法行為理論としては、そこに理論的な整理がおこなわれるべきではないかと思われるのである。

このためには、まず被害者の関与の態様につき類型化する必要がある。それは、加害行為への関与であるのか損害への関与であるのか区別がまず必要となる。そして、加害行為への関与についての処理として成立要件上の理論によるのか、賠償論上の理論によるのかが検討されなければならない。概してみれば、大方は、前者による傾向があるように思われるが、そうだとすると過失関与類型における過失相殺論での処理をどう位置づけるか最も問題となるところである。このため、過失相殺は部分的因果関係論の問題であるとみれば整合性がみられるが、これでよいのかどうかである。また、加害行為への意思的関与の場合は違法性阻却として処理されているのに、過失関与類型では因果関係論での処理が主張されるなど、関与の主観的態様によってこのような差異の生ずるのはなぜなのかも検討しなければならないであろう。また、損害への関与についての処理としては、過失相殺論ないしその類推適用あるいは寄与度論などを根拠として、損害論上の問題として処理する傾向が強くみられる。この場合に、いずれを根拠とすべきかが問題になる。さらに損害への関与の処理として、割合的因果関係論も有力である。この場合は、成立要件論上の問題とつながるものである。このため、ここでも、損害論上の問題か、成立要件論上の問題かを検討しなければならないことになる。

なお、被害者関与の処理のために用いられている様々な法的構成ないし法的根拠自体も不明瞭なものであるため、一層の混乱をもたらすものである。そこで、これらについても、不法行為理論のなかでどのような位置づけをもつものなのか再考してみる必要があるように思われる。

(2)　被害者関与と過失相殺論

被害者関与を処理するための唯一の規定が過失相殺規定であることは、前述したところである。このため、過失相殺論による処理は、被害者関与の諸類型において適用ないし類推適用の方法で用いられ拡張されてきている。しかし、そこでは、過失相殺論は損害の公平な分担という法理に転嫁されているともいえるのであって、本来的な過失相殺論の守備範囲をもう一度検討しなおしてみて、被害者関与の場合のどのような関与類型において機能させるのが適切であるかを考えてみることが必要ではないかと思われる。すなわち、過失相殺論を従来の通説のように損害論上の法理であるとするならば、かかる法理を用いて処理できる被害者関与というのはどのような場合であるのかを検討することが必要ではないかと思われるのである。そして、ここらあたりから、混乱している被害者関与の場合の処理の理論を整理し、類型的統一化を図っていくことができるのではないかと思われる。

(3)　各関与態様ごとの個別的検討の必要性　　なお、最後に、加害者関与の態様は様々であることから、どのような状態での関与につき考慮すべきかの問題も実際上は重要となる。これらの検討は、それぞれの態様ごとに個別に検討を加え基準を設定することも必要であることを付言しておきたい。

III　登記官の不法行為責任

11 登記官の注意義務と不動産登記制度
――最近の登記に関する国家賠償判決を中心として――

はしがき

登記官の職務行為に関連して、国家賠償法一条に基づく損害賠償を請求する判決例は、ここ数年来、多くみられる。[1]その原因は、他人の土地による金銭詐欺を意図した虚偽登記が多くなってきたことによるものと考えられる。登記簿閲覧制度を利用しての登記簿の改ざんや偽造申請書類による虚偽登記に関連しての国家賠償請求が増えてきていることからも知りうるところである。しかし、登記官の職務行為に関連しての国家賠償請求は、この他にも登記官の単純ミスによるものや登記法上の解釈問題などと関係する手続処理に係わるものなど種々の原因によるものもみられる。このため、登記官の職務行為に関連する国家賠償請求に際して、最も問題とされる登記官の故意過失の有無の問題を考えるにあたっては、問題となっている登記官の行為内容との関係を考慮しながら、その注意義務の内容を考えることが重要ではないかと思われる。

ところで、登記官の職務行為は、登記申請を受理して申請された事項を登記簿に記載する登記行為、登記申請を不適法として却下する却下行為、申請に基づき登記簿の謄本・抄本を作成して交付する行為、登記簿謄本・抄本の交付申請を拒否する行為、登記簿や公図等の閲覧とその監視行為などさまざまである。[2]しかし、最近の判決例に現われた事例を前提として登記官の注意義務を考えるにあたっては、① 登記簿の閲覧監視、② 登記簿等の調査点検、③ 登記官の誤記などによる単純落度、④権利移転登記申請などにおける形式的審査、⑤表示登記などに伴う実質的審査、⑥登記官の手続処理にわけて検討するのが適切である。そして、これらの諸場面の検討に当たっては、当然のことながら登記制度に対する基本的養成との関係が考慮されなければならない。このため、登記官の注意義務をどのようなものとして位置づけるかは結局のところは登記制度のあり方と密接に結び付くものであり、ここでの検討もひいては判例の登記制度に対する基本的考え方を浮き彫りにすることにあるのである。なお、登記官の職務行為に関連した国家賠償請求においては、最近の裁判例によると登記官の注意義務が問題とされると共に、登記官の注意義務違反による虚偽登記とそれを信頼した者における損害発生との因果関係を問題とするものも多くみられる。この因果関係の問題も、基本的には登記制度に対する考え方と密接に結び付けて考えなければならない問題ではあるが、本稿ではその検討を留保し後日に譲ることにする。

（1）最近一〇年間についてみると、判例誌に登載されたものだけでも約三〇数件に上っている。
（2）樋口哲夫・登記官の行為に関する行政争訟と国家賠償一六二頁参照。

一　登記簿等の閲覧と登記官の注意義務

不動産登記制度の目的は不動産に関する現況および権利関係を登記簿という公簿に記載し公示し、一般に公開することによって不動産取引の安全を図るものであるから、登記に関する帳簿を公開するのでなければその目的を達することはできない[1]。このため、登記制度の究極の目的は、登記簿等の公開にあると言っても過言ではないといわれている[2]。そこで、この公開方法の一として、不動産登記法（以下法という）二一条一項は利害関係のある部分に限り、登記簿・その付属書類または地図・建物所在図の閲覧を認めている。しかし、このような閲覧は、国民の財産の権利関係等を公証する帳簿、書類を直接手に触れて見るわけであるから、厳しい注意が必要である。[3] とくに、登記官には、閲覧をさせるに当たっては、抜取り、脱落、登記事項の改ざん等を防止するための注意義務が要請されることになる。

そこで、判例も、まず登記官には登記簿閲覧監視義務があるとしている。そして、登記官の登記簿等の閲覧監視の一般的注意義務として、不動産登記法施行細則（以下細則という）九条、三七条や、不動産登記事務取扱手続準則（以下準則という）二一二条を援用して、つぎのように解している。登記簿を閲覧させる事務は、不動産登記という公証事務に密接に関連する国の事務であるから、これを管理する登記官は、国の公権力の行使にあたる公務員に該当し、一方、細則九条は登記官の義務として「登記官ハ登記用紙ノ脱落ノ防止其他登記簿ノ保管ニ付キ常時注意スベシ」、細則三七条は閲覧の方法として「登記簿若クハ其付属書類又ハ地図若クハ建物所在図ノ閲覧ハ登記官ノ面前ニ於テ之ヲ為サシムヘシ」と規定し、準則二一二条は閲覧させることにあたっての留意事項として「一　登記用紙又は図面の枚数を確認する等その抜取、脱落の防止に努めること。二　登記用紙又は図面の汚損、記入及び改ざんの防止に厳重に注意すること。三　閲覧者が筆記をする場合には、毛筆及びペンの使用を禁ずること。四　筆記の場合は、登記用紙又は図面を下敷にさせないこと。」と定められていることなどを勘案すると、「登記官は、閲覧場所を登記官の面前の常時監視できる場所に設置し、閲覧者が、登記簿冊のバインダーをはずして登記用紙を抜き取り、持ち去るとか、登記用紙に改ざんを加えるなどの行為をしないように厳重に監視すべき注意義務を負っているものといわなければならない」と解しているのである（東京地判昭和六二・五・二九金商七八七号三七頁、判時一二五三号七二頁）。そして、このような閲覧監視の一般的注意義務については、閲覧監視義務が問題とされた最初の判例以来（広島地判昭和四三・三・六訴月一三巻四号三五〇頁、判時五四〇号六五頁）、判例理論としては、一般に承認され確定したものといえる（同旨、京都地判昭和五七・一二・二四訴月二九巻六号一〇九二頁、判時一〇七八号一〇八頁、東京高判昭和六三・一〇・二四判時一二九七号四四頁など）。

ところで、このような閲覧監視についての登記官の一般的注意義務を前提として、具体的に閲覧監視につき注意義務懈怠があったかどうかの判断に関する最近の判例としては、つぎのようなものがある。

他人の土地を利用して不動産売買の手付金名下で買主から金員を詐取するために、土地登記簿の閲覧を装い登記簿原本二通をひそかに抜取り、これに他人名義の不実の所有権移転登記を記入し、登記簿の閲覧を装って右登記簿原本二通を返戻し、その後謄本の交付を受けてこれに基づいて土地売買契約を行い金員を騙取した事案で、登記官を閲覧席の前面に配置し、同登記官や所長がそれぞれ担当事務を処理しながら登記簿等の閲覧者を監視するほか、他の職員も各自の業務に従事しながら適宜閲覧席に注意を払う態勢をとっていたこと、同登記所においてはこれまで登記簿原本の抜取り、改ざんという事故が発生していなかったこと、加害者が登記所職員の目をくぐり巧みに登記簿原本を抜取って持ち出し、そして不実記載後これを返戻したものであることが認められるが、事故発生当時に特定の閲覧監視者もおらず、閲覧席に防犯用のバックミラー等も設置されていなかったうえ、閲覧席の机の上に新聞や雑誌等を置くことも規制していなかったことがうかがえるだけでなく、閲覧終了後の登記簿は、閲覧席近くにある返却台に置かれるだけで、登記官による登記用紙の枚数の確認等は多忙であること等を理由に全くされていないこと、また登記官が今少し監視の目を注いでいたならば二二ある閲覧席に四、五名いたにすぎないことから未然に防止することが不可能ではなかったと考えると閲覧監視に過失があったといえるとした判例がある（前掲、京都地判昭和五七・一二・二四）。そして、このような登記官の過失の認定については、本判決認定の事実関係からすればやむをえないとの見解がみられる。[4]また、閲覧を装い登記簿原本を抜取り持ち出して虚偽の記載をしたうえ元に戻し、虚偽の記載のある登記簿謄本及び固定資産課税台帳登録証明書の交付を受けて金融業者から不動産担保名下で金員騙取が行われた事案でも閲覧場所は事務室内のほぼ中央部分に設けられ、そこに三〇席ほどの閲覧席が用意され、これを囲むようにして職員が配置され、職員五名が本来の職務をしながら随時監視をし、さらに同室の責任者が午前中二回、午後二回程度閲覧場所を巡視し、柱には電動式回転ミラーを設置して常時作動させ閲覧の監視に供するという監視態勢が取られていたこと、閲覧に際しての注意事項を提示し閲覧者の注意を喚起していたことが認められるが、専門の監視職員が一人も置かれていなかったことや、登記簿の偽造は登記簿冊の上に公図を広げ、その下に手を入れて登記簿冊のバインダーをはずすという異常な行動によることも明らかであるが、登記官としては登記簿冊と公図を同時に閲覧させるときはこのような異常な行動のあることも十分に予測できるのであるからこのような偽造行為が行われるのを防ぐ注意義務があるとしている（前掲、東京地判昭和六二・五・二九）。なお、本判決の控訴審も同旨の見解を前提としながら、これに捕足して、閲覧場所の巡視は十分になされていたとはいえないこと、筆記用具以外の物の閲覧場所への持込も事実上黙認されていたこと、閲覧席を信用性の高い司法書士あるいはその事務員で職員と面識のある者と一般の者に分けて後者については監視を強化するというような措置をとることも考えられること、そしてこれらの措置等は同登記所の人的、物的な条件の下において実施が可能であり、これを実施しても本来の事務の処理に特に支障が出るとは考えられないことなどから当該個別的、具体的な状況の下において最善、適切な監視義務を尽くしたとはいえないとしている（前掲、東京高判昭和六三・一〇・二四）。もっとも、これらに反して、前二件とほぼ同様の事案で、登記官が登記閲覧者の監視に当たり、閲覧席を職員席の中央に配置し、直接見えにくい場所については監視用ミラーを設置した上、閲覧者に対しては、閲覧席への手荷物の持込を禁止し、登記用紙の抜取り、汚損等を禁じる旨の掲示を出すなどの措置を講じてきた場合には、登記官の閲覧監視義務の懈怠はないとする唯一の判例もある（盛岡地判昭和六一・八・二一訴月三三巻八号二〇一三頁）。しかし、大方の判例は、前二件と同様であり（前掲、広島地判昭和四三・三・六）、このことから、登記官の閲覧監視義務については、高度な注意義務を要求するのが判例の見解といえる。

もっとも、判例も、例えば、多数の閲覧者の一挙手一投足を常時監視するような実際上不可能な義務の履行を要求するものでなく、当該個別的、具体的な状況の下において最善、適切な監視態勢がとられ監視義務を尽くしたかどうかが問題であると指摘はしている（前掲、東京高判昭和六三・一〇・二四）。しかし、登記官の注意義務違反を肯認した具体的な判断基準による限りにおいては、専属的な監視職員を置いて監視しない限りにおいてはほとんどの場合に閲覧監視態勢についての過失が認定されることになりそうである。そこで、このような専属的監視職員を配置できるだけの人的条件を備えることができない原状においては、監視義務についての若干の軽減を考えてもよいのではないかとの見解も生ずるわけであるが、これについても判例は否定的である。すなわち、職員が手薄なことをもって閲覧監視義務違反を否定する根拠にはならないとしているのである（前掲、東京地判昭和六二・五・二九）。

さらに、判例には、登記官の閲覧後点検義務を問題にするものもある。前述の盛岡地裁判決で閲覧監視態勢には懈怠があったとはいえないとの認定を前提としながら、登記官は、その保管にかかわる登記簿を常に瑕疵なき状態において保存する責務があり、第三者の巧妙な犯行により不法な改ざんが加えられる場合であっても、これを未然に防止し、または事後的にもその結果の発見除去に努めなければならないところ、登記官において、閲覧中の監視を厳重にし、少なくとも閲覧の前または後にでも準則で明示する例示方法のとおり登記簿の枚数を確認し、さらに当該部分の登記簿の外形を点検することにより、登記用紙の抜き取り後、その用紙を元に戻すまでの間に、その異常を発見することは容易にできたはずであり、登記官がこれらの処理をしなかった点で過失は免れないとしている（仙台高判昭和六三・三・六判時一二六七号四四頁）。たしかに、このような処理をすれば抜き取りによる改ざんは防げるわけであるが、現在の人的条件からみて、それを望むことは非常に困難であると想像される。しかし、現代における登記制度の役割を考えるとき、ここまで要求することは当然であり、かかる要求に対応していくことこそが必要ではないかと思われる。

ところで、判例が、登記官の閲覧監視・点検義務につき厳格で高度の注意義務を要求する根底には、不動産取引における登記の役割の重要性に留意するがためである。すなわち、「現代社会において不動産登記が不動産の権利の確認や証明のために果している役割の重大性、国民が抱いている登記簿上の記載に対する信頼性及び国が行政施策の一環としてそのような不動産取引上重要な役割を果たす登記簿の閲覧を認めていることに鑑みれば」として、そのことをまさしく指摘しているのである（前掲、東京地判昭和六二・五・二九）。このような見解は、現代における登記制度の役割を考えるときまさに正当であり、それと逆行する方向は正しくない。このため、登記官においても登記簿の閲覧に際して、十分な監視・点検を行い、抜取、改ざんによる被害の生じないように注意する義務があるわけである。ただ、この注意義務は、登記閲覧監視態勢および点検態勢という登記所組織に係わるものであることから、登記閲覧に係わる組織態勢の問題として考えなければならない。そのあり方としては、まず第一には、判例によって指摘されているような諸点に留意することが重要となる。監視が容易にできるような閲覧席の設置、司法書士など常連の閲覧者とは異なる一般の閲覧者に対する特別監視のための閲覧席の設置、監視ミラーなどの設置、筆記用具以外の物の持込の禁止の徹底、閲覧にあたっての注意事項の徹底などの物的条件の整備や、監視職員の適正配置、監視巡回の強化などの人的条件の整備、および閲覧後の点検態勢などを整備することが重要である。しかし、各登記所においてこのような措置がなされたからといって一〇〇パーセントそれを防止できるものでもない。このため、究極的には、国により十分な閲覧監視・点検義務を果たしうるだけの物的人的条件を早急に備えるよう努力するが、コンピューターなどの導入によりこのような問題の生じないような閲覧システムを導入することでなければならないのである。閲覧制度は登記制度の命ともいえるわけであるから、それを悪用しての不動産犯罪を防止するためにはどれだけの努力をしても惜しみないものである。そして、そのことによって国民の重要な財産である不動産が保護されるわけであるし、現代において登記制度が担っている不動産取引の安全性、確実性という役割を十分に果しうるものであることを特に認識する必要があるのである。判例が、登記簿の閲覧監視・点検義務にかかわって無過失責任にも近い高度の注意義務を要求しているのも、その狙いはこちらにあるものと推測されることからすると、判例の見解も理解できるのである。

(1) 幾代通・不動産登記法〔新版〕二四頁、杉之原舜一・不動産登記法一四六頁、林良平=青山正明編・不動産登記法〔注解不動産法6〕一四五頁〔上野晃〕など。
(2) 林=青山編・前掲書一四五頁〔上野〕。
(3) 林=青山編・前掲書一五三頁〔上野〕。
(4) 本判例のコメント〔判タ四九八号一七二頁〕。

二　登記簿の調査点検義務

登記制度においては、不動産の物体的状況に関する登記簿の記載や権利変動じたいについての登記が正確であるということが重要である。このために、誤記や改ざんなどにより登記簿等において瑕疵がないかを調査点検することは登記官の注意義務として要請されるところである。また、このような正確性は、従前の登記面の記載状態との関連・連続においても要求される。(1) このためには、登記簿は時系列的には実体関係と符合し正確であることが必要である。そこで、過去においての誤記などによる登記簿等の瑕疵についてもこれを点検調査して、そのことによって損害を生じないようにする注意義務が登記官にあるといえる。判例も、登記官にはこのような登記簿の調査点検義務のあることを承認している。

法務局出張所備え付けの公図及び町備え付けの町地図が再生ないし作成される際に、業者により甲地の部分に乙地の地番が誤記されたため、この町地図の記載を信じた者に土地の所有権を時効取得された者からの賠償請求の事案で、本件公図及び町地図は、町の費用負担によって同時に作成され、いずれもその再製作業に当たった業者による旧公図の地番判読の誤りにより甲地の地番表示に誤りが生じたものではあるが、少なくとも公図を法務局出張所に備え付けられた以降においては、その表示の誤りは公図そのものの誤りとして登記所の責任に帰す。そして、公図上における地番表示は、土地の特定において最も基本的な事項であるのみならず、公図の沿革及び現実に果たしている機能、役割並びに公図及び町地図作成の経緯に鑑みれば、登記官としては、公図を町から交付された時点において、これが旧公図の記載内容と一致しているか否かを照合し、甲地の地番表示の誤りを発見して、これを職権で訂正した上、地番表示の誤りとその訂正内容を町に通知すべき義務があり、右照合、発見、通知は、登記官としては困難なことではなかったとして過失を認めている（東京地判昭和六三・一〇・二七判時一二九七号六八頁）。ところで、公図の誤記が直接の原因ではなく同時に作成された町地図上の同様の誤記が直接の原因であることから、若干問題は残るが、このことは後述するとして、ここでは登記官に公図の記載内容を点検する義務を怠った過失があるとしている点が注目される。新たに作成された公図全体を旧公図と照合点検するという作業は大変なことではないかと想像されるが、登記簿等の正確を期するということは必要なことであり、判例の見解は妥当なものといえよう。

また、甲区欄の記載として、二番に「陸軍省のため所有権を取得す」とされ、これに続く三番に「家督相続のためA_2が取得し」さらに家督相続によりA_3が取得すると記入されている場合に、A_3を相続したA_4から売買により土地を買受け、四番に相続を原因とするA_4のための所有権移転登記、つづいて五番としてXのための所有権移転登記をしたが、国からの請求により所有権取得が否定された事案で、登記官には、一旦登記記入された後においても、登記所備付の登記簿について常時これを点検調査し、その正確性を保持するように努めるような義務を課した法令上の根拠も実務上の運用もこれを認めることはできず実際上も限られた登記官によって、この厖大な数にのぼる個々の登記を平素から常時点検して正確性を保つことは甚だ困難と思われ、少なくとも過失をもって論ずるのは相当ではないとする。ただ、登記官には、四番のA_3からA_4への相続登記の申請の時点で過誤登記を是正して職権抹消の義務があったとして過失を認定している。すなわち法四九条はもともと登記官において登記申請自体を却下すべき場合に関するものであり、これを多少厳格に解して、登記簿を一見しただけで、その登記が本来登記すべからざるものであることが明瞭であるようなものに限定すべきであるが、本件の陸軍省(国)をA_2が相続したとする三番の登記は、本来登記すべからざるものであることが登記簿上一見して明白であるから、法四九条二号に該当し、本件過誤登記を職権抹消せず、そのまま残したことは、職務を行うについての過失にあたるとしている(福岡高判昭和五五・四・三〇判時九七九号七二頁)。本判決では、まず全登記簿を常時点検調査して登記の正確性を保持すべき一般的な注意義務は登記官にはないとしている。この見解につき、そのこと自体としては妥当との見解もみられる[2]。しかし、結果的には、これを登記官の審査義務の問題として捉えて、その義務懈怠を認定しているのである。

ところで、本判決が登記官の審査義務の問題として捉えるための前提としては、既存登記を観察・点検することも審査範囲に入るとの考えによるものであると注目しなければならない。そこで、この既存登記の観察・点検が時系列的にどこまで及ぼすかである。この判例の見解として、今次申請にかかる登記の論理的起点となるべき既存登記(本事案では三番の登記)を観察・点検することは当然として、これよりさらに遡って、既存の諸登記をも観察点検すべき注意義務のあることを当然の前提としているといわざるをえない。なぜならば三番の登記が過誤登記であることは、その前の二番の登記をも観察して初めて判明するものであるからであるとの指摘がなされている[3]。このように判例では、審査義務の範囲を時系列的にかなり遡らせることを前提としているものであることに注意しなければならないのである。そして、学説にも、ひとたび実行されてしまった登記についての職権による一般的事後点検ということは実際上まず不可能であるとすれば、せめて、事後の新たな登記申請がある機会ごとに当該登記用紙に存在する全登記を点検することを登記官に義務づけてもよいかと思われるとの見解がみられる[4]。

なお、前述の閲覧を装っての抜取、改ざんの事案に関する判例においては、登記官は、その保管にかかる登記簿を常に瑕疵なき状態において保持する責務があり、第三者により不法な改ざんが加えられる場合であっても事後的にその結果の発見除去に努めなければならない義務があるとしている(仙台高判昭和六三・一二・七)。この判例は、事後において常時点検調査して正確性を保持するように努める一般的義務まであるとしているのか否かやや不明であるが、その抽象的表現からはこれに近いようにも推察される。

ところで、登記簿等の書面上においてその記載が正確であるかどうかを調査点検することは、登記への信頼性を考えるとき要請されるものであることはいうまでもないであろう。ただ、この調査点検を、どのようなものとして義務づけるかが問題である。登記官には、一般的な常時調査点検義務があるとするのか、当該登記申請に係わる範囲において、あるいは当該登記簿等の閲覧や作成に係わる範囲において個別の審査義務ないし調査義務として義務づけるかが問題となる。そこで、登記の数量や人的条件から考えるならば前者として義務づけることには不可能に近いし、もしこのような注意義務を前提とするときは登記事故については無過失責任と変わりないことになろう。このようなことからすると、後者のような方向で義務づけするのが適切であると思われる。しかし、当該登記に係わる個別の審査・点検義務は、法四九条を根拠としてではなく、登記簿等の正確性の保持という登記制度の基本的原則から派生する義務として位置づけることが必要ではないかと思われる。

(1) 幾代・前掲書六〇頁。
(2) 幾代「判例批評」判時九九五号一六五頁。
(3) 幾代前掲(判批)一六五頁。
(4) 幾代前掲(判批)一六六頁。

三　登記官の単純落度と注意義務

登記簿の正確性は、登記官の登記簿への記載が、申請書通り正確であることによって初めて確保されるものである。このため、登記官には正確に記載するという義務が職務上の義務として要求されるのである。そこで、登記官の登記簿への記載に際して、誤記、脱漏、誤抹消などがあるときは、登記官に過失があるとされても弁解の余地はないといわれている。[1] 判例でも、これらの場合には、ほとんどが登記官の過失を認めている。当然のことであろう。

最近の判例では、旧登記簿から移記する際に表題部表示欄の地番を誤記したことにより存在しない土地の登記簿が出現した事案(大坂地判昭和五六・五・二五判時一〇三五号九五頁)、土地所有権移転登記の登記済証を交付しながらその登記の記載を遺脱したため二重売買された事案(東京地判昭和五一・六・二九判時八四五号七〇頁)、農地の所有権移転請求権保全の仮登記に際して登記済証を交付しながら仮登記の記載を遺脱したため順位保全ができなかった事案(東京地判昭和四六・一一・二六判時六五八号四四頁）などがある。この他、これまでにも多くの事例がみられ、いずれについても登記官の過失が認定されている。(2)

なお、登記官の単純落度の事例として、受付箱から登記申請書類を盗まれたという珍しい事案がある。土地の売買において所有権移転登記申請手続終了後に売買代金を支払うとの約束のため、売主が偽造の登記権利証を添えて不動産登記申請書類を提出し現金及び小切手を受け取ったが、小切手の現金化まで偽造の事実の発覚するのを防ぐため、登記申請書の受付箱から登記申請書類一式を抜き取ったという事案で、登記申請書類を盗まれたことにつき登記官には保管上の過失があるとしている（東京高判昭和六三・一〇・一一判時一二九〇号七八頁）。登記官には、登記申請書類を盗まれないように保管するという義務のあることは、その職務上の義務として当然のことであり、判例が過失を認めたことについてとくに問題はないといえよう。

（1）　古崎慶長「登記と国家賠償責任」不動産登記法講座Ⅰ四六頁。
（2）　従来の判例については、古崎・前掲四六頁参照、樋口・前掲書三六四頁以下参照。

四　形式的審査と登記官の注意義務

不動産登記制度は、不動産の状況および権利関係を登記簿に記載し、これを公示して、不動産取引の安全と円滑を図ろうとするものであることから、登記と実体的関係とが符合することが望まれる。このため、登記手続において、不実、無効の登記が出現し、これを信頼した者が損害を被ることのないようにすべきである。このためには、登記申請がなされたときには、一定の審査をすることが必要である。そこで、登記の申請があると、登記官は、「遅滞ナク申請ニ関スル総テノ事項ヲ調査スヘシ」（細則四七条）とされている。

ただ、この登記官の審査権限に関しては、権利登記の申請については、形式的審査権しか有しないとか、書面審査権しかないとか、窓口的審査権しかない（用語は異なるが実質はかわりはない）と解するのが、一般的である。そして、審査の対象たる事項は不登法四九条によることになるが、それは単に形式的ないし手続法的事項のみならず、実質的ないし実体法上の事項をも含めているが、審査の内容については、積極的確信ないしそれに近い程度の心証にまで審査によって到達することを要求するのでなく、申請書およびその添付書類と、これに関連する既存の登記簿での書面審査による消極的審査のみをなすべきであり、審査の具体的な方法は、必要書類が提出されているかどうか、各書面の形式的真正を調査し、さらにこれらの照合、関係登記簿との照合をおこなう程度でよいとの見解がみられ、通説とみられる。(1)

判例でも、登記官吏は、少なくとも、登記申請の形式的適法性を調査する職務権限があり、申請者が適法な登記申請の権利者・義務者またはその代理人であるかどうか、申請書および添付書類が法定の形式を具備しているか等を審査しなければならないが、その審査にあたっては、添付書面の形式的真否を、添付書類・登記簿・印影の相互対象などによって判定して、これにより、不真正な書類に基づく登記申請を却下すべき注意義務を負うとするものが多い（京都地判昭和四〇・二・二三訴月一一巻七号九九六頁、東京地判昭和五〇・九・二九判時八一一号七〇頁、大坂高判昭和五四・九・二六訟月二六巻一号五四頁など）。以上のことからすると、権利登記に関しては、登記官は、形式的審査として、申請書類に基づいてのみ真正性を審査する注意義務があるだけと解するのが、通説、判例の見解であるといえる。

そこで、申請書類による以外の事実や状況を考慮する注意義務が全くないのかどうかである。判例には、申請人以外の者から「登記済証滅失は嘘で自分が預っている」旨登記所に通告があった事案で、「登記済証が果たして滅失等の原因によって提出不能であるかどうかは登記官吏の審査事項ではないから、登記官吏はこの申出を審査すべき権限も義務もない」とするもの（名古屋地判昭和二八・七・二九下民集四巻七号一〇四二頁）、不実登記防止のため改印届をした不動産所有名義人から「近日中何者かが改印前の印鑑で偽造の証書等を作成して登記に来るやも知れず、その際は該登記を受理せず速やかに通知されたい」旨の申出のあった事案で、「登記申請が形式上の要件を具備するや否かは、当該申請書及び付属書類の形式だけで判断すべきであるから、これらの書類により、本件各登記申請が形式上の要件を具備するものと認められる以上、更に進んで他の証拠によって申請書その他の書類の成立の真正を認定する必要はない」とするもの（最判昭和三五・四・二一民集一四巻六号九六三頁）などがあり、その注意義務がないとしている。先の学説、判例からすれば妥当な見解といえよう。これに対して、登記名義人の長女及び捜査中の警察官から、登記名義人に無断でされた登記申請であることを理由に登記簿への記載を差し控えるよう申し入れた事案で、「登記官は、提出された申請の関する書類の形式的適法性を、申請書のほかその添付書類そのものにとどまらず、これらと登記簿、印影の相互対照などによって、その審査をする権限を有するものとされているが、右調査の過程において、右各書面の形式上、申請人ないし申請の内容につき容易に疑いを抱かせるような事情が看取できるような場合、ないし、これが必ずしも容易でない事項であっても、捜査官からの該登記申請が虚偽である旨の連絡があったような場合には、不動産登記制度における権利変動の公示の重要性から、かかる特段の事情のない通常の場合以上に、その登記申請についての審査をより慎重にし、不真正な書類に基づく登記申請を却下すべき注意義務があるものと解され、かかる注意義務の加重は形式的審査権と何ら矛盾するものではない」とする判例がみられる（大坂高判昭和五七・八・三一判時一〇六四号六三頁）。これに対しては、通説や従来の判例からすれば、誤った判例ということになりそうだが、審査過程で、登記申請人ないし申請内容に疑いを抱かせるような事実が看取される場合には、登記制度に対する高い社会的信頼性があるということからして、通常の場合以上に審査を慎重にすべきであるし、登記官の形式的審査権も狭く解する必要はないことから、この判決を支持したいとの見解がみられる(2)。またさらに、登記官が登記所にいたまま、たまたま入手した関連資料があれば、必要に応じてこれを参考に審査することも形式的審査権の範囲内と解すべきであるとも主張されている(3)。形式的審査でよいとする以上は、書面審査により真正を判断するだけで足り、登記官としての注意義務を果たしたものといわなければならないが、その書面審査を行う際の注意義務の内容、程度は、具体的状況との関係で異なるものと解しても形式的審査とは矛盾するものではない。このことからすると、申請書面以外の事実や状況から書面の申請を疑わせる場合には、通常より高度の注意義務をもってそれを調査する必要のあることは当然である。この意味では、通説、判例も何ら異論はないのではないかと思われる。しかし、その調査は、あくまでも書面の真正を判断するためのものであり、それ以上に事実の真否を調査するものであってはならないのである。この意味では、理論的には、先の二判例は、特別の申出があっても、事実の真正を調査する必要はないとするにとどまるものであって、このことを明らかにしたまでであるし、大坂高判は、書面審査にあたっての注意義務を加重したにすぎないわけで、通説、判例と矛盾するものではないと思われる。ただ、大坂高判についてみれば、かかる申出があるにもかかわらず登記簿に記載したのが過失に当たるとするのであれば形式的審査の域を脱したものであり、妥当でない。このため、加重された注意義務の内容が問題であり、実体調査をして記載しなければならないとか、さらには記載自体をしてはならないというのであれば、妥当な見解とはいえないが、このような場合でも加重された注意義務に基づいて書面審査を行った後、真正と判断をしてならば記載しても注意義務懈怠には当たらないとするのであれば通説や従来の判例とは矛盾するものではないと思われる。

つぎに、権利登記に伴う形式的審査に関連して、注意義務懈怠があったかどうかについての最近の判例としては、つぎのようなものがある。

登記済証の偽造の看過と注意義務に関する判例としては、いわゆる地面師が他人の土地の登記済証等を偽造して虚偽の所有権移転登記手続申請をし、登記官がその登記申請を受理したために、その登記を信じて取引した者が損害を被った事案で、「登記済証は、その作成された日付として記載された昭和二二年九月六日当時官制上存在していなかった東京区裁判所麴町出張所受付第五三〇一号と記載され、同庁印が押捺されていた旨の原審の認定は、その挙手する証拠により首肯できる。そして、当時本件登記の所管登記所の官制上の名称が東京司法事務局麴町出張所であることに鑑みれば、押捺された庁印の印影自体からまたは当時の真正な印影と対照することにより、登記官吏は容易に右登記済証が不真正なものであることを知りえたはずであり、かかる審査は登記官吏として当然なすべき調査義務の範囲に属する旨の原審の判断は正当である。」として、原審が「本件登記済証の不真正なことは、前述のような庁名変更等の事実がある以上、その記載内容や押捺された庁印の印影自体から、または当時使用されていた真正な印影との対照により、容易に看破できたはずであった。登記所の名称が変更され、また経過的に旧名称や旧庁印が一時的に使用されるような場合には、後日のために、旧庁印の印影を保存し、旧庁印の使用期間や新庁の使用開始時期を記録しておき、以後においても右に留意して事務処理がなされるべきである。したがって、登記官吏が本件登記済証の不真正に気づかなかったことは、審査において尽くすべき注意義務を怠ったものである」として登記官の過失を認定したのを肯認した最高裁判例がある（最判昭和四三・六・二七民集二二巻六号一三三九頁、判時五二三号三八頁）。そして、この判決が、登記官の形式的審査における注意義務についてのリーディングケースであるといわれている。この判例に対しては、先の通説や判例の見解を厳格に貫くならば、対照用の原簿を作成してこれと対照審査する注意義務は存在しないことになるのではないかとの問題提起がなされている(4)。しかし、一般的には肯定的である。ただ、その肯定の論拠としては、登記官としては、少なくとも自庁のかつて発行した証明書の類いに関するかぎりは、登記制度の趣旨や機能に鑑みて、この程度の調査注意義務を払って執務して当然と思われるからであるとか(5)、登記所において旧印を昭和二二年九月三日頃も使用していたことからすると同年九月六日付の登記済証の違法を発見せよと期待するのは殆ど不可能を強いるもので酷であるが、登記が不動産取引において重大な社会的機能を果たしている以上、登記官には一般市民よりは高度の注意義務、調査義務を認め、それは当然に登記官に要求される調査義務の範囲に属するとみるべきだからであるとか(6)、昭和二九年一〇月頃の登記官の書面審査で、登記済証である昭和二二年九月六日頃の官制と庁印の真偽を調査したとき、容易に登記済証が不真正なものであることを知りえたはずであるとするのは、いささか結果論めいており、裁判官の思考過程の判断基準は、登記簿の記載の真正についてはきわめて高い社会的信頼性があるという登記制度の具有する性格から、登記を信頼した者の損害を塡補させるのが衡平、妥当との立場から、無過失にちかいきわめて抽象的義務違反を認めたものであるとかの見解がみられる(7)。たしかに、この判例は、書面審査における通常の注意義務より加重された義務を前提として登記官の注意義務懈怠を判断しているものといえる。その加重の原因は、自庁発行の書類であることによるものであることからすると、それほど苛酷であるとまではいえないのではないかと思われる。このことから、登記制度の社会的機能との関係においても、登記官の注意義務は判断されなければならないとの指摘は妥当しているとしても、この判例が、そのような見地のみに立って高度の注意義務を認めたり、無過失に近い抽象的義務違反として捉えているといえるのかどうか疑問である。

なお、登記済証に押捺されている庁印の印影が「東京區裁判所渋谷出張所」であるべきなのに「區」が裏文字の「區」になっていた事案（東京地判昭和五四・五・一四判時九四二号六八頁）や、「神戸司法事務局西宮出張所」なのに名称変更後の「神戸地方法務局西宮出張所」となっていた事案（大坂高判昭和五四・九・二六）や、偽造登記済印の大きさや「東京法務局渋谷出張所」が「澁」になっているなど使用文字が異なっている事案（東京高判昭和五一・一〇・二七判時八三八号三九頁）では、登記官の注意義務懈怠を肯認しているのも、同様の見地からではないかと推測される。

この他、登記済証の偽造を看過したことにつき注意義務懈怠が認められた事例としては、偽造の登記済証は、昭和二九年一一月三〇日付の不動産売渡証書に登記済みの記載があるものであったのに対して、これに対応する登記簿の記載が昭和二九年一〇月二五日相続とする所有権移転登記で年月日と登記原因が異なる事案で、「登記済証の記載と登記簿の記載とを対比して、それが合致するかどうかの点を調査することも」登記官として当然なすべき注意義務の範囲であるとして注意義務懈怠を肯定した判例（福井地判昭和四〇・二・五訴月一一巻六号八五三頁）がある。

これらに対して、登記官の注意義務に懈怠はなかったとした事例としては、つぎのようなものがある。登記済印および庁印が偽造であり、収入印紙の貼付も誤っており、順位番号が記載されておらず、一字が朱抹されているのに認印がないという事案で、収入印紙については明らかに印紙法違反であるが、そのことによって不真正なものと看取すべきとするのは酷であり、登記済印および庁印は全く酷似していること、順位番号の欠缺は申請の却下事由にあたらないことからそれ故に不真正なものと看取しえたとはいえないこと、朱抹箇所に認印を欠いていても訂正されながら認印を欠いたにとどまるものとして重視しなかったとしても通常の注意義務を怠ったことにならないとする判例（京都地判昭和四〇・二・二三訴月一一巻七号九九六頁）や、登記済印および庁印が偽造され、登記済印の年月日部分の表示が「昭和五拾参年」（真正は「昭和五参年」）と記され、受付番号の間隔がやや広く、順位番号の表示が「甲区順位第7番」（申請は「順位番号甲区7番」）と記されている偽造登記済証を看過した事案で、印影は酷似していて、肉眼による近接照合では看破できないこと、受付日付に「拾」を挿入する扱いと挿入しない取扱の二通りのあったこと、受付番号の間隔も計測しなければ肉眼では判別できなかったこと、順位番号の表示もそのような取扱をする事例もあったことなどからすると登記官に注意義務懈怠はあったとはいえないとする判例（大坂地判昭和五六・一・一六訴月二七巻六号一〇六九頁）や、登記済印および庁印が偽造され、順位番号印の印影が甲区順位第〇〇番（真正は順位番号一〇〇区〇番）となっている偽造登記済証を看過した事案で、登記済印、庁印は慎重に肉眼により近接照合しても看破することが著しく困難であったこと、順位番号の様式の異胴についてさして注意を払わなかったとしてもこれまで取扱の実情からして無理からぬことであり、また本件の直前の別件で同様の印影が使用されていたからといって、必ずしも本件順位番号印が偽造されたものであるとの疑いを抱かせるに足りる事情が存したとみることもできないとして登記官の注意義務懈怠を否定した判例（大坂地判昭和五九・一一・二六判タ五四六号一六四頁）や、登記済印を偽造し、契印の色調に差異があり、「葉」の字体に違いがみられ、受付日付印が「拾弐月」（申請は「壱弐月」）になっており、受付番号印の印字が相違する偽造登記済証を看過した事案で、登記済印、契印、受付日付印及び受付番号印の各印影と真正な各印影との相違は、いずれも仮に近接照合をしたとしても本件登記済証が偽造されたものであることを推知せしめる資料とはなり得ない性質の相違であるか、ないしは近接照合をしても容易に識別できない程度の相違であると認められるから、登記官が登記済証の観察によってその真否に疑念を差し挟まず、そのため各印影の接近照合をも行わず、相違を看過したとしても過失はないとした判例（東京地判昭和六〇・九・二四訴月三二巻六号一一二二頁）などがある。

　ところで、これらの判例では、偽造登記済証を看過したことについての登記官の注意義務懈怠の有無の具体的判断基準としては、以下のような論理に立っている。まず、登記官には、添付書面の形式的真否を添付書類、登記簿、登記済証に押捺された登記済印等の印影の相互対照等によって判定し、これによって判定しうる不真正な書類に基づく登記申請を却下する注意義務のあることを前提としている。そして、印影の相互対照等の方法については、原則としては、登記済証に押捺されている登記済印等の印影と真正な印影とを肉眼により近接接合してその彼此同一性を判別するものとしている。問題は、このような肉眼による近接照合を必ず行わなければならないのかどうか、また肉眼による近接照合を行いさいすれば注意義務懈怠はないのかどうかである。前者に関しては、「印影の相互対照は、登記官の右審査が申請の実体的な適否に及ぶものではなく、また、後記認定のように法務局において登記済証に使用される印判が数種類にのぼり、かつ、公印の改正等のため、対照すべき真正な印影自体細部に至るまで常に同一であるとはいえないことから、その対照そのものが必ずしも容易でなく、他面、登記事務における迅速処理の要請が高いことに鑑みると、登記官において常に右登記済印等の各印影と真正なそれとを相互対照すべき義務があるとはいえず、通常は提出された登記申請書及びその添付書類と登記簿の記載とを対照検討するとともに、当該登記済証の各印影自体についてその様式、形態及び刻印文言等を綜合的に観察し、登記官として真正な各印影についての正確な認識を含む職務上の経験に基づいて右印影の真否を判断すればたり、その際何らかの疑義が生じ又は疑義を持つべかりし場合に右印影の相互対照を行う義務があり、それをもって足りる」、そして「登記官が右近接照合を怠ったすべての場合について、過失が認められる性質のものではなく、提出された登記済証の各印影の観察等によりその真否に疑問の余地があり、肉眼による近接照合を行いさえすれば登記済証等の添付書類が不真正なものであることが容易に看取し得たにもかかわらず登記官がこれを怠り、不真正な書類に基づく登記申請を受理した場合に限って登記官の過失を認めれば足りるものと解する」とするものがある（前掲、東京地判昭和六〇・九・一二）。この判例によると、まず、第一には、登記官の職務上の経験に基づいた観察による判別によるものとしているのであるが、注意義務懈怠の判断基準として、それでよいのかどうか疑問が残る。たしかに、登記事務処理としては、登記官の職務上の経験に基づいた観察により判別されて処理されているといえるかも知れないが、そのことだけで登記官に注意義務懈怠はなかったとしてよいものかどうかである。登記官の職務上の経験に基づいた観察による判別としては、一般的に承認される場合ではあるが、肉眼による近接照合をしておれば不真正であることが看破できたというような場合にも、登記官には注意義務懈怠はなかったと考えることには疑問が残るからである。もっとも、この判例は、肉眼による近接照合をしていたとしても不真正であることを看破することが困難であったことも判示していることから、結果としては妥当なものといえる。この意味では、肉眼による近接照合を怠ったというだけで登記官に注意義務懈怠があったものと解することは妥当でない。それは、肉眼による近接照合をしていれば不申請が看破できたという事情のある場合に限るべきであり、かかる意味においては妥当な見解とみるべきである。また、後者に関して、すなわち、近隣の登記所や自庁において不実登記真正事件が発生している場合でも、肉眼による近接照合だけで注意義務を果たしたことになるのかどうかである。判例は、かかる事情のない通常の場合以上に、登記申請書類の審査をより慎重にし不真正な書類に基づく登記があるからと言って、登記済権利証の全部につき、逐一、拡大鏡を使用したり、対照を要する印影を重ね合わせ照明透視するなどの方法まで用いる必要はなく、審査の方法は通常の場合と同じ両者の印影を肉眼により近接照合をしてその同一性を判定すれば足り、ただ右の判定、審査をより慎重に行うべき注意義務があると解するのが相当であるとしている（前掲、大坂地判昭和五九・一一・二六）。登記事務の迅速処理の要請を考えると妥当な見解といえる。もっとも、肉眼による近接照合の結果同一性について疑義が生じた場合には、拡大鏡を使用し、あるいは両者を重ね合わせたうえ照明透視するなどにより確度の高い精密な方法により彼此の同一性を審査すべき注意義務のあることはいうまでもないであろう（前掲、大坂地判昭和五六・一・一六、大坂地判昭和五九・一一・二六）。

偽造登記済証の看過に類する、印鑑証明書や戸籍謄本等の公文書の偽造の看過についての登記官の注意義務に関する判例(8)についても、登記官の注意義務懈怠を認定する判例（東京高判昭和三三・一〇・一五訟月三巻三号八四頁、判時一一二号三七頁、広島高判昭和五四・四・一八訟月二五巻一〇号二五二五頁など）と、これを否定する判例（印鑑証明書に関するものとしては京都地判昭和四〇・二・二三訟月一一巻七号九九六頁、大坂高判昭和四五・八・三一訟月一六巻一一号一二七四頁、大坂地判昭和五六・一一・二七判時一〇五一号一二一頁、浦和地判昭和六二・一・二八訟月三三巻一二号二九六二頁、京都地判昭和六三・

二・二五判時一二八九号一〇九頁など、戸籍謄本に関するものとしては大坂地判昭和六一・一・二七判時一二〇八号九六頁、固定資産評価額証明書に関するものとは名古屋地判昭和六一・五八判時一二〇七号八九頁）がみられ、後者のほうがやや多いようである。そして、登記官の注意義務懈怠を肯定する判例についてみれば、いずれも改ざん、偽造が粗雑なもので登記官として通常の注意をもってすれば容易に判明し得る場合であったことからすると、当然といえる。また、否定判例は、登記官は、印鑑証明書の記載それ自体からその作成の真否につき疑念を抱くべきであったとはいえないとか（前掲、浦和地判昭和六二・一・二八）、登記官は印鑑証明書の作成過程まで熟知すべき義務はないのであるから、偽造印鑑証明書に見られる特徴点を看過しても過失はない（京都地判昭和六三・二・二五）とかを理由としており、通常の注意で足りるとしている。ところで、これに関連して、公文書については官公署の印影や書類の形式を真正なものと対照調査することによりその真否を判定すべき注意義務があるかどうかが問題になるが、判例は、原則としてはかかる注意義務はないものとし、「登記官の職務上の知識経験に照らし、文書の記載内容や形式、印影の形状自体から不真正なものであるとの疑いを生じた場合などの事情が存するときにはじめて真正な文書、印影との対照をなすべき注意義務を負う」としており、登記官の形式的審査からみて妥当な見解といえる。

委任状の偽造の看過についての登記官の注意義務に関しては、判例は、偽造印鑑証明書など偽造公文書の看過の場合と同様の見解に立つものとみられる（否定判例として東京地判昭和五二・七・一二判タ三六五号二九六頁、前掲大坂地判昭和五六・一一・二七）。

登記が保証書によってなされた場合の登記官の注意義務については、「登記官は、通知書の回答欄における登記義務者名下の印影と登記申請書添付の委任状の登記義務者名下の印影との同一性を慎重に確認」する注意義務があり、肉眼による平面照合の方法によっても熟視すれば容易に発見しうる比較的顕著な相違点の存するにもかかわらず看過したことは過失であるとする判例（東京地判昭和六〇・一・二五判タ五五〇号一七四頁）や、登記官が登記申請書に添付された保証書中、保証人名下の印影と添付された同人の印鑑証明書の印影とが異なることが通常人であれば一見して見分けられるのにこれを看過し、印鑑照会をしなかったことにつき過失があるとする判例（東京高判昭和五八・三・三〇判時一〇七七号七一頁、同旨、浦和地判昭和五六・九・一八判時一〇三〇号六五頁）がみられる。いずれも、妥当な判例であり問題はないであろう。とくに、後者の判例については、保証書による登記において、保証人の印鑑証明書の提出を求める趣旨は、保証人として保証書に表示されている者が、真正に補償したかどうかを登記官が確認するためであること[10]からすると、保証書の保証人の印影と印鑑証明書の印影の同一性確認の義務があり[11]、異なることが肉眼照合で明らかであるような場合には、注意義務懈怠があったといえるからである。

登記申請書類中の印鑑照合に関しては、申請に添付された偽造印鑑証明書中の印影と登記原因証書中の同人名下の印影が相違するのを看過した事案で、登記原因証書には、本人又はその代理人の押印があるのが通常であるが、その押印が欠けている場合又は申請書に添付された印鑑証明書の印影と符合しない場合であっても差支えないことから、登記官には同一性を確かめる義務はなく、過失はないとしている（前掲、京都地判昭和六三・二・二五）。

なお、登記官の注意義務としては、法律上必要とされる書類が添付されているかどうかを調査する義務のあることはいうまでもない。このことに関して、判例には、先順位根抵当権設定登記の極度額増額の変更申請書に、後順位抵当権者の承諾書、印鑑証明書が添付されていないのに、これを看過して登記をしたことにつき、注意義務懈怠があるとしたものがある（福岡地判昭和五六・一・二七判時一〇二七号九七頁）。これについては、登記官の単純落度と同視できるものであり、判例が過失を認めたことについてはとくに問題はないであろう。

（1）幾代・前掲書一三九頁以下、林＝青山編・前掲書三二六頁以下、幾代＝浦野編・前掲書II八四頁以下、幾代通「判例批評」民商法雑誌六〇巻三号三七一頁、千種秀夫「判例解説」最高裁判所判例解説（民事編）昭和四三年度（上）七一一頁など。
（2）樋口・前掲書一七九頁。
（3）樋口・前掲書一七九頁。
（4）樋口・前掲書一七七頁。

(5) 幾代・前掲二七二頁。
(6) 松島諄吉「判例評釈」判時五四七号一三五頁。
(7) 古崎・前掲四二頁。
(8) 判例の詳細は、樋口・前掲書二九八頁以下参照。
(9) 樋口・前掲書三〇〇頁、三一〇頁。
(10) 吉野衛・注釈不動産登記法総論六九五頁。
(11) 樋口・前掲書三二七頁。

五 実質的審査と登記官の注意義務

不動産の表示に関する登記は、不動産の物理的形状や位置など登記簿に記載し、不動産それ自体の客観的現況を公示することにより、権利の客体である不動産を特定し、権利に関する登記が正確かつ円滑に行われるための前提をなすものので、不動産登記制度の基礎となるものである。このため、表示の登記と不動産の現況を一致させることが必要であることから、登記官に不動産の表示に関する登記を職権ですることを認めるとともに(不登法二五条ノ二)、この職権登記の場合はもちろん申請によってする場合にも、登記官において不動産につき実地調査をすることができるとする実質的審査権が与えられているのである(不登方五〇条一項)。[1]

判例も、このことを承認している。すなわち、「不動産の表示に関する登記は、全国の不動産の物理的状況や位置等の現況を客観的に把握し、これを公示するとともに、不動産に関する正確かつ円滑な権利変動にも奉仕する機能を有しており、このことから、不動産登記法二五条の二は、不動産の表示に関する登記については職権主義を採用し、同方五〇条一項は、登記官は不動産の表示に関する登記の申請があった場合に『必要アルトキハ』当該不動産の表示に関する事項について調査することができる旨を定め、同法四九条一〇号は、申請書の掲げる不動産の表示に関する事項が右調査の結果と符合しない場合には登記官は決定をもって申請を却下しなければならない旨を定めている。」と判示しているのである（東京高判昭和六三・一・二八訟月三五巻一号一頁）。このため、表示の登記に際しての登記官の注意義務としては、権利の登記の場合とは異なる注意義務が課されることになる。

第一に、表示にする登記の全てにつき、登記官に実質的調査義務があるのかどうかである。判例は、保安林の指定解除処分がなされていないのに、保安林から雑種地へ実体に反する地目変更登記がなされた事案で、「登記簿に表示すべき土地の地目は、当該土地の利用状況によって定まり、最終的には登記官の判断によって決定されるものであるところ、保安林のみについては農林水産大臣又はその権限を委任された都道府県知事の指定という行政処分によって決定されるものであり、従って、保安林から他の地目への地目変更についても右保安林の指定を解除する行政処分がなされたことが必要不可欠の前提であることが明らかであり、これを不動産登記法五〇条にいわゆる登記官の実質的調査権との関連で論及すれば、右権限は地目が保安林となるか、保安林であったものがそうでなくなるかについては及ばず、ただ、保安林が解除された後いかなる地目に変更登記すべきかについてそれが及ぶものと解するのが相当である」とし、保安林の指定解除処分についての形式的審査が問題になるとしている（福井地判昭和五六・四・二四訟月二七巻一〇号一八〇七頁）。また、分筆登記の際に実質的調査をしなかったことから公図上に表示されている土地が現地に存在しないという事案で、土地の分筆は、土地の物理的・客観的変化を内容とするものではなく、単に土地台帳上一筆とされる土地の範囲を変更する行為にすぎないものであり、職権登録を要しない土地分泌については、登記所は、土地台帳の付属地図の修正・訂正についても、同法一〇条に基づく実質的調査義務を負わないと解されることから、この義務を前提とすると過失の主張は認められないとしている（東京地判昭和五七・四・二八判タ四七八号七七頁）。

第二に、登記官には、実質的審査のために常に実地調査をする義務があるかどうかである。不動産登記法五〇条一項は、「必要アルトキ」は実地調査することを得としている。このため、実地調査は、その必要のあるときに限られ、実地調査する必要があるかどうかは、登記官の自由な判断に委ねられているが、その判断は客観的にみて合理的と認められるものでなければならないとされている。(2) そして、準則でも、登記官は、事情の許す限り積極的に不動産の実地調査を励行し、その結果必要あるときは、登記を職権でしなければならないし（準則八七条一項）、登記の申請があった場合には、原則として実地調査を行うものとしているが、ただ、申請書の添付書類または公知の事実等により申請に係わる事項が相当と認められる場合には、所要の実地調査を省略しても差し支えないとしている（準則八八条）。

判例も、「不動産登記法は、同法五〇条一項にいう右『必要アルトキ』の意義については具体的に定めていないから、登記官が不動産の表示に関する登記の申請があった場合に改めて当該不動産の表示に関する事項について自ら調査をすることを要するか否かは担当登記官の合理的裁量に委ねられているものと解され、不動産の表示に関する登記の申請書の添付書類等により、不動産の現況に照らして十分正確であると認められる場合には、登記官が重ねて当該不動産の表示に関する事項について調査をする必要性は存しないものというべきである。そして、三八年準則七九条ただし書三号及び四六号準則八二条ただし書三号が、いずれも、登記官は不動産の表示に関する登記の申請書の添付書類又は公知の事実等により当該申請にかかる事項が相当と認められる場合には実地調査を省略しても差し支えない旨を規定していることは、当事者間に争いがないところ、右各準則の規定も、調査の必要性についての前記の趣旨を明らかにしたものと解される」としている（前掲、東京高判昭和六三・一・二八）。

以上のような学説、判例からすると、登記官が実地調査を行わないでした表示の登記が不動産の現況と異なる場合であっても、客観的合理的裁量に基づいた判断であったときには、注意義務懈怠はないということになる。具体的事例としては、つぎのような判例がみられる。地積更正登記につき実地調査を省略した事例については、地積を約六〇倍（第二更正登記）及び約二〇〇倍（第一更正登記）とする各地積更正登記申請につき、土地家屋調査士が作成した地積測量図及び実地調査書並びに隣地所有者の承諾書及び同人の印鑑証明書等の添付書類の内容に基づき実地調査を行わないで登記した事案で、第一更正登記については、申請についての添付書類の内容から土地の現況が把握でき、かつ、その申請にかかる更正後の地積が右土地の現況に照らし十分に正確であると判断したことは相当な理由が存したものと認められ、実地調査を省略したことには過失はないとして、第二更正登記については、登記官が地積測量図の内容の正確性及び真実性を信用したことは相当であるとともに、本件土地が想到急峻な山岳地に存すること等を考慮すると、右土地について相当大幅な縄延びが生ずることも予想しえないことではないから、右地積の増大が相当大幅であったことのみをもっては、実地調査をすべきであったとはいい得ないとして過失を否定した判例（東京地判昭和六二・五・一三訟月三五巻一号六頁、前掲、東京高判昭和六三・一・二八）や、土地家屋調査士の作成した地積測量図、実地調査書等の書面を信頼して実地調査を行わずに登記した事案で、本件土地は深山幽谷の地であったことを考えると過失はあったとはいえないとした判例（東京地判昭和五九・一〇・三一）や、同様の事案で、地積更正が大幅であり、隣地所有者の承諾書の添付がない地積更正登記申請につき実地調査を省略したことは過失にあたるとした判例（東京高判昭和五七・九・一六）などがある。

そこで、以上のような判例からすると、登記官が実地調査をしなかったことにつき注意義務懈怠があったかどうかの基準として、つぎのようなことがいえる。一は、土地家屋調査士の作成になる書類を信頼したことである。このことに関しては、新潟地方法務局管内では、法務省設置法一三条の二第二項並びに法務局及び地方法務局組織規程一八条二項に基づき、準則の内容を更に具体的に明らかにした土地建物実地調査実施要領一〇条一項三号で、土地家屋調査士の作成にかかる実地調査書を添付して申請があったものについては、調査の方法や認定に疑義のある場合を除き、登記官が実地調査を省略し得る旨定められている。そして、登記所側においては「これは、土地家屋調査士制度の趣旨に基づくものであって、土地家屋調査士法一条及び二条の規定からも明らかなとおり、土地家屋調査士は、不動産の表示に関する登記手続の円滑な実施に資するため、現地を実地調査して現況を確認し、現況どおりに必要な書面を作成することを職責とするものであるから、土地家屋調査士が作成した書面は、土地家屋調査士がその職責上当該不動産の現況を専門的知識に基づき十分確認して正確に作成されたものであると一応推認することができるのであり、したがって、土地家屋調査士の作成にかかる書面を添付して不動産の表示に関する登記の申請がされた場合には、書面の内容の正確性について疑いを抱くべき特段の事情が存しない限り、登記官は改めて当該不動産について実地調査する必要はない」と主張されている。かかる主張は一応妥当な見解といえる。ただ、このことは一つの基準であるにすぎないのであって、これだけで注意義務懈怠はなかったと判断することは適切ではない。二は、利害関係人の存在する場合、たとえば地積更正登記により影響を受ける恐れのある隣地所有者などの承諾書が添付されていることも必要である。利害関係人が承諾している以上は、一応、その登記は実体と一致するものであり争いは生じないことが推認できるからである。三に、実地調査をすることが困難であるか、実地調査をしても判明できないという事情のある場合である。前者については登記の迅速性との関係で、後者については実地調査が無意味であることを考えると一基準となりうるものと思われる。

第三に、実地調査の実施時期も問題になる。登記官が実地調査をする必要があると判断した場合には、できるだけ速やかに実地調査をすべき作為義務を負うと解されている(3)。そこで、登記官の実地調査遅延は、この作為義務違反となる。ただ、その実施時期につき、どの程度が適切であるのかは具体的に判断せざるを得ないであろう。

判例では、Aから未登記建物を買受けた者が表示登記及び所有権保存登記の申請を行ったが実地調査も実施されないうちに、裁判所が当該建物につきAの債権者のための仮差押の決定をし、仮差押の登記嘱託を受け付けた登記官が職権で建物の表示登記及びAを所有者とする所有権保存登記をしたうえ仮差押の登記をしたため、買主の登記申請は二重登記になるとして却下された事案で、「登記官が、表示登記等の申請につき実施調査を実施する旨判断した場合に、これを実施すべき時期は登記官の全くの裁量に委ねられていると解することは相当でないことはいうまでもなく、当該登記所における処理すべき事件の件数、その処理のための人的物的設備等の諸事情を勘案して客観的に合理的と認められる期間内に行うことを要する」としている（福岡地判昭和五六・二・二六訟月二七巻八号一四二二頁、判時一〇二四号九四頁）。個別登記官の実施時期の適否を判断する限りにおいては、判例の見解は妥当といえる。また、本判例は、当該登記所では、年度末には遅延の生ずることが例年起こりうることを予見できたはずであるから、それに備えた人的物的設備を確保していなかったことにつき義務違反があるとの主張に対しては、「各登記所における人員の配置、物的設備の確保は、広く全国的ないし地域的な視野に立って、年間を通じて処理すべき事件数、国民の便利等の諸事情に照らしたうえで行政上の裁量に基づくものであって、ある時期における登記事務の処理が一時停滞したからといって、直ちに被告国はこれを処理するための人的物的設備を確保すべき義務を負うとはいえない」としている。かかる見解に対しては、予算不足ないし事務繁忙が過失否定の理由とならないとする従来の学説や判例と異なる見解を示すものであり、登記官の事務のように消極的、受動的行政活動の場合には、国の財政に限りある現状の下では、高く評価すべきであるとの見解がみられる。(4) しかし、この判例の見解は、一時的な事務の停滞を前提としてのものであり、これが年間を通じて慢性的に生じている場合には、それに対処するための適切な処置がとられない限り予算不足ないし事務繁忙を理由に過失を否定することは許されないというべきである。国民にとっての重要な財産である不動産の権利関係を公示する登記の使命からみても、これが放置されているようでは登記制度それ自体の崩壊に至ることにもなりかねないからである。さらに、本判決は、表示登記の申請後一八日を経過して実地調査をしたことについても、年度末で件数が増加していたこと、定期人事異動があって人員が減少していたことなどの諸事情からみて合理的な期間内になされなかったとはいえないとしている。このことに関しては、実地調査は、一般的には二・三日ないし三・四日の日数で処理されている実情と比較すると調査遅延の違法があったといわざるを得ないとの見解がみられる。(5)

第四に、実地調査の内容程度が問題となる。どの程度の実地調査をすべきであるかの問題については具体的事案との関係で判断せざるを得ないことがらである。最近の判例としては、つぎのようなものがある。

新築の共同住宅の表示登記申請に際して、所有権を証する書面として提出された各書面における建築請負人と建築確認通知書及び工事施工証明書における工事施工者の記載が齟齬していた事案で、このような齟齬によって所有権を証する書面自体に疑問が生じているのであるから、登記官は特段の事情のない限り、右疑問点を解消し、その上で所有権の帰属を判断する義務があり、その調査方法として、書面の記載から所有者と認められる可能性を有すると考えられる者については事情聴取を行うべきところ、登記官の調査は、専ら一方からの事情聴取を基礎とし、他方からは全く事情聴取がなされていない点で注意義務に違反した過失があるとしている（長崎地判昭和六二・八・七判時一二七五号一一〇頁）。書面間の齟齬により利害の対立がみられるような場合には、その双方から事情を聴取して調査する必要のあることは当然であり、妥当な判例といえよう。

第五に、登記官の注意義務懈怠の判断において形式的審査の場合と比較して、理論上差異があるかどうかである。古崎判事は、表示の登記は、登記官に実地に調査する義務を課し、権利の客体である土地・建物の現況を常時正しく公示し、取引の安全をはかることにあるのであるから、不動産の二重登記については、登記官の実質的審査義務違反を推定し、被告側に間接反証を挙げさせるのが至当であると主張される。[6] 表示の登記の過誤一般についても原告の挙証責任を軽減させるものなのかどうか不明であるが、すくなくとも二重登記については挙証責任の軽減により注意義務懈怠が容易に認められるものであるとされ、注目される。これに対して、「登記実務では、土地か否か、建物か否か、建物が一棟か否か、あるいは建物の同一性の問題など登記官に極めて困難な判断を強いるものも少なくないので、単に、表示登記が実質的審査主義をとっていることだけを根拠に原告の挙証責任を軽減されなければならない理由は見出し難い」との反論もみられる。[7] すなわち、形式的審査の場合も実質的審査の場合も注意義務懈怠の判断においては、理論的に差異はないとするものである。確かに、審査の内容としては、実質的審査のほうが程度が高いといえるのであるが、それは登記制度において登記官にその登記においてどこまでの審査をさせるのかの問題であり、このことが直ちに登記官の過失を推定させるものであると解することはできない。すなわち、権利の登記は形式的審査によって適切な公示を行い取引の安全を図るのに対して、表示の登記は実質的審査までして正しく公示し取引の安全を図るものとする登記制度上の問題であって、登記官に登記に際しての注意義務を加重するものではないからである。表示の登記の場合に問題とされるのは、実質的審査をする際に注意義務懈怠があったかどうかが問題で、これは形式的審査をする際の注意義務懈怠の判断と理論的には異なるものではないのである。

(1)　幾代・前掲書三〇一頁、三〇九頁、幾代＝浦野編・前掲書一四八頁、林＝青山編・前掲書三七八頁など。

(2) 吉野衛・不動産登記法総論七八二頁、幾代＝浦野編・前掲書一四八頁、林＝青山編・前掲書三七八頁など。
(3) 樋口・前掲書二六二頁。
(4) 樋口・前掲書二六二頁、二六三頁。
(5) 樋口・前掲書二六二頁。
(6) 古崎・前掲四四頁。
(7) 樋口・前掲書二二九頁。

六　登記官の適正処理義務

登記官は、登記申請事件の受理、却下等の登記事務の処理を独立して行使できる権限を有するものである。反面、登記官が登記事務を処理するにあたっては、法令に従って適正に処理すべき注意義務を負うものである。(1) このため登記官は、各実体法や不動産登記法、同法施行令・細則などにもとづき、自己の判断で適正な処理を行わなければならない。そして、その登記事務の処理が不適正である場合には、注意義務懈怠があったとして責任が生ずることになる。法令に基づく適正な処理であったかどうかが問題とされた最近の判例としては、つぎのようなものがある。

前述の福岡地裁昭和五六年判決の事案で、控訴審では「表示登記が実地調査を行うため、あるいは、その他登記所の登記事務処理にする人的物的諸制約などのため登記申請の当日内（即日）に登記の実行ができなかったと否とに拘わらず、法四八条の『登記官ハ受付番号ノ順序ニ従ヒテ登記ヲ為スコトヲ要ス』との規定は、登記の順序が権利の順序を定める標準となることに鑑み設けられ、直接には登記事務取扱いに関し登記官が登記をする順序を定めたもので、直ちに対抗力にかかわるところの権利に関する登記間に限らず、右権利に関する登記の手続上その必須の前提となる表示に関する登記間にも適用され、もとより嘱託による登記間においても準用される（法二五条二項）のみならず、それぞれ右の各登記相互間においても、その登記申請書あるいは登記嘱託書の、調査並びに登記がいずれも受付（順位）番号の順序に従ってなされなければならない趣旨を定めたものと解されるから「裁判所から所有権の処分制限の登記嘱託がなされたときも、すでに先順位受付けの表示登記、所有権保存と登記の各申請が存する以上、これら各登記申請の処理がなされるまで右登記嘱託の処理は留保し、右申請にかかる各登記の受否の決定が順次なされた後に、後順位受付けの右登記嘱託の受否を決定すべきものと解するのが相当である」として義務懈怠を肯定している（福岡高判昭和五八・六・三〇金判六八七号三六頁）。そして、このことは、上告審でも承認している。「法四八条は、同一不動産に関しては、その登記が不動産の表示に関するものと権利に関するものとを問わず、すべての登記について強行規定として適用され、したがって、当該申請（嘱託を含む。）に却下事由の存しない限り、必ず申請書（嘱託書を含む。）の受付番号の順序に従って登記すべきものと解するのが相当である。原審の判断は、同一不動産に限定しなかった点において、同条の解釈を誤った違法があるものというべきであるが、右違法は判決に影響を及ぼさない」と判示するものである（最判昭和六二・一一・一三金判八〇八号一六頁）。(2) 法四八条の規定については、単に登記申請の受付番号の順序に従って登記簿に記載しなければならない旨を定めたのものではなく、事件の処理の順序をも定めたものであると一般に解されていることからすると、(3) これを表示の登記と権利の登記との関係や嘱託登記との関係にも及ぶことを認めたもので妥当な見解といえる。

これに対し、自創法により国から農地の売渡を受け登記を了していたが、国の機関である知事が右農地の買収、売渡に伴う登記嘱託を行うにあたって、右農地を未登記土地と誤信し保存登記を嘱託し、登記官が右嘱託をそのまま受けたため、被買収者名義の既存登記が残存し二重登記がなされるに至った事案で、右登記は過失のある知事の嘱託に基づくもので、当時は、同登記所における自創法による農地の買収、売渡に基づく登記嘱託の数は著しく多い現況下にあり、登記官の実体的審査権のないことを考え合わせると、本件嘱託登記を受理し登記したことに登記官の過失はないとするものもある（浦和地判昭和五六・二・二三判時一〇二六号一一八頁）。

ところで、登記官が自己の権限で独立して登記事務を法令に従って適切に処理できるものであるとしても、身分的には法務大臣の監督に服し、その指揮を受ける立場にあるのであるから、その登記事務の処理についても、法務大臣はもとより、法務大臣の権限の移譲を受けた法務局長、地方法務局長等からの指揮監督を受け、その指示に従って登記事務を行わなければならない[4]。したがって、この指示が一般的な形でなされている不動産登記事務取扱手続準則及びその他の通達・訓令、あるいは照会回答のいわゆる先例に拘束されて登記事務を処理すべきことになる[5]。そこで、登記官が、準則、通達、先例などの指示にしたがい登記事務を処理したところ、この指示が法解釈上誤っていた場合に、登記官の注意義務懈怠ということになるのかどうか問題となる。

この問題については、最高裁判決は、「登記官吏が右司法笙民事局長回答にもとづいて従来の取扱例にしたがって本件仮処分記入登記抹消をしたことが、前記のとおり違法であるとしても、当該登記官吏が職務上要求される法律知識、経験法則にもとづいて、右取扱例にしたがうことが違法であると判断することは期待し難いから、登記官吏につき職務義務の懈怠もなかったというほかなく、したがって故意又は過失を認めることはできない」とした原審判決を正当とし（最判昭和四四・二・一八判時五五二号四七頁、同旨、高知地判昭和三七・一〇・一訟月八巻一一号一六一三頁）、登記官には注意義務懈怠はないものとしている。かかる見解については、原則としては妥当といえる[6]。しかし、従来の法解釈が変更され学説や判例理論がそのような方向で確立しつつあるにもかかわらず、従来の通達などに変更がないことの故に、ただそれに従って処理したような場合にまで、登記官に注意義務懈怠はなかったといえるかどうか疑問である。登記官も登記事務の専門家として、それに必要な法律知識を身に付けておくべきである。そして、学説や判例が変更されているような場合には、照会をするなどして新たな指示を受けるのでない限り注意義務を怠ったものと解してもよいのではないかと思われる。

なお、登記事務の処理に際し、その根拠となる法令の解釈について学説や判例が分かれている場合に、その一見解に従って処理することが注意義務懈怠にあたるかどうかも問題になる。前述の最高裁判決では、民事局長回答に関するものであるが「今日なお学説実務上見解が激しく対立し、容易にその解釈が期待することのできない状態にあるので、当該法務省民事局長にも職務義務の懈怠はなかったというべきであり、したがって故意又は過失を認めることはできない」

とした原審を正当としている。このことからすると登記官についても、同様に解されよう。判例にも学説が分かれ、確立した判例のない場合に、登記官が一見解に従って処理したことについては過失がないとしたものもみられる（福岡高判昭和四〇・二・八訟月一一巻七号九八八頁）。

（1）枇杷田泰助「登記官とその権限・職責」不動産登記講座Ⅰ一七頁、一九頁。
（2）もっとも、本判決では、申請に際しては、真実と符合しない書面が添付されていたことから、本来却下を免れないものであることから、登記官の行為申請人の損害との間には因果関係はないとしている。
（3）幾代＝浦野編・前掲書Ⅱ一一頁。
（4）枇杷田・前掲一八頁。
（5）枇杷田・前掲一九頁。
（6）樋口・前掲書一七四頁。

12

登記官の注意義務懈怠と損害との因果関係
——最近の登記に関する国家賠償判決を中心として——

はしがき

登記に関する国家賠償責任における登記官の注意義務懈怠を考えるにあたっては、不動産登記制度の基本的な考え方との関係において検討する必要があるのではないか、またそのことによって登記に関する国家賠償責任判決を通じての判決の不動産登記制度に対する考え方を浮き彫りにすることができるのではないかとの視点から検討を加えたことがある。(1) その際に、因果関係の問題についても同様の視点からの検討が必要であるとしながら留保した。(2) 本稿では、その点につき検討するものである。

ところで、登記官の注意義務懈怠などによる不実の登記により国の賠償責任が肯定されるためには、現実に損害が発生していて、かかる登記官の注意義務懈怠などによる不実の登記により損害が発生したという関係、すなわち因果関係を必要とすることについては異論はない。(3) そして、この因果関係については、従来の学説は、「もしその行為がなかったとしたら、その損害が生じなかったと考えられる場合、その行為は、その損害の原因である」という条件公式による条件説が多かった。(4) 今日では、通説、判例は、民法四一六条の適用を認め、相当因果関係説によっている。(5) つまり「通常生ずべき損害」か、「特別損害については予見し又は予見しうべかりし損害」、すなわち予見可能性の及ぶ範囲の損害との間には因果関係があると解されている。それは、「一定の結果と条件関係にある加害行為が、同種の結果の発生を一般に助成する事情にあるとき、すなわち、同種の結果発生の客観的可能性を一般的に少なからず高めるとき、その加害行為は、その結果の相当な条件である」とするドイツでの公式と同趣旨とみられる。[6] しかし、このような相当因果関係に対して、その問題となる側面を区別し、加害行為と損害発生との原因結果関係としての事実的因果関係（自然的因果関係）と、この上に立って法的価値判断をもっての賠償すべき損害の限界づけの問題（保護範囲画定）とを区別すべきであるとの見解が有力に主張されている。[7] そしてまた、これについても疑問とするものもある。[8]

そこで、理論的には、いづれが妥当であるかは検討されなければならないが、実際上、因果関係の問題として問題とされている場面を概略区分してみると、事実的因果関係が問題となっている場面、相当因果関係なり保護範囲画定が問題となっている場面、さらには賠償の範囲が問題となっている場面に分けられよう。そして、登記官の注意義務懈怠などによる国の賠償責任に関して、因果関係が問題とされている判例についても同様である。そこでまず、判例の検討にあたっては、かかる視点を考慮して検討することが必要となる。

そして、事実的因果関係については、条件公式によるものであり、それ自体は、法的な価値判断ではなく、法的な立場からの事実の認定の問題とされている[9]ことから、かかる因果関係を問題としている判例については、不動産登記制度との関係における特有の理論的問題は生じてくる余地はない。そのために、とくに本稿においては重要性をもつものではない。また、賠償の範囲については、一面では相当因果関係なり保護範囲確定に係わるとともに、他面では損害認定にかかわる事実の認定の問題としての要素もみられる。そこで、後者の場面に関する判例については、事実的因果関係を問題とする判例同様に、本稿では重要性をもたないことになる。このため、本稿において注目されるのは、相当因果関係なり保護範囲画定を問題とする判例（以下、相当因果関係判例）である。

ところで、このような相当因果関係判例についてのリーディングケースとしては、最高裁昭和四三年判決がみられる。[10] この判例の要旨は「登記官吏の右過失によって、無効な所有権移転登記が経由された場合には、右過失と右登記を信頼して当該不動産を買い受けた者がその所有権を取得できなかったために被った損害との間には、相当因果関係があるというべきである」とするものである。これに対して、下級審判決ではあるが、登記官が偽造の印鑑証明を看過して抵当権設定登記を行ったため、それを信用した金融業者の再建の回収が不能になった事案で「登記官吏の過失は独立のものであり、之に基づく直接の損害は、本件に於いて無効の、従って、無駄な登記を為した為に要した登記費用のみである」とするものがある。(11) この判例によれば、抵当権設定が無効であったことによる被担保債権相当額の損害との間には、相当因果関係がないとするものである。ここに、両判例は、基本的に対立することになる。その原因は、いうまでもなく、不動産登記制度に対する基本的な考え方に基づいているのである。すなわち、現行の登記制度の法的構造のみから考えるならば登記官の注意義務懈怠によって通常生ずべき損害は下級審判例のように登記を抹消するに必要な費用のみが相当因果関係にある損害ということになるかも知れないが、登記制度の社会的機能を重視するならば最高裁判決のように不実の登記に基づき実体上の権利があるものと信用したことによる損害も相当因果関係にあるものと解しうる可能性がある。さらには、これらの当否を考えるにあたっては、登記に公信力の認められていないこと、職権抹消の認められないこと、形式的審査権しかない場合と実質的審査権のある場合との差異など、登記制度の法的構造との関係に注目して判断しなければならないのである。

それとともに、不実登記であったというだけで損害が生ずる場合のほか、第三者が加担している場合が多いし、被害者自身にも責任のある場合もあることから、後二者のような場合においては、相当因果関係は切断されないものなのかどうかについても検討しなければならないことになる。

そこで、本稿では、以上のような基本的視点に立ちながら、まず因果関係が問題となった最近の判例を中心として概観、評論し、最後に登記に関する国家賠償責任における因果関係の理論上の問題について検討することにする。

(1)　拙稿「登記官の注意義務と不動産登記制度（上・中・下）」登記研究五〇〇号八三頁以下、五〇三号一頁以下、五〇四号五頁以下。

(2) 拙稿・前掲（上）八六頁。
(3) 樋口哲夫・登記官の行為に関する行政争訟と国家賠償二〇一頁、古崎慶長「登記と国家賠償責任」不動産登記講座Ⅰ四七頁、鈴木弘「登記官の違法処分による国家賠償責任」遠藤編・不動産法大系第4巻六一〇頁、千種秀夫「判例解説」法曹時報二一巻一号一四七頁、幾代通「判例批評」民商法雑誌六〇巻二号二七三頁、松島諄吉「判例評釈」判例評論一二三号一三五頁、大連判大正一五・五・二二民集五巻三八六頁、最判昭和四六・六・二七民集二二巻六号一三三九頁など。
(4) 横田秀雄・債権各論九〇〇頁など。
(5) 登記官の注意義務懈怠による国の賠償責任に関しても同旨である（前述注(1)参照）。
(6) 前田達明・民法Ⅳ$_2$(不法行為法）一二五頁、一二六頁。
(7) 飛来宣雄・損害賠償法の理論四二九頁以下、前田・前掲書一二六頁など。
(8) 幾代通・不法行為一二八頁。
(9) 沢井裕・公害の私法的研究二二二頁。
(10) 前掲最判昭和四三・六・二七。
(11) 東京地判昭和三二・二・二六判例時報一一二号三七頁。

一　不実の登記（公図）と因果関係

(1) 判例の概観と評論

登記が不実であることを認定しながら、不実登記であることの過失がいづれにあるかを明らかにしないまま、その不実登記と被害者の損害との因果関係だけを問題とする判例としては、つぎのようなものがある。

〔1〕　登記所備え付けの公図が何者かによって改ざんされ、全部私道部分であるところが宅地となっていたこと、土地の買受けに際し、改ざん後の本件公図の写しを示されて本件土地を買受け売買代金を支払ったことによる損害との因果関係が争われた事案につき、被害者は売主Aの示した図面とAの指示した現地との対応関係すら確認していないのであるから、Aの言を信用してAの指示する土地を本件土地であると思ったにすぎず、改ざんされた公図を信用したた

めに現地の認識を誤ったものとはいえないから、本件公図の改ざんと本件土地の現地との対応関係を誤認して売買代金を支払ったことによる損害との間に相当因果関係を認めることはできないとする判例（東京地判昭和四八・九・一七訟務月報一九巻一三号三五頁）。

本判例では、改ざんされたことについての過失を問題としないまま、改ざんされた不実の公図と財産的価値のない私道部分の土地であることを知らないで買受けたことによる売買代金相当額の損害との因果関係のみを問題とするものである。そして、判例は、原因は専ら第三者（売主）の言を信用したことと、被害者の調査義務懈怠にあるのであって、改ざんされた公図を信用したことによるものでないとの事実を認定して、因果関係を否定している。そこで、ここでは、改ざんされた公図が原因をなしているかどうかという事実的因果関係に注目しており、条件公式レベルでの関係を否定したものである。公図が改ざんされて不実のものであったとしても、それが土地確認の要因となっていないと認定された以上は、その認定に誤りがないならば、因果関係の認められないことは当然である。このため、このような事実的因果関係の存否については、事実認定の問題であることから基本的には裁判所の認定に委ねなければならない問題であり、その当否は一般的には評価できない問題であるといえる。

〔2〕　公図には、損傷により消えたものか、故意に抹消したものかは明確でない土地の境界の記入漏れがあったことと、被害者が売主による一九〇〇坪の広さがあるとの説明および公図の写を示されて本件土地を買入れたが、実際よりも狭く一九〇〇坪の土地を取得できなかった損害との因果関係が争われた事案で、被害者は、売主に、現地に一度案内されただけで境界の確認も実測もせずに買入れたこと、また「公図の写を見て本件土地が相当広い土地であると考えたとしても……、公図はもともと明治中期頃に地租徴収の基礎資料とする目的で、未熟な測量技術を用いて作成したものので、面積については正確に測量されて縮尺されているものではなく、就中山林の面積については不正確なことが広く知られているものと認められる。本件土地は地目、現地ともに山林でしかも傾斜地であり、訴外Aが合筆して分譲していった残地であったのであるから、公図の記載と現況との間には相当の異動のあることが当然に考えられる土地であっ

たこと」から、その損害は、「境界の確認も実測もせずに買入れたこと、売主の説明を全面的に信用したことに主に基因するものであり、公図の不備との間に相当の因果関係があるとは到底いえない」とする判例（東京地判昭和五九・一・三〇判例時報一一二九号八五頁）。

本判決でも、公図上の境界の記入漏れについての原因は不明としながら、直接因果関係についてのみ判断している。そして、まず〔1〕判例と同様に、原因は第三者（売主）の説明を信用したことと、被害者の調査義務懈怠が主であり、公図の不備によるものではないとして因果関係を否定している。ただ、〔1〕判例と異なるのは、被害者が本件土地を買入れるに際して、不備な公図が示されているという事実を前提としていることである。ただ、このことを前提としながらも、因果関係を否定したのは、第三者（売主）の説明を信用したことおよび調査義務懈怠が主であったことと、公図の記載と現況間に異動のあることは当然としなければならない状況にあったことを理由としていることが注目される。しかし、前者については、事実認定上の判断であるから、その当否は評価できるものではない。後者に関しては、山林であり傾斜地の場合は現況主義によるべきものであり、公図により判断するのは、一般的社会通年として妥当でないからであるとの考えを前提とするもので、その当否は問題とされよう。山林・傾斜地の売買においては、公図による面積は信用できないものであり、現況によるべきであるとするのが一般取引常識かどうかである。そして、かかる取引常識は被害者が誰かによって異なるのかどうかも問題となろう。ただ、本判決では、本件のような被害者（会社）との関係では、不動産取引上の常識であり現況調査しなかったことの方が主原因となるとしている点は、注目される。この意味では、もし被害者が不動産取引を常態としている者である場合には、当然ということになろう。なお、本判決の因果関係の性質については、事実的因果関係を否定したのか、相当因果関係を否定したのか明らかではない。

〔3〕　被害者が甲土地を見分した結果と、土地の登記簿謄本、固定資産価格決定通知書の各記載、公図の現況から、土地に十分な担保価値があると判断して根抵当権を設定して貸付けたこと、甲土地は本件土地とは別の土地であり、本件土地の現況は道路で、面積も登記簿上の地積より少なく、ほとんど担保価値を有しなかったこと、さらに債務者が倒

産し行方不明となり、連帯保証人も無資力であるため債権回収が不能となったことによる損害との因果関係が争われた事案で、「地租徴収のために作成された沿革を有する土地台帳付属地図を承継したいわゆる公図は、現在登記所において保管されているものの、不動産登記法一七条所定の地図ではなく、現地復元性に重点をおいていないものであり、特に山林部についてのそれの正確性は相当制度限定されたものであることは公知のところである。とは言っても、右一七条地図が整備されるまでの間（それが極めて遠い将来のことであることも公知のところである）、実際それに代わるものとしての機能が期待されており、現実の不動産取引においても不動産の位置、形状等を確認するうえで重要な資料とされており、登記所においてもそのことを認識したうえで、公図を閲覧等に供しているものと解されるから、例えば公図上他の土地と取り違えて地番が表示されているとか、現実には存在しない土地が記載されているとかいったことのために閲覧者等に不測の損害を与えたような場合は、事実関係のいかんによっては、登記所（国）の損害賠償責任が問題となり得る余地がある。」、しかしながら、「本件土地の登記簿上の記載、公図上の形状が、原告等の主観においては、現地の土地を本件土地と誤信したことの一つの契機にはなっているとしても、客観的には、通常はそのような判断の根拠たり得ないものであり、右誤信は、本来、本件土地の担保価値についての訴外Aの過大な説明、訴外Bの誤った現地指示、本件土地の位置確認等に関する原告等の極めて不十分な調査に帰せられるべきである」から、土地の登記簿の記載、公図上の形状と、損害との間には、法的に有意な因果関係すなわち相当因果関係は認められないとした判例（福島地白河支判昭和五九・六・二・二八訟務月報三一巻二号一九五頁）。

本判決も、登記簿の記載、公図上の形状が現況と合致しないものであることを認めながら、その過失の有無を問題とすることなく、直ちに因果関係について判断するものである。そして、登記簿の記載や公図上の形状は主観的には一つの契機になっているかもしれないとしながら、損害を被った原因は、客観的には、被害者が第三者（債務者）の説明や誤った現地指示を信用したことと、調査義務懈怠によるものであるから、相当因果関係はないとしている。ここでの因果関係否定の論拠は、〔2〕判例と類似している。ただ、ここでは、主観原因と客観的原因にわけて、現況と異なる登記簿や公図は主観原因にすぎないから因果関係に立たないとしている点が注目される。しかし、本判決は、公図については、現況と一致しないのは公知の事実であるとしながらも、その不動産取引における現実の機能に注目している。そこで、公図のこのような機能を重視するならば、公図が原因となり得る可能性が強くなり、因果関係の存在が容易に認められることになろう。ところで、本判決での因果関係については、判例自体、「法的に有意な因果関係、すなわち相当因果関係」の問題であると位置づけている。

〔4〕〔3〕判例の控訴審判決であり、〔3〕判例と同様の事案で、公図の図形は実際と著しく相違することは公知の事実であり、不動産登記法一七条の備置を義務づけられた地形図ではなく、これを公開すべき法律上の根拠はないものの、国民の利用に供するため便宜的に許容しているにすぎないのであるから、本件のように当事者の殆ど一方的な過失による取引対象土地の誤認につき国に責任はない。また、「土地を担保に金員を貸し付ける場合は土地の売買と異なり、当事者間の信頼関係に立ち、公図、地図を持参し、測量士等の専門家を同道して現地を特定することまではしないのが通常である」と主張するが、「取引をなす当事者の調査不十分に基づく危険を第三者たる国の責任に転嫁するにひとしく、国の責任を認める根拠とはなりえない」とする判例（仙台高判昭和六〇・六・二六訟務月報三二巻三号五四七頁）。

本判決は、因果関係にかかわるものであるか否か明確ではない。ただ、国の責任を否定する根拠として、被害者に一方的過失と調査義務違反があったとしている点で、原審と共通するものがある。それとともに、公図の役割については、非常に消極的である。このため、本判決の立場からすれば、公図を信頼したとしても因果関係の存在は認められないことになろう。なお、不動産担保取引では売買取引と異なり実況見分よりも公図や登記簿に重点の置かれるのが通常であるから、因果関係はあるとの趣旨の主張を排斥したことも注目される。

(2)　若干の検討

(i)　不実の登記（公図）と損害との因果関係に関しての判例では、その因果関係の性質については、〔1〕判例は明らかに事実的因果関係を問題とするものである。そして、この事実的因果関係の存否の判断については、前述のように事実認定の問題が主であることから、理論的検討には馴染まないものである。ところで、〔3〕判例については、判例自身が相当因果関係の問題であるとしている。それは、事実上は、公図も一つの契機となっているとしても法的見地からみれば原因とみることはできないとの判断が行われていることのゆえであろう。そうだとすると、〔2〕判例はいずれと解すべきか不明であるが、〔3〕判例のような考えによるならば相当因果関係についてのものといえよう。その結果として、不実の登記（公図）と、登記（公図）に対応する実体上の権利が存在しなかったことによる損害との間の相当因果関係を否定している。すなわち、不実の登記（公図）は、登記（公図）に対応する実体上の権利が存在しなかったことによる損害の発生を一般に助成する事実とはいえないと判断したものである。これは、登記（公図）に対応する実体上の権利が存在しなかったことによる損害は、登記（公図）が不実であったことによって通常生ずべき損害、予見可能性のある損害ではないとの命題を明らかにしたものである。かかる見解は、不動産登記制度との関係において非常に重要な問題である。そこで、その根拠が注目される。

（ii）　それを、〔2〕、〔3〕、〔4〕判例に関してみるとつぎのようである。まず、現況と異なる公図も無関係ではなかったことと、公図は現況と相違するものであることは公知であることを前提とする。そこで、〔2〕、〔4〕判例では、公図の不備は公知であることのみを強調して、これを信用して実体上の権利があるものとして取引をしても、相当因果関係にはないとする。この前提としては、不動産取引において、すくなくとも山林取引では、当事者による実況見分などによるのが通常であるとの考えがあるものといえる。また、〔3〕判例も当事者による実況見分などが主原因であるとして因果関係を否定している点は同様である。このため、いずれの判例も、登記（公図）に対応する実体ないし実体上の権利が存在しなかった損害は、被害者が第三者（売主など）の説明を信用したことと、実況見分などに落度があったことという事情によって発生したものと、通常解すべきであるとの考えによるものである。

（iii）　もっとも〔3〕判例では、公図については、その不動産取引における実際の機能を相当に重視している点が注目される。ところで、〔2〕、〔4〕判例のように公図の不備のみを理由に相当因果関係を否定することについては若干疑問である。〔3〕判例でも指摘しているように、公図の不動産取引において果たす機能を重視して、被害者の第三者の説明や案内による信用および実況見分調査義務懈怠などの過失の程度との相関関係において、公図の不実が相当因果関係に立つか否かを考えるべきではないかと思われる。この意味では、結論はともかくとして〔3〕判例の思考が妥当といえよう。

(iv)〔2〕と〔3〕判例では、不実の公図と被害者の過失のいづれが原因をなすものであるかの対比において、判断されている点は共通している。そして、両判例とも、後者に原因があるとし、前者との因果関係を否定する。ただ、その際、〔2〕判例は、後者が「主に基因する」からだとして、原因の軽重を基準としている。これに対して、〔3〕判例は、前者は主観原因にすぎず後者は客観的原因とみることができるからであるとする。そこで、この両判例の思考においては差異があるのかどうかである。これは言葉の使い方の差異にすぎないのかどうか。理論的差異があるのかどうか疑問が残る。また、原因の軽重によるときは、どの程度の軽重があれば一方のみが原因をなし他方は因果関係にないといえるのかが問題となろう。さらに、主観原因であるものは相当因果関係にはなく、客観原因であるものがその原因となると区別する理由はどこにあるのかも不明である。おそらくは、損害の発生を一般的に助成する事情にあたるのは客観原因であって、主観原因は、それにはあたらないとの思考が前提となっているものと推察される。そうだとすると、ドイツにおける因果関係論で示された見解と類似するものであり注目される。

(v)〔4〕判例では、先に指摘したように、不動産取引での実況見分の原則は、売買取引の場合も担保取引の場合も同様であるが如き見解を示している。このため、公図や登記簿の機能も、いづれの取引においても同様であると解されることになろう。しかし、不動産取引において公図や登記簿にどの程度の信用と機能があるかは、社会における実情によるものである。そうだとすると、売買取引と担保取引とで実際の取引界において差異がないとまで言い切ることができるかどうか、さらに検討した上でないと言えないのではないだろうか。そしてもし、担保取引では実況見分よりも公図や登記簿が重視されているといえるならば、原因の軽重かあるいは主観原因と客観的原因が入れ替わることになる可能性もないわけではないであろう。

なお、〔2〕〔3〕〔4〕判例は、いづれも山林取引にかかわってのものであることにも注目する必要があろう。取引実務界では山林については適格な把握のできないのが一般的であるとの実情も反映しているのではないかと考えられるからである。このため、都市部の土地取引においては、判断が異なるかも知れないのである。

二　登記官の単純落度と因果関係

(1)　判例の概観と評論

(イ)　登記官が登記簿への記載に際して誤記、脱漏、誤抹消をした場合や、登記簿謄本を交付するにあたり誤記、脱漏などをした場合のような登記官の単純落度と損害との因果関係を問題とする判例としては、つぎのようなものがある。

〔5〕　登記官が登記簿謄本（手書きによるもの）を交付するにあたり表題部欄外の買収登記を見落としその記載を欠落した登記簿謄本を作成交付したことと、このような記載の欠落があったがために買収の事実を全く知らずに無益な訴訟を提起、遂行したことによる弁護士費用との因果関係が争われた事案で、「原告及び被告はともに、右争訟に先立ち、登記簿謄本の交付を受けてその所有名義人を確認しているのであって、右謄本に買収の明瞭な記載さえされているならば、原告・被告が前訴を提起遂行することがなかったであろうことは容易に推認できる。右にみたところによると、登記官の右過失と前訴の提起遂行のために原告が被った損害との間には相当因果関係があるものと認められる」とする判例（大阪地判昭和五四・六・一三判例時報九五四号六五頁）。

本判決で問題となっている損害は、まず原告・被告間の本件土地所有権の帰属をめぐっての訴訟に要した弁護士費用である。このため、交付された登記簿謄本に買収登記が記載されていたならば、通常は、かかる訴訟は行わなかった可能性は大きいことが考えられる。このため、一般的には、かかる訴訟に要した弁護士費用は登記官による買収登記の記載の脱漏により生じた損害として、相当因果関係を認めることは妥当と思われる。もっとも、この場合にも、登記簿謄本の法的性質との関係からみて、登記簿謄本に基づいて自らが所有者であるとして訴訟を行ったことに伴う損害との間に因果関係があるかどうかは若干問題になる。しかし、登記簿謄本の実際上の機能に注目するならば、肯定されよう。

ところで、本件事案では、その具体的事案との関係からみて、相当因果関係もとより事実的因果関係さえないとして、本判決が極めて当然のように相当因果関係を認めたことについては、大きな疑問が残るとの見解がある。[1] それは、登記官がかりに買収登記事項を記載した登記簿謄本を交付していた場合でも、この買収・売渡処分の無効が争われ、かつ私的売買による所有権取得を理由とする訴訟の行われることは必至の状態であったのであるから、前訴に要した弁護士費用との間には事実的因果関係もないと解するものである。しかし、例えば、損害発生の原因としてAとBがある場合に、Aも原因ではあるが、Aがなかったとして Bだけでも原因となるとき、Aと損害との間には事実的因果関係はないといえるかどうかである。この場合には、やはりAとの間にも事実的因果関係はあると解すべきであろう。このAに当たるのが登記官の買収登記脱漏であるとみることができることから、そうだとすると、前訴に要した弁護士費用との間には事実的因果関係もあり、このことを前提として相当因果関係を肯認した本判決は妥当といえよう。

〔6〕 甲が自己所有地につき前主Aから転得者Bへの中間省略登記による所有権移転登記を申請したが、登記官の過誤によりAからAへの登記が行われたため、Aは登記簿上の名義を利用して第三者Cに売却し移転登記が行われ、その後登記は訂正されたものの、この間、Bから売買代金の支払を求め得ないでいるうちに、Bが破産宣告を受けたため、損害を被ったとして争ったのに対して、甲は、Bに土地を売却したのではなく、Bから購入した代金債務の担保として、土地を譲渡したにすぎないと認定した上で、登記官の過誤登記のためにBをして本件土地の対抗要件を具備せしめ得ないうち、同人が破産宣告を受けたため、残代金相当の損害を被ったこととの因果関係については、本件土地は売り渡されたものではないから売買による残代金相当の損害の前提が欠けているし、かりに売買契約および残代金の存在が認め

られるとしても「登記官の過誤登記のゆえに、当時右残代金の支払能力のあったBが、その支払いないしは右残代金相当の商品の引渡を差し控えるうち財産状態が悪化して破産宣告を受けるに至り、そのため右代金の回収が不能になったとの事実は肯認すべき証拠は何ら存しない」し、原告の逮捕、勾留による精神的損害および得べかりし利益の喪失による損害との因果関係については、原告の逮捕、勾留は、商品の騙取によるものであり、「登記官の過誤登記のゆえに、Bをして本件土地の対抗要件を具備させることができず、そのため犯情重しとされたことによるものであるとか、ことさら長期にわたって勾留されたものであるとかの事情を伺うべきものは何ら存しない」として、いずれも因果関係を否定した判例（札幌地判昭和五〇・一〇・二二判例タイムズ三三八号二七一頁）。

本判決では、いずれも事実的因果関係を問題とし、これを否定したものである。そして、前者では、まず登記官の過誤登記により譲渡担保権の対抗要件を具備させることができなかったことと、Bの破産による残代金の回収不能による損害とは因果関係にないとしている。これは、甲・B間は売買ではなく譲渡担保であったとする以上は当然のことで問題はない。ただ、ついで、傍論ではあるが、売買契約および残代金があったとしても、登記官の過誤登記とBの破産による残代金の回収不能による損害との間には因果関係がないとしている点は、若干問題が残る。その理由としては、過誤登記がBの破産の原因となっていないからであるとしている。この点は、問題はない。このため、そこには事実的因果関係はないといえる。しかし、Bの破産の原因が別にあるとして、登記官の過誤登記のゆえにBのために対抗要件を具備させることができなかったがゆえに残代金の支払を求めることができないでいるうちに、Bが破産し回収不能になったことによる損害との間には、事実的因果関係があるとみることができないものだろうか。もっとも、かりに適正な登記が行われ対抗要件を具備して残代金の支払を請求していても、Bから回収できるとは限らないとみるならば、登記過誤は回収不能による損害発生の条件をなすものとはいえないわけである。ただ、少なくとも、登記過誤は、Bの破産前に残代金の支払を求め得なかった条件となっていることからすると事実的因果関係は認めてもよいのではないかと考えられるのである。しかし、そうだとしても、このような登記過誤とBの破産による回収不能の損害との間に相当因果関係があるといえるかどうかは問題である。

後者では、登記官の過誤登記によりBのために対抗要件を具備させることができなかったことと、原告が逮捕、勾留されたことによる精神的損害及び得べかりし利益の喪失による損害との因果関係を否定している。これは、事実的因果関係を否定するものであり、事実認定の問題で、評価の余地はない。ただ、本判決の論理からすれば、Bのために対抗要件を具備させなかったがために詐欺罪などに問われ逮捕、勾留の原因となっている場合には、登記官の過誤登記との間に因果関係が認められる余地があろう。

〔7〕　贈与者（甲）から受贈者（乙）への土地の贈与に伴い所有権移転登記申請が行われたが登記官の過誤により右移転登記がなされないまま登記済証が交付されたことと、本件土地の所有名義が依然として甲のままであることに乗じて、甲は本件土地を第三者（丙）に売却し、このために乙が土地の所有権を確定的に喪失した損害との因果関係につき、登記官が本件登記申請を受理したにもかかわらず遺漏した過誤は、「甲の本件不法行為の誘因となり、ひいて乙の本件土地所有権喪失の遠因となったものと認めうるが、かかる登記の遺漏があれば、譲渡人がこれに乗じて当該物件を第三者に二重に譲渡し、その登記を経由することにより譲受人の当該物件に対する所有権を喪失させるといった所為に至ることが通常の事象である（かかる結果発生の高度の蓋然性がある）とは経験則上もたやすくこれを認めえないところであるから、登記官による本件登記の遺漏と乙の本件土地所有権喪失の結果とは相当因果関係を欠くものというほかはなく（もとより本件の場合登記官において登記遺漏後一七年余りの後にこれが第三者に二重に譲渡されるといった特別な事情があることを予見しえたと認むべき証拠は全く存しない。）」失当として棄却を免れないとする判例（東京高判昭和五八・一二・一九訟務月報三〇巻六号九四六頁）。

本判決では、登記官による第一譲受人（乙）のための所有権移転登記の遺漏と、二重譲渡による第一譲受人（乙）の所有権喪失との間には相当因果関係はないと判断している。しかし、本判決では、表現上は、相当因果関係の問題としているが、その判断にあたって蓋然性論を持ち出していることから、やや事実的因果関係の問題と混同しているようでもあり、若干疑問が残る。

ところで、本判決の特徴は、第一に、甲の二重譲渡行為が介在し、これが乙の所有権喪失の直接の原因となっていることである。そこで、判例は、登記官の登記遺漏が、かかる甲の二重譲渡行為の誘因ないし遠因をなしているとして、乙の所有権喪失の間接的原因であることを前提としながら(ここで事実的因果関係を認めているといえよう)、登記官の登記遺漏により、直接原因である甲の二重譲渡行為は、通常生ずることではないし、特別に予見し得たともいえないとしている。ここでは、直接原因となった行為について、予見が可能であったかどうかに注目して、相当因果関係を判断している。たしかに、登記遺漏があるからといって、通常、譲渡人が二重に譲渡するものではないことからすると、判例の判断は妥当といえる。また、登記遺漏後一七年余り後に、贈与者が二重譲渡することについての事情を特別に予見できたとするには、特殊な状況が必要であり、これを否定した判例の判断も妥当といえる。ただ、登記官としては、第一譲受人への所有権移転登記の遺漏によって、その者に対抗力が認められないがために、所有権を喪失することになるとの結果については、通常、予見可能性があったとみることができるのではなかろうか。そうだとすると、登記名義人が二重処分をすることについて予見可能性があったか否かを問題とすることなく、第一譲受人の所有権喪失との間には相当因果関係があると考えることができるのではないだろうか。

〔8〕　甲会社は、本件第一土地を乙に、本件第二土地を丙に売渡し、各売買につき所有権移転登記済権利証が交付されたが、実際には登記官が申請に基づく売買による所有権移転登記をしていなかったがために、甲会社は第一土地をA社に贈与し、さらに転々譲渡され登記がなされたし、第二土地は国税局による差押登記がなされBが取得し登記されたことと、それにより乙、丙が所有権を取得できなかったことによる損害との因果関係につき、「被告国が原告らに対して賠償すべき損害の範囲は、本件登記官の過失ある行為と相当因果関係にある損害であり、右両損害は、本件第一土地、第二土地につき第三者に所有権移転登記がなされた時に現実化するのであるから、その時を基準とする本件第一、第二土地の価格相当額をもって、相当因果関係にある損害というべきである」、その後の騰貴した価格を基準とするための特

別の予見は存在しないとした判例（東京地判昭和五一・六・二九判例時報八四五号七〇頁）。

本判決では、相当因果関係の問題として、賠償額の算定基準が問題とされていることは明白であり、妥当といえる。ただ、本判決では、明確に判示していないが、登記官の第一譲受人への所有権移転登記遺漏と第一譲受人の所有権喪失による損害との間には、当然に相当因果関係のあることを前提としている点が注目される。とくに〔7〕判例と比較して検討することが必要になろう。

〔9〕　旧登記簿から移記する際に、表題部表示欄の地番が誤記され対応する土地のない架空の登記簿を出現させた登記官の過失と、原告は本件登記簿謄本の交付を受け、仲介者から登記簿表示の地番に酷似する土地を案内され登記簿に対応する土地と誤信し、見分の結果担保価値は十分にあるものと評価して、右評価額の限度内で根抵当権を設定して貸付を行ったが、債権回収が不能になった損害との因果関係につき、原告の息子が「右設定契約にあたっては甲から本件登記簿謄本の交付を受け、仲介者であるAから設定すべき根抵当権の目的地として本件登記簿に対応する地番を有する……土地に案内されてこれを本件登記簿に対応する土地と誤信して、見分の結果担保価値は十分にあるものと評価して、右評価額の限度内で根抵当権を設定して甲に対する貸付を行ったことが認められるが、同人の右誤信と右担保評価の限度内における貸付は、登記官の前記違法行為と相当因果関係がある」とする判例（大坂地判昭和五六・五・二五判例時報一〇三五号九五頁）。

本判決は、登記官の誤記により現実に対応すべき土地のない架空の登記簿が作出されたことと、当該登記簿に対応すると誤信して担保評価を貸付けたことによる損害との間に相当因果関係があるとしている。その際に、第三者の欺罔行為による誤信であること、被害者（代理人）が見分をして誤信しているという事情のある場合にも、因果関係を認めたことが注目される。そして、被害者の誤信は、過失相殺（三割）の問題としているのである。この論理から行けば、割合的因果関係によることも可能であろう。ところで、このような登記と現況とが一致しないことによる損害の発生にかかわる事案で相当因果関係を肯定した本判決は、前述の否定判例（前述「一」参照）などと比較して注目されるものである。

このためか、控訴審判決〔10〕では、因果関係が否定されている。もっとも、前述の否定判例は、いずれも登記（公図）と現況が齟齬していたにすぎない場合であったのに対して、本判決では架空の土地であったという点に差異があり、このことに注目したことの結果ともみることができよう。このことは、〔3〕判例においても、現実には存在しない土地が記載されているような場合には、事実関係のいかんによっては、損害賠償が問題になり得る余地があると指摘していることからも伺い知ることができるからである。

〔10〕〔9〕判例の控訴審判決であり、それと同様の事案で、原告が貸付けたものではなく、その子が名義を借用したにすぎないから原告には損害はないことを判示するとともに、「不動産の取引には登記簿の記載を一応真正なものと信ずるのが通常であるから、特別の事情のない限り、本件登記簿を閲覧した者は、同登記簿に記載されたとおり、甲番地にA所有の甲地が存在すると信ずるのは当然である」、しかし、「Bは本件登記簿に記載された甲地を見分したのではなく、それと異なる乙地を見分したものであり、しかも、公図上甲地番の土地の記載もなく、前記乙地の状況からして、同土地と甲土地とを混同しやすい状況にもなかったから、甲地にA所有地があると信ずることとの間には直接の関係はなく、また、別個の地番の土地を右甲地と誤信したのは全く右Bらの責によるものであって、本件登記簿の記載とは直接の関係がない。」従って、本件登記簿の存在と乙地を担保価値あるものとして手形貸付をしたこととの間には相当因果関係がないとする判例（大阪高判昭和五七・五・七訟務月報二八巻一一号二二三三頁）。

本判決では、まず原告に損害はないとしているが、この点は事実認定の問題であるのでここでは留保する。このため、傍論ともいえるが、因果関係について判示した部分をみておくことにする。それによると、登記官による架空登記は、被害者が別の土地を担保評価して貸付けたことと条件公式には立たないとするもののようである。そうだとすると事実的因果関係を問題とし、これを否定したものとみることができよう。そして、その理由として、登記に関係なく別の土地を見分し評価したままでであるからだと認定しているようである。その事実認定の当否は留保する。しかし本判決も認めているように、被害者は、架空登記によりこれに対応する土地があるものと信じたことが前提になっていて、別の土地を当該土地であると信じて見分し担保評価し貸付をしているのであるから、架空登記と貸付との間には事実的因果関係はあるといえる。そこで、架空登記のために別の土地を見分、評価するということが一般的にありうるかどうかであるが、架空登記の場合はもともと対応する土地がないのであるから、見分するとすれば常に別の土地であるわけで、これは肯定されてよいであろう。この意味では、原審〔9〕判例は、妥当と思われる。ただ、別の土地を見分、評価したのは、架空登記のためではなかったという特別の事情のある場合は別である。また、専ら被害者の過失によるものであるというのであれば、これは因果関係切断の理由となるのか。過失相殺として扱うのかの理論的問題が生ずることになろう。

〔11〕　公図が再製された際に地番が誤記され、同時に作成された町地図にも同様の誤りがあったのに、登記官において右誤記を看過し、町への通知もしなかった登記官の過失と、町地図の記載を信じて所有権移転を経由するとともに、建物を建築して一〇年間、所有の意思をもって平穏、公然に占有していた者がいたことから土地の所有権が時効取得されたことによる損害との因果関係が種々の観点から争われている。①国が、本件時効取得は、法務局備え付けの公図とは直接関係のない町備え付けの公図であったことから、因果関係がないと主張したことに対しては、結果的に時効取得するに至ったのは、本件町地図上の地番表示を真実と誤信したためであり、もし登記官に過失がなければ町地図を見せられる時点までに訂正されていたはずであり、そうだとするとこれを買受け時効取得しなかったであろうし、本件のように土地の同一性を誤認して当該土地を買受けこれを時効取得し、反面、誤認された土地の所有者がその土地の所有権を喪失するということは、一般に起こり得るものであると認めるのが相当であるから相当因果関係がある。②国が、所有者としての管理を怠ったという自らの過失に基因するもので登記官の過失とは因果関係がないと主張したのに対して、土地所有者として何らかの過失があったとしても、それは過失相殺として斟酌することはともかく、相当因果関係を否定する理由とはなし得ない。③国が、町地図上の地番表示の誤りを知りながら、これを奇貨として実質的に二重譲渡するような行為にでることは通常の事象であるとは経験則上到底認められないから公図の過誤との間には因果関係がない

との主張に対しては、地番表示の誤りを知りながら、これを奇貨として売却したことを推認するには足りず右主張を認めるに足りないとする。④国が、登記所備え付けの地図と市町村備え付けの地図とは法的関連性がなく、登記所の地図を修正しても市町村に通知すべき義務がないから因果関係がないとの主張に対しては、本件公図と本件町地図とは、同一の機会に作成された同一内容の図面であり、売買契約当時は公図の謄写ができないことから、町地図を謄写し本件公図と同一内容であることを確認し、交付されたものであることからすると、本件公図の不備と損害との間に自然的因果関係を認めることができるとして、いずれも因果関係を肯認している（東京地判昭和六三・一〇・二七判例時報一二九七号六八頁）。

本判決のうち、③はまったくの事実認定にかかわることでここでは留保する。また、④については、事実的因果関係を問題とするものであり、法的立場からの事実の認識としては、妥当な判断といえる。

そこで、①が相当因果関係の問題として注目される。そこでは、登記官による公図の誤記と、土地所有者が土地所有権を時効取得されたことによる損害との間に、相当因果関係を認めているのである。すなわち、登記官の公図の誤記により、甲地の部分に乙地の地番が書き込まれ、甲地を別荘用地として買い受けた者が、乙地について所有権移転登記を経由すると共に、甲地上に建物を築造し、一〇年間甲地を所有の意思をもって平穏、公然とし占有したことにより、甲地の所有権を時効取得することになった結果、甲地の所有者が所有権を失った損害との間に、相当因果関係があるというのである。乙地の買主が、甲地を乙地として取り扱ったのは、公図の誤記によるものであるから、その意味において因果関係を認めることは相当といえる。ただ、その結果、時効取得されてしまうということは、極めて希なことではあるが、甲地と乙地として取り扱われたことの延長線上にある結果であることから、通常は、生じえないことではないと考えると、これも相当といえよう。

さらに、②は、被害者の落度を相当因果関係の切断事由としないで、過失相殺（三割）の問題としていることが注目される。判例には、被害者の落度が損害発生の原因であるとして捉えるものもあることから（〔11〕〔2〕〔3〕判例）、どのような場合が因果関係の問題となり、どのような場合が過失相殺の問題となるのかの検討が必要とされる。

（ロ） 登記官の単純落度として、受付箱から登記申請書類が盗まれたという保管責任上の注意義務懈怠と損害との因果関係も問題となる。

〔12〕 A所有の土地を、所有権移転登記手続終了後に売買代金を支払うとの約束で買受け、司法書士から登記申請手続をした旨の報告を受けたので現金と小切手で売買代金を支払ったが、Aと称する人物は替え玉であり書類は偽造であったことから、Aと称する人物らによって小切手が現金化できるまでの間偽造の事実が発覚するのを防ぐために登記申請書の受付箱から書類一式を抜き問った事案で、本件登記申請書類の抜取を許した登記官の保管責任上の過失と、買主の損害の因果関係につき、本件登記申請書類の抜取がなかったならば、登記申請の却下事由のあることが判明し、事前取下勧告がなされ、登記官が申請の取下をしていれば本件小切手の現実の支払いを停止し損害を未然に防げることは時間的経緯からして明らかといわねばならず、「これをなしえなかったのは、本件登記申請書類の抜取を許した保管責任上の過失に由来するもので、右損害との間に相当な因果関係のあることを否定しえない」とする判例（東京高判昭和六三・一〇・一一判例時報一二九〇号七八頁）。

本判決では、登記官の保管上の過失と、売買代金を支払ったことによる損害との間の相当因果関係を肯認しているが、その間にはいろいろな要因が存在している。まず、登記官の保管上の過失で登記申請書類が抜き取られたこととの因果関係は否定できないところである。しかし、売買代金を支払ったという損害の発生は、Aと称する人物の詐欺行為によること、登記申請手続をした旨の報告に基づくことなどにもよるのであるからである。すなわち、直接の加害者はAと称する人物であり第三者が介在していることである。そこで、このような場合でも、相当因果関係を肯認したことは注目されるのである。また、登記手続終了と売買代金の支払の関係についても、本判決は、通常のことであるとの考えを前提としていることである。そしてこのことは、今日における不動産売買取引においては、一般常識的なこととされていることから妥当な考えといえる。そして、本判決において重要なことは、このような事案で、相当因果関係を肯認したのは、不動産売買取引においては、登記申請手続終了と売買代金支払は交換的関係にあるのが通常であるとの状況を前提とし、これを法的に肯認することを承認したことである。

（2）　若干の考察

（i）　登記官の単純過誤と損害との因果関係に関する判例のうち、事実的因果関係を問題としているのは〔6〕、〔11〕④である。そして、〔7〕判例には、やや混乱があるが相当因果関係判例として検討してよいであろう。〔8〕判例は、判示内容は賠償額算定にかかわるものであるが、明確に判示されてはいないがその前提としている相当因果関係肯認の考え方については一事例と評価されてよいであろう。その他の〔5〕、〔9〕、〔10〕、〔11〕①②、〔12〕判例は、相当因果関係にかかわるものであり、不動産登記制度との関係において検討を加えるに値するものである。このうち、〔5〕、〔9〕、〔11〕①、〔12〕判例は、相当因果関係を肯認しているが、〔7〕、〔10〕判例は、これを否定している。

（ii）　登記官の単純過誤により登記ないし公図と不動産の現況とが一致しないことによる損害との相当因果関係に関する〔9〕、〔10〕、〔11〕判例は、前述の登記官の過失を問題にしないで不実の登記（公図）と損害との因果関係を判断している判例とは、相当因果関係にかかわっては同類のものといえよう。そして、前述「一」でみたように後者に関しては、相当因果関係を否定する判例が多いのに対して、〔9〕、〔11〕判例では、これを肯定している。この意味では、これらの判例は、前述「一」での判例の傾向とやや異なるようである。これは、事実の差異によるものなのか、登記官の過失を認定した上で因果関係が問題とされていることの故なのか不明であるが注目される。ただ、〔10〕判例は、前述「一」での判例の傾向に従うもののようであるが、前述のように疑問である。

（iii）　登記官の単純過誤と損害との結びつきについてみると、〔5〕判例は買収登記の欠落による訴訟提起に伴う弁護士費用相当の損害であり、〔7〕判例は第一譲受人への所有権移転登記の遺漏のため譲渡人に二重譲渡されたことによる所有権喪失であり、〔8〕判例も第一譲受人への所有権移転登記の遺漏のため譲渡人に二重譲渡されたり、国税差押による所有権喪失であり、〔9〕〔10〕判例は架空登記のために別の土地を当該土地と誤信して担保評価をし貸付回収不能になった損害であり、〔11〕判例は公図の誤記により第三者が土地を間違えて時効取得したために所有権を失った損害であり、〔12〕判例は管理上の過失のために第三者に書類を抜き取られたことにより売買代金を搾取された損害である。そこで注目されるのは、まず、〔7〕〔8〕〔12〕判例のように、直接の原因が第三者によるものである場合でも相当因果関係が認められるかである。そして、〔7〕判例は否定しているが、〔8〕〔12〕判例はこれを肯定している。第三者の行為が直接の原因となる場合においては、そのことによって因果関係が切断されるかどうかについての一般論は後日にゆずるとして、過誤登記との関係においては、登記の社会的機能に注目するとき肯定されてもよいのではないかと考えられる。

（iv）　登記官の単純過誤による所有権移転登記の遺漏の結果、二重譲渡が行われ、第一譲受人が所有権を喪失することになるという事例は、一般的に起こりうることである。〔7〕〔8〕判例がそれであり、〔7〕判例は、予見可能性はないとして相当因果関係を否定しているのに対して、〔8〕判例は明確ではないが相当因果関係のあることを前提としており、分れている。しかし、譲渡人によって二重譲渡されるかどうかについての予見可能性は通常はないといえるが、第一譲受人への移転登記が行われていないことから対抗力が具備できず、もし二重譲渡が行われると、第一譲受人は所有権取得を対抗できないことになり、結果として所有権を取得できなくなることは、通常、予見可能であることからすると〔8〕判例の立場によるべきではないかと思われる。

（v）　登記官の過誤登記に加えて、被害者に落度がある場合に、この被害者の落度をどのように法的に位置づけるか問題である。〔9〕〔11〕②判例は過失相殺の問題として扱っているのに対して、〔10〕判例は相当因果関係切断の問題として扱っているものと推測される。そして、前述の不実の登記（公図）と因果関係では（〔2〕〔3〕判例）因果関係の切断の問題として扱っているのである。また、これまでの判例には見られないが、理論的には割合的因果関係の問題として捉えることもできないわけではなかろう。ただ、この場合は、結果としては、過失相殺の問題として取り扱ったのとは、実質的には変わりはないことになろう。ところで、被害者の落度については、過失相殺によるのか、因果関係の問題とするのかについては、原則的には、前者の問題として処理するのが妥当ではないかと思われる。それは、因果関係の問題とすると賠償責任の成否にかかわりオールオアナッシングになるからであり、柔軟な解決が損なわれるからである。ただ、客観的にみて、被害者の落度のみが原因であって、登記官の単純落度は、客観的原因となっていないと認定できる場合にだけ、因果関係は否定されてよいであろう。しかし登記官に単純落度があるような場合に、この登記官の単純落度が客観的に原因となっていないというような場合というのは、登記（公図）が全く関係のない場合に限るのであって、何らかの関係をもっているような場合には、実際上、考えられないであろうし、その実証は非常に困難であると思われる。

（1）　樋口・前掲書二〇九頁以下。

三　登記簿等閲覧監視義務懈怠と因果関係

（1）　判例の概観と評論

不動産登記法二一条一項では、利害関係のある部分に限り、登記簿その他付属書類または地図・建物所在図の閲覧を認めている。そして、これを閲覧させるにあたって、登記官に登記閲覧監視義務があるとされている。そこで、この義務の懈怠による抜き取り、改ざんとこれを信頼した者の損害との因果関係が問題となる。これに関する判例としては、つぎのようなものがある。

〔13〕　登記官の公図の閲覧に際しての改ざん防止、発見調査義務を怠ったことと、改ざんされた公図を信頼して土地を買い受けたところ所有権を取得できなかった者の売買代金相当額の損害との因果関係につき、「本件土地を買い受けたのは本件公図の記載を真実と誤信したためであるから、……登記官の過失がなければ、……本件土地を買い受け六〇

〇万円を支出することはなかったであろうことは明らかであり、かつ公図上ある土地につき虚偽の番地が表示されれば、右記載を信頼した者が、本件の如く土地の所有権者を誤認し、不測の損害を被るということは一般に起こりうることであるから」損害と登記官の過失との間には相当因果関係が認められる。そして、被害者に過失があったとしても「それを過失相殺として斟酌すべきは格別、相当因果関係を否定する理由となし得ない」として因果関係を認めた判例（東京地判昭和四八・五・三〇訟務月報一九巻八号六五頁）。

本判決は、登記官の登記簿等閲覧監視義務および調査義務の懈怠と改ざんされた公図を誤信し売買契約をした者の売買代金相当額の損害につき、相当因果関係を肯認するものである。そして、本判決については、つぎの諸点が注目される。一つは、虚偽記載の公図を信頼した者は所有権者を誤認し不測の損害を被るのは通常生ずることであるとしていることである。すなわち、被告側は、本件公図について、「現実には各筆の土地の位置、形状等の概略を推定できるだけの不完全な見取図的な図面であるにすぎない」ことを強調し、これを信頼したことと所有権者を誤認することとの間には因果関係がないと主張しようとしているのに対して、公図の不動産取引における役割に注目をして、通常の因果関係を認めたものといえるからである。公図のもっている機能を重視するものである。ただ、ここでは、公図を信頼することとそれが虚偽であることによる損害との間に因果関係のあることを認めているにすぎない。そこで、登記官の登記簿等閲覧監視義務および調査義務の懈怠との間の因果関係には直接には言及していない。しかし、公図が改ざんされ虚偽の記載のなされたのは登記官の登記簿等閲覧監視義務および調査義務の懈怠によるわけであるから、当然ということになるのであろう。二つは、被害者の重大な過失は相当因果関係を切断するものではないとしていることである。これは、不動産取引においては現地を確認調査するのが常識であるのにこれを怠ったこと、かつ公図の真偽につき登記官に確認を求めるか、本件公図と市役所保管の公図とを対比調査するなどの措置をとるべきであるのにこれを怠ったなどの被害者の重大な過失に起因するもので、登記官の過失との間には因果関係は存在しないとの主張に対応したものである。

〔14〕　土地の所有者でない者によって登記簿の閲覧に際して不正に所有名義の不実記載がなされ、かつ登記官が不

実記載を看過して登記簿謄本を認証交付した過失と、当該土地を譲渡担保とすることを条件に融資をし金員を貸付けたが、貸付金の返済を受けることができなくなった貸付金と同額の損害との因果関係につき、原告らは土地登記簿の記載内容を斟酌することなく、専ら相手方の言動を信頼して貸付けたと認定されることから、相当因果関係はないとした判例（名古屋地判昭和五七・二・一〇訟務月報二八巻六号一一〇五頁）。

本判決は、登記官の登記簿等閲覧監視義務および調査義務懈怠の有無を問題にすることなく、ただちに登記簿の不実記載と金員貸付との間の因果関係につき判断し、これを否定している。このため、登記官の登記簿等閲覧監視義務および調査義務懈怠との因果関係を問題にするものではない。しかし、かりに登記簿の不実記載と金員貸付との間の因果関係が認められるならば、このような不実記載が登記官の登記簿等閲覧監視義務および調査義務懈怠の結果であるとすると、義務懈怠との間にも因果関係があるということになるのであろう。ところで、本判決が因果関係を否定する理由は、登記簿の記載内容を斟酌して貸付けられたものではないとの事実認定を前提とするものである。たしかに、それが事実であるとすると登記簿が不実記載され登記簿謄本が交付されたこととの因果関係は否定されよう。そこには事実的因果関係がみられないからである。この意味では、本件一土地登記簿の不実記載は金員の貸付後であったとこのことであるから、そのような認定も妥当といえる要素がある。もっとも、この場合も、その貸付が本件一土地に譲渡担保を設定することが前提となっていたというのであれば事情は違ってこよう。これに対して、本件二土地登記簿の不実記載は金員の貸付前であり、本件二土地を担保として提供する旨の申出があったとのことであるから若干の疑問が残る。金員の貸付は、専ら相手方を信頼したとしても、担保提供なしに行われることは稀れであることから、担保提供する旨を申出た土地の登記簿謄本を示したのであれば、不実記載された登記簿謄本をも信頼したものと解すべきではないかと思われるからである。

〔15〕　土地登記簿の閲覧を装って登記簿原本二通を抜き取り、これにC名義の所有権移転登記を記入し返戻されていたことに気付かず、これの謄本を交付した登記官の過失と、本件登記簿謄本の交付を受けた者がCになりすまし、そ

の旨誤信した原告が、土地売買契約を締結して手付金八〇〇万円を支払い騙取された損害との因果関係につき、原告には不注意があったが、不動産取引にあっては、登記簿の記載を一応真正なものと信ずるのが通常であるから一方的な不注意により生じたとはいえない。「しかして、登記官の違法行為によって実体上の権利を伴わない不実の登記が生じ、これを信じて無権利の登記名義人と取引し、所有権を取得できないのに代金の一部である手付金を支払って損害を被ったときは、その損害は登記官に違法行為がなく、不実記載の登記がなかったならば当然に生じなかったものであるから、登記官の違法行為と損害との間には通常生ずべき相当因果関係があると解される」「したがって、登記官の監視義務懈怠により本件土地の登記簿に不実記載がなされたことと、右登記の記載を信じて本件土地の売買契約を締結し、手付金を支払った結果原告が被った損害との間には相当因果関係がある」とした判例（京都地判昭和五七・一二・二四判例タイムズ四九八号一七二頁）。

本判決は、登記官の監視義務懈怠と土地の売買契約に基づく手付金を支払った損害との因果関係を明確に認めたものである。ここでは、不実記載を信頼したことと損害との因果関係という論理ではなく、「その損害は登記官に違法行為がなく、不実記載の登記がなかったならば当然生じなかったものであるから、登記官の違法行為との間」の因果関係であるとして捉えている。明快な論理構成である。不実記載を信頼したことにより損害が生じたのかどうかは前提問題であって、このことを前提とした上で登記官の義務懈怠との因果関係に結びつけることが重要と思われるからである。なお、本判決では、所有権の確認は登記簿によって行われるのが普通であることを前提としているものといえる。登記により所有者であるとの推定が働くこととの関係からみても妥当といえよう。不動産取引における現地見分はそれほど重要視していない。また、被告が現所有名義の実在、登記原因の真否等についての確認調査を怠った原告の一方的過失により生じた損害であるから因果関係がないとの主張に対して、それを過失相殺の問題として捉えていることも注目される。

〔16〕　土地登記簿を閲覧中に登記用紙を抜き取って持帰り、所有権が移転された旨の虚偽の記載を加え元に戻されていたことに気付かず謄本を交付した登記官の過失と、このように改変された登記簿謄本も一根拠として有効に担保権

を設定しうるものと誤信して貸付をなし、損害を被ったこととの間には因果関係があるとした判例（仙台高判昭和六三・一・二七訟務月報三五巻二号一八一頁）。

本判決は、登記官の閲覧監視義務・調査点検義務懈怠とそのために不実記載された登記簿謄本を信頼して担保権を設定し貸し付けたがその返済を受けられなくなったことによる損害との因果関係を認めたものである。金員の貸付にあたっては、通常、融資先の信用も大事ではあるが、担保権が設定できるかどうかも重要なことである。このため、不実記載の登記簿謄本を信頼して担保価値があるとして融資を行っている以上は、その不実記載を生じさせた登記官の義務懈怠との間には因果関係があると解するのが当然である。なお、本判決では、被告は、被害者やその補助者に過失があったことを理由に因果関係を否定するけれども、そのような事情は、過失相殺の事由とはなりうるが、因果関係までも否定する事由にならないとしている点も注目される。

〔17〕　AとBは、C及びDと共謀して借用名下に金員の騙取を計画し、登記簿の閲覧申請をして登記簿を抜き取り、所有権がCに移転した旨の虚偽の記載をしてもとに戻していたことに気付かずに登記簿謄本を交付した登記官の過失と、この登記簿謄本を示して融資の申込を受け、これを担保に二回にわたり金員を貸付けて騙取された金融業者の損害との因果関係につき、「登記官の過失により実体上の権利を伴わない不実の登記が生じ、原告は、真実は権利を有しない登記名義人を真の所有者と信じ、当該不動産を担保として金員を貸し付けて損害を被ったものであり、その損害は、もし登記官が前記注意義務を尽くして偽造が看過されなかったならば、当然生じなかったものであるから、登記官の過失と原告の損害との間には相当因果関係があるといえる」とした判例（東京地判昭和六二・五・二九金融商事判例七八七号三七頁、判例時報一二五三号七二頁）。

本判決は、登記官の閲覧監視義務懈怠とそのことにより改ざんされた登記簿謄本を信頼して金員を融資した金融業者の損害との間の因果関係を肯認したものである[1]。本判決では、登記官の閲覧監視義務懈怠との因果関係の問題であることを明確に認識している点が注目される。また、融資にあたっては、登記簿を信頼し、担保設定ができるものと判断するのが普通であるとの考えを前提として、因果関係を肯認するものであり、妥当といえる。なお、被告が、偽造された登記と損害との間に因果関係があるというためには、当該偽造にかかる登記名義人を真実の権利者と信じたために損害を被ったことが必要であると解されるが、本件では、金員を貸付けた相手方は登記名義人ではなく第三者であったのであり、登記名義人を真実の権利者と信じたために損害を被ったわけではないのであるから、因果関係はないとする主張を排斥している。この点は、第三者の所有不動産に担保権を設定しての貸付も一般に行われていることから、虚偽登記のために当該第三者所有不動産であると誤信して担保権を設定し融資をしたわけであるから、登記名義人に融資をした場合でなくても、問題はないであろう。また、被害者が通常の取引人であれば融資の申込みには到底応じなかったはずであるから、相当因果関係はないと主張したのに対しては、過失相殺の問題として処理している点が注目される。

〔18〕　登記簿の閲覧を装い登記簿を抜き取って所有権が移転した旨の虚偽の記入をし元どおりに戻されていたことに気付かずに登記簿謄本を交付した登記官の過失と、これを提示された金融業者が、本件土地を担保として融資をしたところ騙取されたことによる騙取額および登記費用、弁護士費用の合計額の損害との因果関係が争われた事案で、「登記官の過失により登記簿に実体法上の権利を伴わない不実の登記が作り出され、原告は右不実の登記名義人を真の所有者と信じ、本件不動産を担保として金員を貸し付けて損害を被ったものであり、その損害は登記官が前記注意義務を尽くして偽造を防止したならば当然生じなかったものであり、登記官の過失と原告の損害との間には相当因果関係があるとした判例（横浜地判平成二・二・一四判例時報一三四九号九七頁）。

本判決は、登記官の閲覧監視義務懈怠とそれにより改ざんされた登記簿謄本を信頼して当該不動産を担保として貸付けた金融業者の債権回収不能による損害との因果関係を認めたものである。ここでも、登記を信頼したことに対する保護の考えが前提とされていることが注目される。なお、被告が一億円の担保価値のある本件土地について融資を申し込んだ額が四、〇〇〇万円程度と低く、不審な点があった損害はもっぱら被害者の不注意によるものであり登記官の過失と相当因果関係はないとの主張については、過失相殺の問題であって因果関係まで否定する理由にはならないとしている。

また、本件土地の登記済証の有無が融資の可否を決めた決定的要因であって、本件土地の登記簿の謄本だけでは融資することはなく、損害は被らなかったのであるから、登記簿謄本の作成、交付と損害発生との間に因果関係はないとの主張についても、認めていない。たしかに、偽造登記済証が大きな役割を果たしたとみることもできないわけではないが、それを裏打ちしたのは不実記載の登記簿謄本であるわけであるから、因果関係が認められるとするのは妥当といえよう。なお、登記官の閲覧監視義務懈怠と因果関係にある損害としていは、騙取額のほかに登記費用および弁護士費用をも認めることは注目される。

（2）　若干の考察

（i）　登記官の閲覧監視義務および調査点検業務懈怠とそのことによる不実記載の登記簿などを信頼した者の損害についての因果関係については、これを肯認する傾向にあるものといえる。〔13〕、〔15〕、〔16〕、〔17〕、〔18〕判例がそれである。不実記載の登記名義人を所有者であると誤信して不動産の売買契約を行ったことによる代金相当額ないし手付金相当額の損害との因果関係に限らず、不実記載の登記簿謄本を信頼し、担保権が設定できるものとして融資をしたことによる貸付金不回収の損害との因果関係をも認めるものである。このことは、不動産売買にしろ不動産融資にしろ登記を信頼して取引が行われるという現状を素直に認めるものであり、妥当な考え方といえよう。なお、〔13〕判例は、公図についても、登記簿と同様の評価をしていることは注目される。また、不動産取引では、一般に、現地見分が重視されているようではあるが、このことは因果関係を中断するものではないとの考えによるものといえよう。もっとも、〔14〕判例は、これを否定しているわけであるが、事実認定上の差異によるものと思われるが、若干の疑問の残ることについては前述したところである。

（ii）　登記官の閲覧監視義務および調査点検義務懈怠との因果関係についての理論構成としては、〔15〕、〔16〕、〔17〕、〔18〕判例によるのが適切である。〔13〕判例の理論構成はやや明確性に欠けるところがある。たしかに、不実記載の登記を信頼したことにより損害が生じたものでなければならないわけではあるが、ここで問題としているのは登記官の義務懈怠との関係であることから、これとの因果関係につき明快にすべきであると思われるからである。この意味では、〔14〕判例についても問題が残る。

（iii）　ここでも、被害者の過失が強調され、因果関係を否定するものとして主張されるのが常である。しかし、判例は、いずれも被害者の過失をもって因果関係否定の事由とはならないとしている。登記官に義務懈怠があることからすると、被害者の過失をもって因果関係を否定し登記官には一切責任がないとするのは妥当とはいえないであろうから、判例の態度は妥当といえる。そして、被害者の過失は、過失相殺の問題としていることは適切である。ただ、被害者の過失割合が効率である点は若干気になるところである。これでは、因果関係を否定することと変わりはないことになるのではないかと思われるからである。

（1）　本判決の解説としては、大沼洋一「判例解説」判例タイムズ六七七号一三六頁参照。

Ⅳ　農業災害と賠償責任

13　農業労働災害補償制度の課題

一　農作業事故と各種補償制度

㈠　地方自治体による農業労働災害共済制度

市町村においては、農業労働災害のための補償制度を設けているところがある。この制度を実施している市町村は表1のようである。この制度の始まりは、昭和四五年の吉舎町の農業者労災共済会である。農業者にも工場労働者などと同様に補償をという考え方に基づいて作られたようである。そして、その制度は、ほぼ類似している。その概要を「綾部市農林業労働災害共済条例」でみると次のようである。

第一に、この制度は、農林作業中、不慮の災害を受けた者を救済するための共済制度を設け、もって農林業者の生活の安定と福祉の増進に寄与することを目的としていること。

第二に、「災害」には、農林作業中規則で定める農林機具、農薬および家畜等による負傷、疾病、障害、死亡を含めていること。

第三に、その災害の程度に応じて、医療共済見舞金、休業共済見舞金、障害共済見舞金、遺族共済見舞金が支給されること。

第四に、会員資格は、同市の住民であって農林業に従事する者であること。

表1

団　体　名	事　務　局
綾　部　市	綾部市役所経済部農政課
佐伯町農業労働災害共済	佐伯町産業課
哲多町農業労働災害共済	哲多町産業課
川上村労働災害互助制度	川上村経済課
芸　北　町	芸北町
吉舎町農業者労災共済会	三次地方農業共済組合
大　東　町	大東町産業課共済係
津和野町農業労働災害共済	津和野町
佐　田　町	佐田町産業課
吉　田　村	吉田村農林課
阿東町農業者労災共済会	阿東町農業共済組合
玖珂町農業者労災共済会	玖珂町農業協同組合
大野町農業労働災害共済会	大野町産業建設課
庄　内　町	庄内町産業課
緒方地区農業労災保険加入組合	緒方町産業振興課
大　崎　町	大崎町農政課
武生市農業協同組合	武生市農業協同組合員課
大野市農業者労災共済会	大野市農業共済組合
勝山市農業協同組合	勝山市農協営農課
鯖江市農業協同組合	鯖江市農協営農課
吉田郡農業者労災共済会	吉田郡農協営農課
三国町農業者労災互助会	三国町農協管理課
芦原町農業者労災互助会	芦原町農協営農課
金　津　町	金津町農協営農課
丸岡町農業者労災互助会	丸岡町農林課
春江町農業者労災互助会	春江町産業経済課
坂井町農業協同組合	坂井町農協技術指導課
南　条　町	南条町産業課
今　庄　町	今庄町産業課
朝日町農業者労災互助会	朝日町産業課
織田町農林作業災害互助会	織田町農業共済組合
清水町農業者労災互助会	清水町農林営農課
上　中　町	上中町産業課
大　飯　町	大飯町産業課
福井県農業労働災害連絡協議会	福井県農業会議

第五に、共済の会費は、一世帯当たり、年一、二〇〇〇円とすること。共済事業の財政の健全化、財源の調整のために基金が設けられていること。

第六に、農林業者労働災害共済審査委員会が置かれ、共済見舞金に関する重要な事項を審査するものとされていること。

なお、昭和六〇年度事故原因別見舞金支給一覧は表2のようであり、共済事業の一端を知ることができよう。

なお、福井県では、福井県農業労働災害共済連絡協議会が設けられ、県内の農業労働災害共済組織の緊密な連帯と「再共済業務」が行われている。この再共済業務の対象になるのは死亡事故に限られている。

(二) 農協系統および商業者の農業機械災害共助制度

農協系統および商業者系統で供給される農業機械に係わる災害補償制度として、農協系統の特定農機具商品付帯傷害共済制度と、商業者系統の農業機械傷害補償制度がある。

前者は、都道府県の経済農業協同組合連合会を経由して農協から農家に供給された農業機械に係わる事故で死亡ないし傷害を受けた者に対して補償するものである。この制度は、経済連または農協または両者が共済掛金を負担して農協共催の特定農機具傷害共済を当該農業機械に付帯させるものである。このため、農業者には一切の掛金を必要とすることなく補償されるところに特色がみられる。また、当該農業機械に係わる事故で被害を受けた者は、購入者に限らず被共済者として補償を受けることができる。その補償期間は三年から五年である。

後者は、全国農業機械商業協同組合連合会傘下の組合員(商業者)が販売した農業機械に係わる事故で死亡または傷害を受けた者に対して補償するものである。この制度は、商業者自らが掛金を負担して、全農機商連から委託を受けた保険会社の見舞金補償制度を当該農業機械に付帯させるものである。このため、農業者は掛金を負担することはないが、この制度の利用は商業者の任意に委ねられていることから、必ずしも補償が受けられるとは限らないという問題がある。

(三) 農業協同組合の共済制度

表2

事故原因		件数	医療見舞金	休業見舞金	傷害見舞金	見舞金合計
転倒		14	61,874	792,750		854,624
転落		7	146,820	589,950	60,000	796,770
農業用機械	草刈機	5	70,650	244,350	120,000	435,000
	耕耘機	2	6,900	81,300		88,200
	トップカー					
	脱穀機 ハーベスター	2	19,650	145,350		165,000
	田植機	1	1,350			1,350
	チェンソー					
	電気丸のこ	1	33,910	84,600	30,000	148,510
	籾乾燥機	1	11,470		60,000	71,470
	茶刈機					
農機具	鎌	1	3,470	6,600		10,070
	鉈	5	31,017	115,500		146,517
	押切					
	その他の農機具	3	21,080	99,000		120,080
その他	農・山林作業	6	39,670	198,750		238,420
	畜産管理	1		42,900		42,900
	蝮					
合計		49	447,861	2,401,050	270,000	3,118,911

農業協同組合の共済制度のうち、農業労働災害の補償に特に関係の深いものについてみると次のようである。長期共済では養老生命共済、終身共済があり、短期共済では傷害共済、団体定期生命共済、低額定期生命共済がある。このうち、短期共済の中の農作業中傷害共済は農作業および農作業に伴う作業中の災害による傷害を対象とするものであり、特定農機具傷害共済は特定農機具の使用または管理中の事故による傷害を対象とするものである。

二　農業事故補償制度の課題

1　補償制度の態様　農作業中の事故に対する補償制度としては、我が国にも種々の制度のあることは前述したところである。しかし、その中心は、労働者災害補償特別加入制度である。これは、労災保険のなかで補償をしようとするものである。また、比較制度的にみると、イギリスのように社会保障と国民保険サービスという国民一般を対象とする保障制度の一適用場面として扱われているものがあるのに対して、ドイツのように、今日では統一的な社会保険法典であるライヒ保険法の第三部に規定されているが、もともとは農業災害保険として発達したものや、フランスのように農業労働者については産業労働者と同様の補償制度によりながら農業労働者以外の農業経営者や家族従事者については特別の法律によるものなどがあり、その制度は様々である。

そこで、これらいずれの制度によるべきであるか問題となるが、この問題は、その国における社会保障制度や労災保障制度の根幹に係わるべきものであるからそれらの在り方との関係において考えなければならないであろう。

2　補償の対象者　農業事故補償制度を考える上において注目して置かなければならないのは、その対象者についてである。その対象者としては、農業に従事する労働者＝農業労働者、季節農業労働者、自営農業者および家族農業従業者に分けて考える必要がある。農業労働者については、一般の産業労働者として労災保険と同様に扱うことには問題はないであろう。しかし、我が国では、このような農業労働者は少ない。そこで特に問題になるのは、季節農業労働者や自営農業者および家族農業従事者についてである。このような者については、一般の産業労働者の場合と同様に扱うことは困難である。そこで、後二者については、我が国では特別加入制度を設けたものと思われるが、それで十分であるか問題である。一般の労災保険の中で扱うとなると特別扱いしないわけにはいかないことから、労災保険に組み込むとしてもドイツのような制度にするのが適切ではないかと思われる。また季節農業労働者についても問題が残されている。

3　労災保険加入の推進　労災保険に加入できる農業者は、これまで雇用労働者を使用する農業者（中小農業事業主）、特に危険度の高い農業機械を常時使用する指定農機作業従事者に限られていた。このため、雇用労働者を使用しない農業者は、指定農業機械従事者としてのみ加入できるが、指定農業機械に係わらない農作業者は加入することができなかったのである。そこで、平成二年に、労働省令が改正されて、既存の指定農業機械従事者に加えて、一定規模以上の農業の個人事業主等が行う一定の危険または有害な作業を対象作業とする特別加入制度が新設されたことにより、いわゆる一人親方的な自営農業者も加入できることになったことは注目される。しかし、一定規模以上で一定の危険有害作業に限定している点で、農業従事者の全てをカバーするものではない。指定農業機械の機種を追加拡大し指定農機作業従事者としての加入できる範囲を広げる一方で、一定規模の自営農業者に限らず家族農業従事者や季節農業労働者も加入できるように拡大することが重要である。

4　助成措置の必要　農業災害補償は原則的には加入者である農業者の拠出金によることになる。しかし、農業収入が低額であること、全額自己負担であることを考えると一般の産業労働者と同様の保険料算定でよいかどうか問題である。ドイツの農業災害保険の運用資金は原則的には保険料によって賄うこととされているが、現実には連邦からの援助資金が重要な部分を占めていることは前述したところである。このことは、農業災害補償については、農業者の拠出金によるのは困難であることを物語るものである。このことは我が国においても同様ではないかと推測される。このため、農業災害補償の充実のためには相当の助成措置が必要となろう。このことについての政策的検討が望まれよう。その一つとして、農業者の労災保険特別加入の労災保険事務を取り扱う農協に対して、助成措置を講じ、事務組合および加入団体の設立を促進させることが重要である。

14　農作業事故と損害賠償理論

一　はじめに

農業機械を使用して農作業に従事していた者の身体、生命または財産に損害が生じた場合、その損害について誰が賠償責任を負うことになるか問題である。農作業中の事故としては、鍬や鋤や鎌などの農具によって負傷する場合もあるが、これらは農作業に伴う古典的事故といえる。このような事故は、農具それ自体が事故の直接的原因であるというよりも、それを取り扱う者自体の取扱い方が事故の直接的原因となっている場合が多いため、賠償責任の問題として、それを他に求めることが困難な状況にあるのが通常である。これに対して、高度な農業機械化に伴って、乗用トラクターの機体の転落、転倒による事故や、トクラターなどへの乗降時のつまづき転落事故、アタッチメント（付属作業機）の着脱時の挟まれ打撲事故、ＰＴＯ（動力取出軸）や作業機への巻き込まれ事故、コンバインの脱穀チェーンやカッター部分での手や腕の切断事故、耕耘機のバック時での挟まれ事故、トレラー付耕耘機の折れ曲がり（ジャックナイフ現象）横転事故、ネギの皮むき機による難聴障害、刈払い機による接触・飛石・振動事故など、農業機械が原因となって生ずる事故が増加してきている。このような事故については、単に、その作業に従事していた者にのみ損害を負担させるのは適切でない場合がありうる。特に、それらの機械に欠陥があったような場合はそうである。そこで、農作業事故につき誰がどのような場合に賠償責任を負うべきであるかが法律上問題となる。その賠償責任主体としては、農機製造業者、農機販売業者、使用者などが考えられるが、ここでは最も問題となる農機製造業者の賠償責任を中心として考えることにする。

二　農作業事故と農機製造業者の賠償責任

農機事故による身体、生命、財産上の損害について、農機製造業者が賠償責任を負わなければならないかどうかについては、その法的根拠をどこに求めるかによって若干異なる。

第一に、民法七〇九条による一般的不法行為責任を根拠とする場合である。この場合には、このような欠陥のある農機（農機欠陥）を製造業者が故意にあるいは過失によって製造したこと（製造業者の故意・過失）、かかる農機の欠陥が原因となって農機事故が生じ身体、生命、財産上の損害が発生したこと（因果関係）が主要な要件であり、これらの要件が被害者によって証明されると、製造業者に賠償責任が課せられる。そこで、法律上は、特に、欠陥農機であったかどうか、製造業者に過失があったかどうかが争点となるし、これらについての被害者による証明責任も問題になるところである。

第二に、民法四一五条による債務不履行として不完全履行責任を根拠とする場合である。この場合にも前述の一般的不法行為責任を根拠とする場合と、その要件はほぼ同じである。しかし、製造業者の過失によるものであるかどうかの挙証責任については、被害者ではなく製造業者が負うことになる。すなわち、製造業者が欠陥農機を製造したことについて過失はなかったことを証明しない限り過失があったものとされるのである。この意味では、一般的不法行為責任を根拠とする場合より賠償責任の成立が容易であるといえる。ただ、製造業者と農機事故の被害者との間には、その農機の取引について直接の契約関係のないのが普通である。農機の販売ルートをみるとそのほとんどは、農機製造業者から農機販売業者（卸売業者および販売店）ないし全農・経済連・農協から農家に販売される仕組みになっていることから、購入者である農家と農機製造業者との間では直接の取引契約は存在しないし、購入者自身が被害者になる場合の他にその家族や手伝人、雇われている者なども被害者になる場合があり、これらの者と農機製造者との間には全く取引につながる関係も存在しない。そこで、不完全履行責任については、このような直接の契約関係にない者間においても、それが認められるかにつき争いのあるところであり、一般的にはそれを否定する傾向にある。このことから、一般的な考え方としては、農機事故の場合に、製造業者に賠償責任を負わせる根拠として、不完全履行責任を根拠とすることは困難であるといえる。

第三に、民法五七〇条による瑕疵担保責任を根拠とする場合である。この場合には、農機に欠陥（瑕疵）のあったこと（農機の瑕疵）、この欠陥（瑕疵）によって損害の生じたこと（因果関係）が主要な要件となる。そして、瑕疵担保責任を根拠とする場合には、一般的不法行為責任や不完全履行責任を根拠とする場合に要件とされている農機製造業者の過失を問題にする必要はないことになる。そこで、無過失での賠償責任が認められることになる。このことから、主要な争点は欠陥農機であったかどうかを証明することに限られる。しかし、瑕疵担保責任を根拠とすることについては、不完全履行責任を根拠とする場合と同様に被害者と農機製造業者との間には直接の売買契約がないことにつき問題とされているし、農機の売買では例えば乗用トラクター一台として取引の目的物が定まり約定されてないような場合にも適用されるのかどうかについて争いがあるし、これを根拠とした場合に被害者に生じた身体、生命、財産上の損害についてまで賠償請求できるのかどうかについても問題となる。そこで、これらを肯定する見解はないわけではないが、一般的には否定的である。

第四に、製造業者は製品の品質、性能についての一般的な黙示の保証をしていることによる保証責任とか、製品に欠陥のないことについての信頼を惹起させていることによる信頼責任を根拠とする場合である。この場合には、農機に欠陥のあったこと（欠陥農機）、この欠陥によって農機事故が生じたこと（因果関係）が主要な要件となる。このため、農機製造業者の過失は要件となっていない。すなわち無過失責任として構成しようとするものである。しかし、このような保証責任や信頼責任を根拠とすることについては、争いのあるところである。新しい製造物責任の根拠としては注目されるが、今日では、一般的に承認されているとはいえない。

第五に、特殊の不法行為としての「製造物責任」を根拠とする場合である。この場合は、農機に欠陥のあったこと（欠陥農機）、この欠陥によって農機事故の生じたこと（因果関係）が主要な要件となる。この製造物責任は、基本的には不法行為責任であるが、一般的不法行為責任と異なる故意・過失を要件としないものである。このため、農機製造業者に過失のないときでも、欠陥農機であることが証明されれば容易に賠償責任が認められる。しかし、このような製造物責任については、立法の問題として議論されているところであり、現行法上は、これを根拠とすることは無理である。ただ、欠陥商品による消費者や利用者の損害について無過失責任としてその賠償を認めるべきであるとするのが世界的傾向であるし、我が国でもかかる方向で検討されていることからすると近い将来においては、製造物責任を根拠としての賠償責任も覚悟しなければならないのではないかと思われる。その際、欠陥農機による事故の賠償責任についても、その例外となることはあり得ないであろう。

ところで、農機製造業者の賠償責任の根拠につき、いろいろな考え方があるわけであるが、以上のような状況を前提とする限りにおいては、今日では、通常、民法七〇九条による一般的不法行為責任を根拠とするのが最も妥当な考え方であるといえる。そして、いわゆる製造物責任については、民法七〇九条に基づいて処理しているのが通説、判例の立場であることからすると、農機事故の場合にも同様に考えてよいであろう。

三　農作業事故と農機販売業者の賠償責任

農機販売業者も、危険な農機を販売した者として、賠償責任を負うことになる。この場合も、いわゆる製造物責任の一形態とみることができる。そこで、基本的には農機製造業者の場合と同様と考えてよいことになる。ただ、農機販売業者の場合には、農機事故の被害者との関係において、その農機の販売という直接の契約関係にある場合が多いことから、農機製造業者の場合とは異なり、不完全履行責任や瑕疵担保責任を根拠とする場合が多い。そこで、これらの責任が根拠とされる場合についてみておくと次のようである。

第一に、農機販売業者の瑕疵担保責任が問題となる場合である。農機事故の被害者が農機販売業者から農機を購入した者であった場合、この被害者と農機販売業者との間には売買契約が締結されていることから、農機販売業者が欠陥農機を引き渡したことにつき、民法五七〇条に基づく瑕疵担保責任が問題となる。しかし、この責任は、特定物の売買契約に適用され、不特定物の売買契約には原則として適用されないという考えに立つならば、農機の売買契約は乗用トラクター一台、コンバイン一機というように種類と数量で定められて取引されるのが普通であることから不特定物の売買契約とみなされ原則としては適用されないことになる。また、このような場合にも適用があるとしても、瑕疵担保責任を根拠として身体・生命上の損害についての賠償責任を求めることができるかも問題である。

第二に、農機販売業者の不完全履行責任が問題となる場合である。被害者と農機販売業者との間で、直接の売買契約が行われている場合には、農機販売業者は欠陥のない農機を被害者に引き渡すべき義務を負うことになる。ところが、欠陥のある農機を引き渡したことによって事故が生じたということは、不完全な農機を引き渡したという債務不履行があったことになり、これによる責任が問われることになる。そこで、この場合の要件としては、欠陥農機が引き渡されたこと、欠陥農機を引き渡したことについて農機販売業者に過失があったこと、引き渡された欠陥農機によって事故が生じたことが問題になる。その際、特に問題になるのは、欠陥農機を引き渡したことについて農機販売業者に過失があったかどうかである。この過失は、農機製造業者の過失とは若干異なるものである。抽象的には、農機販売業者において、その農機に構造上の欠陥があり使用する者に事故の生ずる虞のあることを予見すべきであるのにこれを怠って販売し、引き渡したということである。乗用トラクターに安全フレームが取り付けられていないことにより、あるいはコンバインに巻き込まれ防護措置が講じられていないことから事故の発生が予見できたのに、そのような欠陥農機を販売し引き渡した場合がこれに該当する。

ところで、このような農機販売業者の過失の認定に当たっては、農機販売業者において欠陥農機を引き渡したことについて注意義務違反はなかったことを立証しなければ、過失があったものとされる。このため、その農機が欠陥農機であることを予見できなかったとか、農機事故の発生することが予見できなかったことを農機販売業者によって立証しない限り、賠償責任があることになるのである。

なお、農機事故に関してではないが、石切切断用カッターの使用中に溶接不完全なため歯の一枚が飛散し眼球破裂の傷害が生じた事故につき、販売業者は品質検査を十分にして欠陥のない完成品を販売すべき売買契約上の債務を負担しているが、このような欠陥製品を引き渡したことは、このような債務に違反し不完全履行として債務不履行責任があるとした判例があり（高松地判昭和五五・一一・二八判時一〇一五号一〇九頁）、参考となろう。

四　農作業事故と製造物責任

農作業事故による農機製造業者や販売業者の賠償責任についての中心的問題は、民法七〇九条の一般的不法行為責任規定を前提としてのいわゆる「製造物責任」の問題に集約される。そこで、まず民法七〇九条による製造物責任の一般論を検討するとともに、その理論の農作業事故への具体的適用につきみることにする。

(一)　一般的不法行為責任（民法七〇九条）に基づく製造物責任理論

1　民法七〇九条の解釈論としての法的構成　製造物責任の解釈論としての法的構成に関しては、種々の主張がみられる。それは契約法的構成と不法行為法的構成に大別される。
契約法的構成としては、次のような主張がみられる。(1)　(1)債務不履行責任＝不完全履行責任として構成し、民法四一五条による処理である。判例においても若干はみられる法的構成である。製造物責任では、信義則上の付随義務として、生命、身体、財産上の法益を害しないよう配慮すべき注意義務違反＝付随義務としての安全配慮義務違反[2]、欠陥のない安全な物を給付すべき義務違反[3]が存在すると構成することによって処理するものである。そして、安全配慮義務については、買主の家族、同居者、買主から贈与された者などに対しても負うとして、直接契約関係にない被害者との関係においても援用されている。このような構成は、責任主体の有責性につき請求権者が立証責任を負わないというメリットのある点で注目されるが、これを垂直的に拡大して製造物責任の典型とされる直接契約関係のない製造者の責任をどのように根拠付けうるかという最大の課題が残されている。このため、前述の判例も、小売業者と買主という契約関係にある関係において用い、せいぜい請求権者の範囲を拡大しているに過ぎないのである。(2)　製造物の欠陥は民法五七〇条の隠れた瑕疵に該当すると構成するものである。ただ、この場合、製造者と被害者とは直接契約関係にないことについては、製造者が実質的な売主であるとか、製造者は販売業者を履行補助者として売る立場に立つとか、製造者と販売業者との間に代理店契約があるときは販売業者は代理人であり製造者が売主に当たると構成することによって、クリアーしている。竹内説、浜上説、篠塚説がそれであるとされている。判例にも、かかる構成によるものが、ごくわずかにみられる[4]。この構成では、無過失責任によることができるメリットがある。しかし、通説では賠償の範囲が信頼利益に限られているほか、最大の問題は、製造者との契約関係を構成しなければならないことである。このための前述の構成も未だ成功しているとはいえないであろう。(3)　製造者は、その製造物の安全性につき最終消費者に対して保証（ないし担保）責任を負うものであり、製造物の欠陥による被害については、この保証（ないし担保）契約の履行責任を負うとするものである。保証（ないし担保）契約責任の存在については、製造者はその品質、性能を保証したような関係に立つとして黙示の保証と構成するものや、製造者と最終消費者との間には品質保証書の添付や製造物の効用の表示、広告などを通じて安全性の保証についての契約的関係が生じているとするものである。高森説、加藤説、来栖説がそれであるとされている。判例にはみられない。債務不履行責任構成と同様のメリットがあるが、製造者との契約関係の構成は技巧的であり、アメリカの保証理論を導入したもので、我が国の責任法理に接合するかどうか問題を残している。(4)　この他、商品責任論では直接の契約締結がなくても「契約の連鎖」関係があるものとして構成を試みようとする見解（椿説）や、製造者は消費者との間に品質保証契約または契約類似の信頼関係上の義務があり、その付随として信義則上の注意義務・保持義務があり、この義務違反として責任があるとする見解（北川説、林説）などもみられる。[5]

そこで、次に不法行為法的構成ついてみると、次のような主張がみられる。

(1)　解釈上の無過失責任の主張がみられる。製造者の危険分配が容易になった今日では、無過失責任を認める機は熟したとし、法律構成としては不法行為とし、実質的な要素としては瑕疵担保責任と同様の無過失責任を取り入れればよいとの見解（加藤説）、製造物責任を意思責任的製造物責任、客観責任的製造物責任、結果責任的製造物責任に分類し、最後は過失、これらに瑕疵（欠陥）概念を代えて製造者の特別危険行為の存否により判断する見解（石田説）などがこれである。裁判例においても、無過失責任の主張がみられる。しかし、解釈論としては根拠規定を見出すことが困難であり、判例も一様に否定している。[6]　(2)　民法七一七条を物の安全性に対する一般人の信頼の保護を前提とするものであるとの考えに立って、製造物責任に類推適用しようとする構成である（有泉説）。判例にも、これを根拠とした事例は若干みられる。[7]　この構成は、無過失責任とする点でメリットがある。しかし、これら判例の事案のように土地の工作物とみられるような製造物については可能であるが、土地工作物瑕疵と限定していること、責任主体が占有者、所有者とされていることから、製造物責任一般の責任理論としては困難である。[8]　(3)　民法七〇九条の一般的不法行為責任による構成である。同条の適用領域は広く、加害の態様からの限定のないことから、これによる構成が最も素直である。このため、製造物責任に関する判例の大多数が、かかる解釈論的構成の下で争われているのである。

2　製造物の「欠陥」概念と責任要件　製造物責任では、製造物の欠陥に起因する損害についての賠償責任が問題とされている。このため、「欠陥」概念の内容と、責任要件との関係がまず問題となる。

我が国では欠陥概念については、解釈的に確立しているとはいえない。アメリカでは「不相当に危険な」場合であるとされている。その判断基準については、製造者の意図した設計や仕様から製造物が逸脱している場合とする標準逸脱基準や、製造物が通常の消費者の期待する安全性を欠くものであった場合とする消費者期待基準や、製造物の有する危険性と有用性とを比較衡量し、危険性が有用性を上回る場合とする危険効用基準などが主張されており、後二者が広く用いられているようである。[9]また、欠陥類型としては、アメリカやドイツの考え方を参考として、①設計上の欠陥（デザイン欠陥）＝本来的に製造者が企画決定した製造物の品質仕様に内在する欠陥、②製造上の欠陥（アウスライサー）＝管理・製造段階における人的・技術的懈怠に起因する欠陥、③指示警告上の欠陥（表示欠陥）＝製造者が製造物の安全性につき消費者に与えるべき品質情報を与えなかったか、与えていても不適切である場合、④開発途上の欠陥（開発危険）＝科学技術の発展に伴う危険による場合が問題とされている。[10]

そこで、このような欠陥概念が製造物責任においてどのように位置付けるべきであるか問題となる。立法論としては、これを過失に代わる責任要件とするのが一般的である。しかし、解釈論としての一般的不法行為責任構成の下においても同様に位置付けうるかである。まず、過失責任の下では、欠陥概念を媒介としなくても責任判断を為し得るのであるから、欠陥概念を用いることは論理操作を複雑なものにすることになるとする消極説がみられる。[11]ほとんどの判例は、欠陥を問題にしないで過失についての注意義務だけを問題としているだけであるといわれている。[12]さらに「製造物責任理論における欠陥概念は、無過失責任としての製造物責任の領域における責任原因確定の機能を担当する道具概念であって、不法行為責任の有無が問題となっている本件においては、この欠陥概念をあえて使用して議論を展開する必要はない」と明言する判例もみられる。[13]責任要件との関係に限定してみれば、欠陥概念についてのこのような位置付けが解釈論上は支配的といえる。一般的不法行為責任構成の下においては過失が責任要件とされている上に、欠陥をも責任要件として加重することは妥当でないし、その規定上の根拠も見出しえないからである。

しかし、製造物責任の特徴は、製造物の「欠陥」による損害にあることから、欠陥概念を責任要件として位置付けることはできないにしても、完全にネグレクトしてしまうことは妥当でない。欠陥概念を解釈上において積極的に位置付けてこそ製造物責任に関する賠償責任理論を正しく構成できるものといえる。このことはまた一般的に認識されていることでもある。そこで、判例では、[14]一つは、欠陥を事故原因としての製造物の性状を意味する概念として捉え欠陥の存否を問題とするものがある。ここでは、欠陥の存在が製造物責任の判断基準として機能しているようではあるが、本来的には、因果関係の前提となる原因事実の存否の判断要素として位置付けているに過ぎないのである。二つは、製造物の危険に関する予見可能性や結果回避義務違反を判断した上で製造者の過失責任を認めることができるような原因事実をもって欠陥と呼び責任を認めるものである。ここでの欠陥は、責任判断の結果を意味し、過失の存在の言い換えとして位置付けているに過ぎないのである。

ところで、学説も、判例にみられる欠陥概念の第一の因果関係の判断要素としての位置付けについては、一般に承認するところである。それだけではなく因果関係との関係においては、欠陥概念を因果関係証明軽減機能を持つものとしてさらに積極的に位置付ける見解もみられる。[15]さらに学説では、欠陥概念を過失との関係で積極的に位置付けることが試みられている。その一つは、ドイツ学説に従って、欠陥概念と欠陥の態様との関係で過失を判断するものである。[16]このような立場からすると開発途上の欠陥は予見も回避も不可能という理由で過失が認められないことになりかねない。そこで、余後義務概念を用いて修正することになる。その二は、過失の前提となる注意義務を類型的に把握し、その中で各種の欠陥に係わる注意義務の内容を定めるものである。[17]すなわち、製造者には安全商品提供義務があり、その三つの要素として①品質欠陥調査義務、②指示警告義務、③余後義務を挙げ、欠陥の類型ごとにどのような注意義務が問題になるかを検討するものである。しかし、このような欠陥概念を法技術としての過失と関係付けることについては、それが可能かどうかは明らかでないし、また判例をこのような観点から整理することも困難であるとの指摘がみられる。[18]その三は、欠陥概念を過失の立証責任との関係で活用しようとするものである。[19]欠陥概念のこのような位置付けは、製造物責任の中心概念である欠陥を解釈論上において積極的に位置付けるものとして注目される。そして、このことによって、製造物責任の特質を踏まえた解釈論上の法的構成が可能になるものといえよう。

3　製造物責任要件としての「過失」

製造物責任における責任要件としての過失は、一般に、予見義務を前提とするところの予見可能な危険を回避すべき客観的な注意義務の違反であるとされている。[20] このため、予見義務懈怠があったとか、結果回避義務懈怠があった場合には過失が肯定される。反対に、予見可能性がなかったとか予見義務を尽くしていた場合、あるいは結果回避可能性がないとか結果回避義務を尽くしていた場合には過失がないことになる。かかる過失概念は、一般的不法行為責任における通常の過失の内容と異なるものではない。しかし、製造物責任においては、製造物の類型によって、その判断基準の前提となる注意義務の内容程度が異なるとされている。[21] 例えば、一般的には製造者には「生命、身体に危害を及ぼさないよう配慮すべき高度の注意義務」を課した上で、開発、製造段階での予見義務によってごく希な場合を除いて予見可能性を認め、結果回避義務については、食品では製造販売回避義務ないし製造販売後の警告回収義務まで認め、医薬品では副作用の可能性があっても製造販売が許されるとしながら指示・警告義務は免れないとし、機械製品や自動車では予見義務を問題とすることなく、利用者の注意義務と製造者がどこまで安全な製品を作るべきであるかという結果回避義務が問題とされるといわれている。[22] そのような状況の中で近時の判例においては、情報伝達義務、警告義務、指示義務などが製造物責任に特有の注意義務として問題とされているとの指摘もみられる。[23] そして、判例は、形式的には過失責任を貫きながら、予見可能性を大幅に拡張し、結果回避義務を著しく高度化することにより、実質的には無過失責任を実現しつつあるとみる見解もみられる。

また、過失の立証に関しては、製造物責任では過失の一応の推定を適用すべきであるとか、[24] 立証責任を転換すべきであるなどの見解がみられる。[25] さらに判例には、欠陥から過失を推定する構成によるものや、[26] 過失の前提となる予見可能性を推定するものもみられる。[27] これらは、製造物責任の中心概念とされる欠陥概念を過失推定の技術概念として積極的に位置付けるものであり注目される。[28] 学説にも、より積極的に欠陥概念が過失証明軽減機能を発揮するものとして位置付ける見解がみられる。[29] 設計上の欠陥や製造過程上の欠陥のように絶対的欠陥の場合は、製造者が予見不可能な開発危険であるかまたは発見不可能なアウスライサーであることを証明しない限り過失が認められ、指示・警告をしなかった消極的表示欠陥の場合は、製造者が十分な指示・警告をしたことを証明しなければ過失が認められ、誤った表示をしたような積極的表示欠陥の場合は表示の誤りが科学技術の水準から予見できなかったことを証明しない限り過失を認めてよいとするものである。ところで、判例や学説のこのような構成が成功しているかどうかはさらに検討しなければならないが、欠陥概念を過失の立証を軽減するものとして法的構成することは、解釈論として妥当であるし、正しい方向といえる。

4　製造物責任要件としての「因果関係」　製造物責任の責任要件としての因果関係については、製造物の「欠陥」によって損害が惹起されたかどうかが問題とされる。[30] ここでは、製造物に欠陥があったかどうか、その欠陥によって損害が生じたものかどうかが問題とされるのである。このため、単に、製造物に起因する損害というだけでは、製造物責任での因果関係は成立しないし、それは別の類型の不法行為責任の問題として問題にしなければならないのである。ただ、欠陥概念が製造物責任の要件事実となりうるかについては争いがある。[31] このことに関し、解釈論としての一般的不法行為構成のもとでは欠陥概念を独立の要件事実とみることは妥当でない。しかし、欠陥概念を因果関係の存否の判断のための一つの媒介的法技術概念として位置付ける構成は妥当といえる。[32] そこで、欠陥の存在を否定することによって不法行為責任を否定する判例がみられるが、[33] これは加害行為の不存在ないし加害行為と損害との間の因果関係の不存在を認定したものと構成されることになる。[34]

ところで、製造物責任での因果関係は、事実的因果関係が中心である。そこで、その立証についても問題となり、その立証責任の軽減のために、学説には、因果関係の推定や、医療過誤訴訟での統計的因果関係や、公害事件での間接反証論などが主張されている。[35] そして、判例には、疫学的立証によるものもみられる。[36] また、製造者が欠陥製造物を秘密裡に回収廃棄したような場合には証明妨害の法理を適用すべきであるとの主張もみられる。このようにして、解釈論において、因果関係の立証を緩和しようとするのも製造物責任での課題に対応する一つの努力の表れである。

(1)　契約法的構成をとる諸見解の詳細については、川井健『製造物責任の研究』六頁以下、淡路剛久「製造物責任の内容(2)」『消費者

法講座 2』二六四頁以下、平野裕之『製造物責任の理論と法解釈』二七七頁以下参照。
(2) 岐阜地大垣支判昭和四八・一二・二七判時七二五号一九頁（卵豆腐事件)。同旨判例として、神戸地判昭和五三・八・三〇背判時九一七号一〇三頁（バトミントン輸入事件)、京都地判昭和五六・一二・一四判時一〇五〇号一一二頁（プロパンガス事件）など。
(3) 高松地判昭和五五・一一・二八判時一〇一五号一〇九頁（石切切断用カッター事件)、大阪地判昭和六一・二・一四判時一一九六号一三二頁（アーチェリー玩具事件)。
(4) 福岡地久留米支判昭和四五・三・一六判時六一二号七六頁（養鶏飼料事件)。
(5) 不法行為的構成をとる諸見解の詳細について、淡路・前掲二二六頁以下、平野・前掲三一〇頁以下参照。
(6) 広島地判昭和五四・二・二判時九二〇号一九頁（広島スモン訴訟)、静岡地判昭和五四・七・一九判時九五〇号一九九頁（静岡スモン訴訟)、福岡地白河支判昭和五八・三・三〇判時一〇七五号二八頁（福島大腿四頭筋訴訟）など。
(7) 長野地松本支判昭和四〇・一一・一一判時四二七号一一頁（プロパンガス爆発事故)、東京高判昭和四九・一〇・二八判時七六六号五一頁（プロパン風呂釜中毒事件)、東京地判昭和五五四・二五判時九七五号五二頁（サウナ風呂火災事件）など。
(8) 淡路・前掲二六一頁。
(9) 朝見行弘「責任基準（1）欠陥」NBL四五七号三二、三三頁参照。
(10) 北川善太郎・植木哲『(唄・有泉編）現代損害賠償法講座4』二八六頁以下、淡路・前掲二四一頁。
(11) 森島昭夫「スモン訴訟判決の総合的検討（3)」ジュリスト三一五号八四頁、同旨、淡路・前掲二二八頁、朝見・前掲三三頁。
(12) 平野・前掲書四四一頁参照。
(13) 判例の分析評価については、朝見・前掲三三頁。
(14) 平野・前掲書四四三頁、四一八頁。
(15) 北川・植木、前掲二八四頁以下、植木哲「製造物責任」『民法学6』二六一頁以下。
(16) 植木哲「製造物背金における注意義務」私法三八号一八四頁以下。
(17) 淡路・前掲二四四頁。
(18) 平野・前掲書四四二頁、淡路・前掲二四四頁、二四八頁。
(19) 淡路・前掲二三九頁、平野・前掲書三二六頁。朝見・前掲二九頁。
(20) 淡路・前掲二四〇頁、朝見・前掲二九頁。
(21) 平野・前掲書三五一頁。同旨、朝見・前掲二九頁以下。
(22) 平野克明「製造物責任―日本の判例」NBL四五六号一八頁。

(23) 森島昭夫「製造物責任の発展(1)」『消費者法講座2』一三七頁、平野・前掲書三七六頁、平野(克)・前掲一九頁。
(24) 中野貞一郎「過失の『一応の推定』について」『過失の推認』一一頁以下。過失の一応の推定によったとみられる判例としては、京都地判昭和四九・一一・二九判タ三二二号二二六頁（ブレーキ整備不良事件）。
(25) 浜上則雄「製造物責任における証明問題（三）」判タ三一二号一五頁、植木・前掲二六五頁など。
(26) 福岡地判昭和五二・一〇・五判時八六六号二一頁（福岡カネミ油症事件）、福岡地判昭和五三・一一・一四判時九一〇号三三頁（福岡スモン訴訟）。
(27) 金沢地判昭和五三・三・一判時八七九号二六頁（北陸スモン訴訟）。
(28) 淡路・前掲二四八頁。
(29) 平野・前掲書四四二頁。
(30) 北川善太郎「生産物責任」『基本法学5』三六九頁、川井・前掲書一〇六頁、淡路・前掲二二七頁。
(31) 積極説として、北川、前掲『基本法学5』三六五頁。消極説として、淡路・前掲二二八頁。
(32) 淡路・前掲二二八頁。
(33) 浦和地判昭和五七・二・一二判タ四七四号一七八頁（コンクリートカッター事件）、東京地判昭和五九・三・二・六判タ五二六号一五九頁（ガスストーブ火傷事件）。
(34) 淡路・前掲二二八、二二九頁。平野(克)・前掲二〇頁。
(35) 詳細は、淡路・前掲二三二頁以下参照。
(36) 東京地判昭和五三・八・三判時八九九号四八頁（東京スモン訴訟）。

(二)　農機の欠陥による事故と製造物責任

農機を使用しての農作業中の事故による身体、生命、財産上の損害について、農機製造業者や販売業者が賠償責任を負うことになるためには、まず、その農機に欠陥があることが必要である。すなわち、欠陥農機による事故であったということである。次いで、このような欠陥農機を製造販売したことにつき、農機製造業者や販売業者に過失があることであり、さらに、このような欠陥農機による事故であるという因果関係がなければならない。そこでここでは、最も問題となる前二点についてのみ検討することにする。

1　農機の欠陥

(1)　欠陥農機　まず、どのような場合に欠陥農機であったといえるか問題となるが、直接検討したものは見当たらない。そこで、一般論としては製造物責任での商品欠陥の理論や具体的には自動車の欠陥や機械の欠陥についての判例などを参考して、検討するしかないであろう。これによると農機が、期待される客観的品質、性能に達していないことのほかに、社会的信頼に応えるだけの安全性を保有していないときに、欠陥があるといえる。具体的には、その種の農機が備えるべき安全性の基準を設定し、当該農機がこれに達しているかどうかで判断される。ただ、その安全基準をどこに置くかは困難な問題である。その安全性は経済的要請と技術上の制約によって異なるからである。判例も、製造業者の過失の判断に関連してではあるが、機械の製作者は当該機械の利用者、使用の目的、方法および設置場所に照らし、通常予想される危険に対し必要かつ十分な安全措置を施せば足りるのであって、製作者においてあらゆる危険に対し最高の安全性を有する機械を製作すべき法的義務を負わせるのは相当でないと判示している（東京高判昭和五二・一一・二八判時八八二号五二頁）ことは、農機の欠陥の有無を判断する上においても参考となる。これを具体的にみると次のようである。

(2)　設計上の欠陥（デザイン欠陥）　製造業者が設計・企画決定した製品の仕様において既に内在している欠陥であり、全製品に内在している欠陥が設計上の欠陥（デザイン欠陥）といわれる欠陥である。当該農機機械の設計、デザイン段階において、その農機が備えるべき通常の安全性を保有していなかった場合である。例えば、コンバインについてはベルトやチェーンやカッターが露出していて挟まれたり巻き込まれないようなカバーなどの防護措置がないようなものとか、自動刈取機に飛び石を防ぐための飛散防護カバーの付いていないようなものなどは、設計上の欠陥（デザイン欠陥）があるものと考えてよいと思われる。また、乗用トラクターについても転倒した場合に下敷きにならないための安全フレームの取り付けられていないものも、トレッチャーにチェーン部に近づかないように枠で囲った安全バーが取り付けられていないものなどが、これに当たると考えられる。これは、乗用トラクターの転倒事故そのものを防止するための安全装置ではないことから若干問題となるが、転倒しても軽傷害に止めるという「フェイル・セーフ（誤っても安全）」の装備であり、乗用トラクターの転倒事故による死亡が多いことが予想されるから、これを予防するための安全装備であると考えると、このような装備の備え付けられていないものについては、設計上の欠陥（デザイン欠陥）とみてよいであろう。このことは、自動車が急停車をさせた際に助手席の背もたれが前に倒れ、後部座席に乗車していた者が負傷した事案で、折畳み式助手席の背もたれ前倒防止装置を装備していなかったことについて欠陥車であるとした判例（東京高判昭和五二・七・四判時八六三号四七頁）がみられることからみても推論されるところである。

(3)　製造過程上の欠陥　　製品の製造段階における人的なあるいは技術的なミスであったがために生ずる欠陥である。今日における製品の製造はオートメーションシステムで行われていることから、その過程において、このような欠陥は不可避的に発生するものであるといわれている。ただ、このような製造過程上の欠陥は、個別の製品毎に問題となるのであって、全製品に内在する欠陥ではない。このため、農機事故に際しては、その事故の原因となった特定の農機につき、そのような欠陥があったかどうかを問題にしなければならないことになる。この場合には、欠陥の有無は、その農機と同じ農機と比較して、それよりも事故の原因となった部分について安全性に欠けるところがなかったかどうかで判断されることになるのである。

(4)　指示・説明・警告についての欠陥　　製造業者がその製品の安全性や安全な取扱い方、使用方法につき、指示、説明ないし警告をしていなかったか、それが不十分、不適切であったような場合には、設計上の欠陥や製造過程上の欠陥がなかったとしても認められる欠陥である。例えば、乗用トラクターの転倒防止のための傾斜地の走行方法について指示、警告をしていなかったとき、トレッチャーの安全バーを取り外して使用しないようにとの指示、警告がなされていないとき、コンバインのカッター部に詰まったものを取り除くなどのときには必ずエンジンを停止させるようにとの指示、警告をしていなかったときなどの場合には、指示、説明、警告についての欠陥が問題になると考えられる。

(5)　開発途上の欠陥　　製品の製造時点では判明しなかったが、その製品を使用しているうちに判明する欠陥である。

このような欠陥は薬品の副作用による損害に典型的にみられるものである。農業機械については、開発途上の欠陥が問題となることは少ないのではないかと思われる。しかし、機械の振動によって「白ろう病」のような振動障害の生ずることが明らかにされていなかった時点において、チェンソーや自動刈取機など振動障害の原因となるような農機が開発製造されたというような場合には、開発途上の欠陥が問題とされる場合があろう。

2　農機製造業者・販売業者の過失

(1)　過失の内容　製造物責任における製造業者や販売業者の過失は、農機製造業者や販売業者が農機を使用する者の安全を損なうような欠陥農機を不注意に製造ないし販売しない義務を負っていることを前提として、被害に対する予見可能性と結果回避義務の二本立てで判断されている。このことから、抽象理論としては、そのような農機によって、これを使用する者が危険にさらされ被害を被ることを予見することが可能であったのに欠陥農機を製造ないし販売した場合（予見可能性説）か、あるいは、そのような農機によってこれを使用する者に生ずる危険を回避するための防止措置を講じないで欠陥農機を製造ないし販売した場合（結果回避義務違反説）に過失があるということになる。関連のある判例として、ドーザを使用して除雪作業に従事していた者が転倒して巻き込まれ負傷した事案について、次のように判示したものがある。「一般に、小型ドーザは、排土などの作業目的から強力なエンジンを搭載しており、その形状とあいまって、特に無謀な操作方法をとった場合でなくとも、操作者または第三者に対する生命、身体等の危険を伴うものであるから、小型ドーザ製造者としては、予見可能な危険を回避して安全な小型ドーザを製造すべき義務があり、この義務に違反して欠陥品を製造、流通させた場合右欠陥品の使用によって損害を被った被害者に対して直接に民法七〇九条の不法行為による損害賠償責任を負うものと解すべきである」（長野地判昭和六一・三・二七判時一一九一号一〇七頁）としている。農機の製造についても同様に考えてよいであろう。

ところで、農機製造業者のこのような過失は、具体的には①農機の設計（デザイン）の段階での過失、②農機の製造過程での過失、③農機使用についての説明・警告義務違反としての過失が問題となろう。

(2)　農機の設計（デザイン）上の過失　製造業者は、その製品が、本来的に意図された使用に際して、これに適合し、使用する者に危険を生じさせないよう注意する義務がある。農機の製造に当たっても、同様の義務のあることはいうまでもない。そして、このような義務に違反した場合は、農機製造業者に過失があったとして賠償責任が負わされることになる。例えば、前述の除雪作業転倒事故に関する判例では、除雪用に用いられる小型ドーザーに取り付けられたグリップの機能が操作者の身体を安定させ、足が滑ることを防ぎ、さらに足を滑らせた場合の転倒を防止することにあることは、経験則上からも、他メーカー製の除雪に用いられている小型ドーザーが例外なくグリップを付けていることからも明らかである。そして、常に転倒の危険にさらされている除雪作業においては、右のグリップの有する機能は、その機械の安全性からいって基本的かつ不可欠のものである。しかしながら、小型ドーザーにグリップを取り付けると、疲労の原因や操作の遅れを生じ、あるいは半身の姿勢をとれないなど却って危険を招き有害であると判断し、旧型ドーザーには取り付けられていたグリップを取り付けないことにしてしまったのであるが、このようなグリップの取り付けられていないドーザーを製造したことには過失があるとしている（前掲、長野地判昭和六一・三・二七）。

このような判旨からすると、例えば、コンバインのベルトやチェーンやカッターに巻き込まれないようなカバーなどの防護措置がないようなものとか、自動刈取機に飛び石を防ぐための飛散防護カバーの付いていないようなもの、ネギの皮むき機で難聴防止のための防音カバーを装置していないものなどを製造、流通させている場合は、これらの農機製造業者に過失があるとされる可能性があるといえる。

なお、製品の設計（デザイン）の不備があったために事故が発生したわけではないが、発生した事故による損害の拡大を防止するための措置が講じられていなかった場合にも、設計（デザイン）上の過失になるかどうか問題となる。この点、自動車事故に関しては、アメリカでは自動車は衝突するために製造されるわけではないが、通常の運行に当たってはしばしば不可避的に衝突事故に巻き込まれ人身に損傷を与えるのであるから、メーカーはユーザーを不合理な危険にさらされないように相当な注意を払って安全な設計を為すべき義務を負うとされ、衝突後乗員が車内であるいは車外に放り出されて受ける損傷に対する安全のための設計をしていないときには過失があるものと解すべきであるとされている。[1] 我が国においても、また農機についても同様に考えてよいであろう。このことから、一般論としては、予想される農機事故に際して、「フェイル・セーフ（誤っても安全）」の装備を取り付けていないようなものについては、設計（デザイン）上の過失であるといえる。例えば、乗用トクラターについて転倒した場合にも下敷きにならないような安全フレームが取り付けられていないものは、これに当たることになろう。

(3)　製造過程における過失　　製品が製造業者の設計仕様通りに仕上げられていなかった場合、製造工程で規格外の粗悪な材質のものが混じった場合、部品にキズがあった場合、仕様と異なった組み立てがなされた場合、工程のどれかが脱落した場合も、製造業者の製造過程における過失といえる。[2] 農機についても、このような過失も考えられる。しかし、製造過程における過失は、当該農機の製造過程において生ずるものであることから、個々に判断しなければならないという困難がある。

(4)　製造業者の説明・警告義務違反による過失　　製造業者が製品の使用、取扱い方について、適切な説明、警告をしなかったがために、使用する者において事故が生じた場合には、製造業者の説明、警告義務違反として過失が認められる。このことは、製造物責任においては一般的に承認されているところであり、農機事故の場合にも例外ではないといえる。

前述の除雪作業転倒事故に関する判例でも、ドーザーの取扱説明書において、このドーザーの特長の一つとして除雪作業を掲げながら、危険なため使用すべきでない場所として狭い場所、足場の悪い場所、起伏の激しい場所とのみ表示、除雪の場合に頻繁に生じることのある足下の滑りやすい場所での使用が禁止されているのがユーザーには判断し難い記載をしているとして、この点での過失も指摘している。

このことからすると、農機事故の場合にも、例えば、乗用トラクターの走行についての適切な説明、警告が行われていなかったり、耕耘機のバック時の注意について警告されていなかったり、コンバインなどの詰まりを取り除くに際してエンジンを停止させる旨の警告がなされていなかったりするような場合には、このような農機製造業者の過失が問題とされよう。

もっとも、製造業者の説明・警告義務は、その製品を使用する者の危険に対する知識との相関関係において差異が生ずるものである。また、その製品の使用についての危険の周知性とも関係するものである。そこで、これらを考慮して過失の存否を判断しなければならないことになる。

なお、製造業者の説明・警告義務違反としての過失の判断に際しては、その農機が欠陥農機であったかどうかは問題ではない。欠陥農機ではない場合であっても、その使用、取扱いについて、適切な説明・警告をしていなかったことによる事故である場合には農機製造業者に過失が存在することになるのである。

(1)　森島昭夫「自動車の製造者責任（上）」ジュリスト四三二号三七頁。
(2)　森島・前掲四〇頁。

15　農機事故の賠償責任

一　農機事故で賠償責任の生ずることがあるか——農機事故と賠償責任

(1)　農機事故とは

農機事故についての定義は、これまでは見られない。そこで、ここでは、農機機械により、それを使用して農作業に従事していた者の身体、生命または財産に損害が生じた場合に限定して、その賠償責任の問題を考えることにする。農作業中の事故としては、鍬や鋤や鎌などの農具によって負傷する場合もあるが、これらは農作業に伴う古典的事故といえる。このような事故は、農具それ自体が事故の直接的原因であるというよりも、それを取り扱う者自体の取り扱い方が事故の直接的原因となっている場合が多いため、賠償責任の問題として、それを他に求めることが困難な状況にあるのが通常であることから、ここでは考えないことにする。このことから、ここで念頭に置いている農機事故は、乗用トラックターの機体の転落、転倒による事故や、トラックターなどへの乗降時のつまづき転落事故、アタッチメント(付属作業機)の着脱時の挟まれ打撲事故、PTO(動力取出軸)や作業機への巻き込まれ事故、コンバインの脱穀チェーンやカッター部位での手や腕の切断事故、耕耘機のバック時での挟まれ事故、トレラー付耕耘機の折れ曲がり(ジャックナイフ現象)横転事故、ネギの皮むき機による難聴障害、刈り払い機による接触・飛石・振動事故など、農業機械が原因となって生ずる事故である。

(2)　農機事故の賠償責任とは

農機事故をこのようなものとして捉えるならば農機事故による賠償責任の問題というのは、次のような二つの賠償責任の問題としてみることができる。

第一に、「通常備えるべき安全性を欠く危険な製品（欠陥製品）によって、その製品の使用者または第三者の生命、身体または財産に生じた損害について、製造業者、販売業者などその製品の製造販売に関与した者」に対する賠償請求の問題とされている、いわゆる「製造物責任」と共通することになる。(1)そして、農機事故の賠償責任は、製造物責任の一類型の問題ということになる。特に、欠陥車や欠陥機械による損害に対する賠償責任の問題と近似した問題と考えることができるのである。このため、今日、わが国では、製造物責任についての一般理論はいまだ確立されていないことや、農業機械による損害に対する賠償責任の問題について学説でも判例でもまったく問題とされていない状況からして、農機事故の賠償責任を考えるにあたっては、欠陥車や欠陥機械による損害に対する賠償責任の考え方を参考にするのが適切といえる。

第二に、農機事故による被害者が、雇傭されて農作業に従事していた者（農業労働者）であったり、臨時に手伝っていた者であるような場合には、このような危険な農業機械を使用させた使用者等に対する賠償請求が問題になる。これは、広い意味における労災事故に際しての賠償責任の問題である。労災事故に際しての使用者の賠償責任については、民法七〇九条の不法行為責任の問題として、あるいは安全配慮義務違反による賠償責任の問題として問題にされている。そこで、農機事故の場合でも、これと同様に考えてよいといえる。

（1）　森島昭夫「製造物責任の発展（1）—製造物責任問題の展開」加藤一郎・竹内昭夫編『消費者法講座2』（日本評論社）一〇一頁。

二　農機製造業者に賠償責任がある場合とは——農機製造業者の賠償責任

農機事故による身体、生命、財産上の損害について、農機製造業者が賠償責任を負わなければならないかどうかについては、その法的根拠をどこに求めるかによって若干異なる。そこで考えられる法的根拠についてみると、次のようなものがある。

第一に、民法七〇九条による一般的不法行為責任を根拠とする場合である。この場合には、このような欠陥のある農機（農機欠陥）を製造業者が故意にあるいは過失によって製造したこと（製造業者の故意・過失）、かかる農機の欠陥が原因となって農機事故が生じ身体、生命、財産上の損害が発生したこと（因果関係）が主要な要件であり、これらの要件が被害者によって証明されると、製造業者に賠償責任が課せられる。そこで、法律上は、特に、欠陥農機であったかどうか、製造業者に過失があったかどうかが争点となるし、これらについての被害者による証明責任も問題になるところである。

第二に、民法四一五条による債務不履行として不完全履行責任を根拠とする場合である。この場合にも前述の一般的不法行為責任を根拠とする場合と、その要件はほぼ同じである。しかし、製造業者の過失によるものであるかどうかの挙証責任については、被害者ではなく製造業者が負うことになる。すなわち製造業者が欠陥農機を製造したことについて過失はなかったことを証明しない限り過失があったものとされるのである。この意味では、一般的不法行為責任を根拠とする場合より賠償責任の成立が容易であるといえる。ただ、製造業者と農機事故の被害者との間には、その農機の取引について直接の契約関係のないのが普通である。農機の販売ルートをみるとそのほとんどは、農機製造業者から農機販売業者（卸売業者および販売店）ないし全農・経済連・農協から農家に販売される仕組みになっていることから、購入者である農家と農機製造業者との間では直接の取引契約は存在しないし、購入者自身が被害者になる場合の他にその家族や手伝人、雇われている者なども被害者になる場合があり、これらの者と農機製造者との間にはまったく取引につながる関係も存在しない。そこで、不完全履行責任については、このような直接の契約関係にない者間においても、それが認められるかどうかにつき争いのあるところであり、一般的にはそれを否定する傾向にある。このことから、一般的な考え方としては、農機事故の場合に、製造業者に賠償責任を負わせる根拠として、不完全履行責任を根拠とすることは困難であるといえる。

第三に、民法五七〇条による瑕疵担保責任を根拠とする場合である。この場合には、農機に欠陥(瑕疵)のあったこと(農機の瑕疵)、この欠陥(瑕疵)によって損害の生じたこと(因果関係)が主要な要件となる。そして、瑕疵担保責任を根拠とする場合には、一般的不法行為責任や不完全履行責任を根拠とする場合に要件とされている農機製造業者の過失を問題にする必要はないことになる。そこで、無過失での賠償責任が認められることになる。このことから、主要な争点は欠陥農機であったかどうかを証明することに限られる。しかし、瑕疵担保責任を根拠とすることについては、不完全履行責任を根拠とする場合と同様に被害者と農機製造業者との間には直接の売買契約がないことにつき問題とされているし、農機の売買ではたとえば乗用トラックター一台として取引の目的物が定まり特定されていないような場合にも適用されるのかどうかについて争いがあり、これを根拠とした場合に被害者に生じた身体、生命、財産上の損害についてまで賠償請求できるのかどうかについても問題となる。そこで、これらを肯定する見解はないわけではないが、一般的には否定的である。

第四に、製造業者は製品の品質、性能についての一般的な黙示の保証をしていることによる保証責任、あるいは製品に欠陥のないことについての信頼を惹起させていることによる信頼責任を根拠とする場合である。この場合には、農機に欠陥のあったこと(欠陥農機)、この欠陥によって農機事故が生じたこと(因果関係)が主要な要件となる。このため、農機製造業者の過失は要件となっていない。すなわち、無過失責任として構成しようとするものである。しかし、このような保証責任や信頼責任を根拠とすることについては、争いのあるところである。新しい製造物責任の根拠としては注目されるが、今日では、一般的に承認されているとはいえない。

第五に、特殊の不法行為としての「製造物責任」を根拠とする場合である。この場合は、農機に欠陥のあったこと（欠陥農機）、この欠陥によって農機事故の生じたこと（因果関係）が主要な要件となる。この製造物責任は、基本的には不法行為責任であるが、一般的不法行為責任と異なり、故意・過失を要件としないものである。このため、農機製造業者に過失のないときでも、欠陥農機であることが証明されれば容易に賠償責任が認められる。しかし、このような製造物責任については、立法の問題として議論されているところであり、現行法上は、これを根拠とすることは無理である。ただ、欠陥商品による消費者や利用者の損害について無過失責任としてその賠償を認めるべきであるとするのが世界的傾向であるし、わが国でもかかる方向で検討されていることからすると、近い将来においては製造物責任を根拠としての賠償責任も覚悟しなければならないのではないかと思われる。その際、欠陥農機による事故の賠償責任についても、その例外となることはありえないであろう。

ところで、農機製造業者の賠償責任の根拠につき、いろいろな考え方があるわけであるが、以上のような状況を前提とする限りにおいては、今日では、通常、民法七〇九条による一般的不法行為責任を根拠とするのが最も妥当な考え方であるといえる。そして、いわゆる製造物責任については、民法七〇九条に基づいて処理しているのが通説、判例の立場であるとすると、農機事故の場合にも同様に考えてよいであろう。そこで、以下では、民法七〇九条による一般的不法行為責任を根拠とする場合の農機製造業者の賠償責任についてみることにする。

三　農機の欠陥による事故とは――農機事故と欠陥の認定

農機事故による身体、生命、財産上の損害について、農機製造業者が賠償責任を負うことになるためには、その農機に欠陥があるということである。すなわち、欠陥農機による事故であったということである(1)。そこで、どのような場合に欠陥農機であったといえるのかが問題となる。法律上、欠陥農機であるかどうかについて、直接検討したものは見当たらない。そこで一般論としては製造物責任での商品欠陥の理論や、具体的には自動車の欠陥や機械の欠陥についての判例などを参考として、どのような場合に欠陥農機といえるかについて検討することにする。

(1) 農機の欠陥

農機が、期待される客観的品質、性能に達していないことのほかに、社会的信頼に応えるだけの安全性を保有していないときに、欠陥があるといえる。具体的には、その種の農機が備えるべき安全性の基準を設定し、当該農機がこれに達しているかどうかで判断される。ただ、その安全基準をどこに置くかは困難な問題である。その安全性は、経済的要請と技術上の制約によって異なるからである。判例も、製造業者の過失の判断に関連してではあるが、機械の製作者は当該機械の利用者、使用の目的、方法および設置場所に照らし、通常予想される危険に対し必要かつ十分な安全措置を施せば足りるのであって、製作者においてあらゆる危険に対し最高の安全性を有する機械を製作すべき法的義務を負わせるのは相当でないと判示している（東京高判昭五二・一一・二八判時八八二号五一頁）ことは、農機の欠陥の有無を判断するうえにおいても参考となるものといえる。

そして、農機の欠陥は、次の四つの場面で生ずることが考えられる。

①設計上の欠陥（デザイン欠陥）、②製造過程上の欠陥、③指示・説明・警告についての欠陥、④開発途上の欠陥。

このうち、農機の欠陥として、特に多く問題になるのは、①設計上の欠陥（デザイン欠陥）と③指示・説明・警告についての欠陥であると思われる。

(2) 設計上の欠陥（デザイン欠陥）

製造業者が設計・企画決定した製品の仕様においてすでに内在している欠陥であり、全製品に内在している欠陥が設計上の欠陥（デザイン欠陥）といわれる欠陥である。当該農業機械の設計、デザイン段階において、その農機が備えるべき通常の安全性を保有していなかった場合である。たとえば、コンバインについてはベルトやチェーンやカッターが露出していて挟まれたり巻き込まれないようなカバーなどの防護措置がないようなものや、自動刈取機に飛び石を防ぐための飛散防護カバーの付いていないようなものなどは、設計上の欠陥（デザイン欠陥）があるものと考えてよいと思われる。また、乗用トラックターについても、転倒した場合に下敷きにならないための安全フレームの取り付けられていないものも、トレッチャーにチェーン部に近づかないように枠で囲った安全バーが取り付けられていないものなどが、これに当たると考えられる。これは、乗用トラックターの転倒事故そのものを防止するための安全装備ではないことから若干問題となるが、転倒しても軽傷害に止めるという「フェイル・セーフ（誤っても安全）」の装備であり[2]、乗用トラックターの転倒事故による死亡が多いことが予想されるから、これを予防するための安全装備であると考えると、このような装備の備え付けられていないものについては、設計上の欠陥（デザイン欠陥）とみてよいであろう。このことは、自動車が急停車をさせた際に助手席の背もたれが前に倒れ、後部座席に乗車していた者が負傷した事案で、折畳み式助手席の背もたれ前倒防止装置を装備していなかったことについて欠陥車であるとした判例（東京高判昭五二・七・四判時八六三号四七頁）がみられることからみても推論されるところである。

(3)　製造過程上の欠陥

製品の製造段階における人的あるいは技術的なミスがあったがために生ずる欠陥である。今日における製品の製造はオートメーションシステムで行われていることから、その過程において、このような欠陥は不可避的に発生するものであるといわれている。ただ、このような製造過程上の欠陥は、個別の製品ごとに問題となるのであって、全製品に内在する欠陥ではない。このため、農機事故に際しては、その事故の原因となった特定の農機につき、そのような欠陥があったかどうかを問題にしなければならないことになる。この場合には、欠陥の有無は、その農機と同じ農機と比較して、それよりも事故の原因となった部位について安全性に欠けるところがなかったかどうかで判断されることになるのである。

(4)　指示・説明・警告についての欠陥

製造業者がその製品の安全性や安全な取り扱い方、使用方法につき、指示、説明ないし警告をしていなかったか、それが不十分、不適切であったような場合には、設計上の欠陥や製造過程上の欠陥がなくても認められる欠陥である。たとえば、乗用トラックターの転倒防止のための傾斜地の走行方法について指示、警告をしていなかったとき、トレッチャーの安全バーを取り外して使用しないようにとの指示、警告がなされていないとき、コンバインのカッター部に詰まったものを取り除くなどのときには必ずエンジンを停止させるようにとの指示、警告をしていなかったときなどの場合には、指示・説明・警告についての欠陥が問題になると考えられる。

(5)　開発途上の欠陥

製品の製造時点では判明しなかったが、その製品を使用しているうちに判明する欠陥である。このような欠陥は、薬品の副作用による損害に典型的にみられるものである。農業機械については、開発途上の欠陥が問題となることは少ないのではないかと思われる。しかし、機械の振動によっていわゆる「白ろう病」のような振動障害の生ずることが明らかにされていなかった時点において、チェンソーや自動刈取機など振動障害の原因となるような農機が開発製造されたというような場合には、開発途上の欠陥が問題とされる場合があろう。

（1）　もっとも、民法七〇九条に基づく製造物責任の場合には商品欠陥の要件は無用であり、かえって混乱を生じしめることから、過失の問題として処理すべきであるとの見解がある（森島昭夫「スモン訴訟判決の綜合的見当（3）」ジュリスト七一五号八六頁）。しかし、製品関連事故の被害者は、過失のみを主張立証することも、過失の主張とともに製品欠陥を主張立証して過失の挙証責任の軽減を狙うことも選択できることから、欠陥と過失は矛盾することはなく、共存することが認められるとするのが現在の製造物責任の到達点であると指摘されている（「製造物責任関連判例の収集・分析調査」一八頁（加賀山茂））ことから、ここでも農機の欠陥について一応検討することにする。

（2）　日本農業新聞編『農機事故防止対策と労災保険』（日本農業新聞、一九八八）二一頁。

四　農機事故における農機製造業者の過失とは――農機事故と過失の認定

農機事故による身体、生命、財産上の損害につき、農機製造業者に賠償責任があるかどうかにつき、今日、わが国では、民法七〇九条の一般的不法行為責任を根拠としていることは前述したところである。ところで、民法七〇九条の一般的不法行為責任を根拠とする場合に、最も問題となるのは、農機製造業者に欠陥農機を製造するに際して過失があったかどうかである。そして、このような過失があった場合には、ほとんど責任を免れることはできない。このため、農機製造業者の過失の有無が、賠償責任があるかどうかの分かれ目になるといってよいのである。

(1)　農機製造業者の過失とは

製造物責任における製造業者の過失は、農機製造業者が農機を使用する者の安全を損なうような欠陥農機を不注意に製造しない義務を負っていることを前提として、被害に対する予見可能性と結果回避義務の二本立てで判断されている。このことから、農機製造業者の過失についても、抽象理論としては、そのような農機によって、これを使用する者が危険にさらされ被害を被ることを予見することが可能であったのに欠陥農機を製造した場合（予見可能性説）か、あるいは、そのような農機によってこれを使用する者に生ずる危険を回避するための防止措置を講じないで欠陥農機を製造した場合（結果回避義務違反説）に過失があるということになる。農機事故に関する判例は見当たらないが、関連のある判例として、ドーザーを使用して除雪作業に従事していた者が転倒して巻き込まれ負傷した事案について、次のように判示したものがある。「一般に、小型ドーザーは、排土などの作業目的から強力なエンジンを搭載しており、その形状とあいまって、特に無謀な操作方法をとった場合でなくとも、操作者又は第三者に対する生命、身体等の危険を伴うものであるから、小型ドーザー製造者としては、予見可能な危険を回避して安全な小型ドーザーを製造すべき義務があり、この義務に違反して欠陥品を製造、流通させた場合右欠陥品の使用によって損害を被った被害者に対して直接に民法七〇九条の不法行為による損害賠償責任を負うものと解すべきである」（長野地判昭六一・三・二七判時一一九一号一〇七頁）。農機の製造についても同様に考えてよいであろう。ただ、学説や判例では、結果回避義務違反に重点をおいて過失を認定するものや、予見可能性の問題に終始しているものなど、若干の差異がみられる。

なお、このような過失の判断においては、農機に前述したような欠陥が認められるときは、通常、製造に際しての農機製造業者の過失に基づくものであると考えられることから、欠陥農機であることが認定できるときは、農機製造業者に過失があったと認定してもよいであろう。

ところで、農機製造業者のこのような過失は、具体的には、①農機の設計（デザイン）の段階での過失、②農機の製造過程での過失、③農機使用についての説明・警告義務違反としての過失が問題となる。

(2)　設計（デザイン）上の過失

製造業者は、その製品が、本来的に意図された使用に際して、これに適合し、使用する者に危険を生じさせないよう注意する義務がある。農機の製造にあたっても、同様の義務のあることはいうまでもない。そして、このような義務に違反した場合は、農機製造業者に過失があったとして賠償責任が負わされることになる。たとえば、前述の除雪作業転倒事故に関する判例では、除雪用に用いられる小型ドーザーに取り付けられたグリップの機能が操作者の身体を安定させ、足が滑ることを防ぎ、さらに足を滑らせた場合の転倒を防止することにあることは、経験則上からも、他メーカー製の除雪に用いられる小型ドーザーが例外なくグリップを付けていることからも明らかである。そして、常に転倒の危険にさらされている除雪作業においては、右のグリップの有する機能は、その機械の安全性からいって基本的かつ不可欠のものである。しかしながら、小型ドーザーにグリップを取り付けると、疲労の原因や操作の遅れを生じ、あるいは半身の姿勢をとれないなどかえって危険を招き有害であると判断し、旧型ドーザーには取り付けられていたグリップを取り付けないことにしてしまったのであるが、このようなグリップの取り付けられていないドーザーを製造したことには過失があるとしている（前掲、長野地判昭六一・三・二七）。

　このような判旨からすると、農機の欠陥のところでも述べたように、たとえば、コンバインのベルトやチェーンやカッターに巻き込まれないようなカバーなどの防護措置がないようなものとか、自動刈取機に飛び石を防ぐための飛散防護カバーの付いていないようなもの、ネギの皮むき機で難聴防止のための防音カバーを装置していないものなどを製造、流通させている場合は、これらの農機製造業者に過失があるとされる可能性があるといえる。

　なお、製品の設計（デザイン）に不備があったために事故が発生したわけではないが、発生した事故による損害の拡大を防止するための措置が講じられていなかった場合にも、設計（デザイン）上の過失になるかどうか問題となる。この点、自動車事故に関しては、アメリカでは自動車は衝突するために製造されるわけではないが、通常の運行にあたってはしばしば不可避的に衝突事故に巻き込まれ人身に損傷を与えるのであるから、メーカーはユーザーを不合理な危険にさらさないように相当な注意を払って安全な設計をなすべき義務を負うとされ、衝突後乗員が車内であるいは車外に放り出されて受ける損傷に対する安全のための設計をしていないときには過失があるものと解すべきであるとされている。(1)わが国においても、また農機についても同様に考えてよいであろう。このことから、一般論としては、予想される農機事故に際して、軽傷害に止めるという「フェイル・セーフ（誤っても安全）」の装備を取り付けていないようなものについては、設計（デザイン）上の過失があるといえる。たとえば、乗用トラックターについて、転倒した場合にも下敷きにならないよう安全フレームが取り付けられていないものは、これに当たることになろう。

⑶　製造過程における過失

　製品が製造業者の設計仕様通りに仕上げられていなかった場合、製造工程で規格外の粗悪な材質のものが混じった場合、部品に瑕があった場合、仕様と異なった組み立てがなされた場合、工程のどれかが脱落した場合も、製造業者の製造過程における過失といえる。(2)農機についても、このような過失も考えられる。しかし、製造過程における過失は、当該農機の製造過程において生ずるものであることから、個々に判断しなければならないという困難がある。

⑷　製造業者の説明・警告義務違反による過失

製造業者が製品の使用、取り扱い方について、適切な説明、警告をしなかったがために、使用する者において事故が生じた場合には、製造業者の説明、警告義務違反として過失が認められる。このことは、製造物責任においては一般的に承認されているところであり、農機事故の場合にも例外ではないといえる。

前述の除雪作業転倒事故に関する判例でも、ドーザーの取扱説明書において、このドーザーの特長の一つとして除雪作業をあげながら、危険なため使用すべきでない場所として狭い場所、足場の悪い場所、起伏の激しい場所とのみ表示、除雪の場合にひんぱんに生じることのある足下の滑りやすい場所での使用が禁止されているのがユーザーには判断し難い記載をしているとして、この点での過失も指摘している。

このことからすると、農機事故の場合にも、たとえば、乗用トラックターの走行についての適切な説明、警告が行われていなかったり、耕耘機のバック時の注意について警告されていなかったり、コンバインなどの詰まりを取り除くに際してエンジンを停止させる旨の警告がなされていなかったりするような場合には、このような農機製造業者の過失が問題とされよう。

もっとも、製造業者の説明・警告義務は、その製品を使用する者の危険に対する知識との相関関係において差異が生ずるものである。また、その製品の使用についての危険の周知性とも関係するものである。そこで、これらを考慮して過失の存否を判断しなければならないことになる。

なお、製造業者の説明・警告義務違反としての過失の判断に際しては、その農機が欠陥農機であったかどうかは問題ではない。欠陥農機ではない場合であっても、その使用、取り扱いについて、適切な説明・警告をしていなかったことによる事故である場合には、農機製造業者に過失が存在することになるのである。

(1) 森島昭夫「自動車の製造者責任（上）」ジュリスト四三一号三七頁。
(2) 前掲注(1)四〇頁。

五　農機販売業者にも賠償責任があるか——農機販売業者の賠償責任

農機販売業者は、農機事故の生ずるような危険な農機を販売した者として、賠償責任を負うことになる。この場合も、いわゆる製造物責任の一形態とみることができる。そこで、基本的には農機製造業者の場合と同様と考えてよいことになる。ただ、農機販売業者の場合には、農機事故の被害者との関係において、その農機の販売という直接の契約関係にある場合が多いことから、農機製造業者の場合とは異なり、不完全履行責任や瑕疵担保責任を根拠とする場合が多い。そこで、これらの責任が根拠とされる場合について説明しておくことにする。

(1)　農機販売業者の瑕疵担保責任

農機事故の被害者が農機販売業者から農機を購入した者であった場合、この被害者と農機販売業者との間には農機売買契約が締結されていることから、農機販売業者が欠陥農機を引き渡したことにつき、民法五七〇条に基づく瑕疵担保責任が問題となる。しかし、この責任は、特定物の売買契約に適用され、不特定物の売買契約には原則として適用されないという考えに立つならば、農機の売買契約は乗用トラックター一台、コンバイン一機というように種類と数量で定められて取引されるのが普通であることから不特定物の売買契約とみなされ、原則としては適用されないことになる。また、このような場合にも適用があるとしても、瑕疵担保責任を根拠として身体、生命上の損害についての賠償責任を求めることができるかは問題である。

(2)　農機販売業者の不完全履行責任

前述のように、農機事故の被害者と農機販売業者との間で直接の売買契約が行われている場合には、農機販売業者は欠陥のない農機を被害者に引き渡すべき義務を負うことになる。ところが、欠陥のある農機を引き渡したことによって事故が生じたということは、不完全な農機を引き渡したという債務不履行があったことになり、これによる責任が問われることになる。そこで、この場合の要件としては、欠陥農機が引き渡されたこと、欠陥農機を引き渡したことについて農機販売業者に過失があったこと、引き渡された欠陥農機によって事故が生じたこと、が問題になる。農機に欠陥があったかどうかについては、前述したところであるのでここでは説明を省略する。特に問題になるのは、欠陥農機を引き渡したことについて農機販売業者に過失があったかどうかである。この過失は、農機製造業者の過失とは若干異なるものである。抽象的には、農機販売業者において、その農機に構造上の欠陥があり、使用する者に事故の生ずる恐れのあることを予見すべきであることを怠って販売し、引き渡したということである。乗用トラックターに安全フレームが取り付けられていないことにより、あるいはコンバインに巻き込まれ防護措置が講じられていないことから事故の発生が予見できたのに、そのような欠陥農機を販売し引き渡した場合がこれに該当する。

ところで、このような農機販売業者の過失の認定に当たっては、農機販売業者において欠陥農機を引き渡したことについて注意義務違反はなかったことを立証しなければ、過失があったものとされる。このため、その農機が欠陥農機であることを予見できなかった、あるいは農機事故の発生することが予見できなかったことを農機販売業者によって立証しない限り、賠償責任があることになる。

なお、農機事故に関してではないが、石切切断用カッターの使用中に溶接不完全なため歯の一枚が飛散し眼球破裂の傷害が生じた事故につき、販売業者は品質検査を十分にして欠陥のない完成品を販売すべき売買契約上の債務を負担しているが、このような欠陥製品を引き渡したことは、このような債務に違反し不完全履行として債務不履行責任があるとした判例があり（高松地判昭五五・一一・二八判時一〇一五号一〇九頁）、参考となろう。

六　農業労働者等が使用者等に賠償請求できる場合とは——使用者の賠償責任

農機事故の被害者が農業労働者や臨時の手伝人であるような場合には、使用者等に賠償請求することが考えられる。

その際、法律上、特に問題となるのは、使用者等が被害者との関係において安全配慮義務なり安全注意義務を負う立場にあったかどうかと、これらの義務に違反していたかどうかである。

(1)　使用者等の安全配慮義務の存否

まず、使用者等に安全配慮義務ないし安全注意義務があるかどうかの問題である。

農機事故の被害者が農業労働に係わって雇傭関係にあった場合、すなわち被害者が農業労働者である場合には、それが常雇いであるか一時雇いであるかにかかわらず、使用者はこれらの義務を負う立場にあるから、賠償請求は可能である。このことは、学説や判例からみても異論はないといえよう。判例では、「雇傭契約における使用者の労働者に対する義務は、単に報酬支払義務に尽きるものではなく、労働災害の危険全般に対して、人的物的に労働者を安全に就労させるべき一般的な安全保証義務ないし安全配慮義務をも含むものと解すべきである」（神戸地判昭五九・七・二〇判タ五三三号八六頁）とか、「雇傭契約に含まれる使用者の義務は、単に報酬の支払に尽きるものではなく、信義則上、使用者が提供する施設、機械、器具等から生ずる危険が労働者に及ばないよう労働者の安全を保護する義務も含まれる」（福島地郡山支判昭五九・七・一九判時一一三五号一一六頁）として、このことを肯認している。この考え方は、他の多数の判例でも認められていることから、判例理論としても確立しているものといえる。そして、農機事故の場合にも、同様に考えることについては問題はないであろう。

農機事故の被害者が臨時の手伝人である場合には、やや問題である。農作業の手伝いを依頼した依頼者は、臨時の手伝人に対して農作業に伴って安全配慮義務ないし安全保持義務を負うものかどうか問題だからである。特に、好意で手伝っていて報酬が支払われないような場合は、なお困難である。学説や判例では、安全配慮義務は雇傭契約のような契約関係にない場合でも、ある法律関係に基づいて特別の社会的接触の関係に入った当事者間において、その法律関係の付随義務として当事者の一方または双方が相手方に対して信義則上負う義務があるとしている（最判昭五〇・二・二五民集二九巻二号一四三頁）。このため、農作業を手伝うという関係が依頼者と手伝人との特別の社会的接触関係に立つとして捉えることができるかどうかであるが、法律関係に基づいて事実上の雇傭関係に類似する指揮、監督関係が生じるに至ったとはいえないことからすると、これを認めることは困難であると思われる。ただ、依頼者には、具体的状況からみて、民法七〇九条の不法行為責任を成立させるための前提となる安全注意義務を負う場合のあることが考えられる。たとえば、農業機械を取り扱ったことのない手伝人に農機を使用させたり、あるいは危険な農機の使用についてなんら注意を与えないで使用させたり、年少者に危険な農機を使用させる場合などには、農機の使用によって生ずる危険が手伝人に及ばないように注意する義務があるといえる。そこで、このような場合には、手伝人は依頼者に対して賠償請求することは可能である。

(2) 使用者等の注意義務違反

次に、農機事故の被害者に対して安全配慮義務ないし安全注意義務を負う被用者等が、この義務に違反したかどうかが問題である。使用者等に安全配慮義務懈怠ないし過失があったかどうかである。農機事故に関しての事例はみられないことから、最も近似している機械の使用に伴う事故に関する判例を参考にみてみると、使用者等には、①安全な機械、器具を提供したり、安全な措置を講ずる義務や、②適切な指示、警告を与える義務があり、これらを怠ったときには義務懈怠や過失があると考えている。

(ア) 安全な農機の提供や安全措置義務　機械の使用に伴う事故に関する判例で、安全な機械を提供する義務や安全な措置を講ずる義務のあることを認めたものとしては、次のようなものがある。

「プレス機の上型落下による左手首切断事故で事故防止のための措置を講ずることが可能であったにもかかわらず、かかる安全保証義務を尽くしていなかったとして義務違反を認めたもの」(前橋地判昭四九・三・二七時判七四八号一一九頁)。

「麺類製造用ミキサーの回転作動中に付属容器内に付着したゴミを除去しようとして巻き込まれ死亡した事故で、ミキサーの開口部に蓋をしてゴミ等が混入し、あるいは異物が入り込まないようにする義務に違反したとするもの」

（山形地判昭五一・二・九判時八四四号七二頁）。

「自動車部品をプレスによる押しつぶす作業中、プレス上型が落ちて左手指をはさまれ末節切断した事故で、そのような場合に備えて更に安全防護具の使用等の安全保持のための措置を講じて置く義務に違反したとするもの」（名古屋地判昭五五・一一・一四労働判例三五五号六〇頁）。

「パートの主婦がプレス機により手指切断した事故で少なくとも機械に安全装置を取付けるとともに、その装置が常に正常に機能するよう整備しておく義務に違反したとするもの」（横浜地判昭五六・五・一五労働判例三六五号三九頁）。

これらの判例から推論すると、危険な農業機械を使用させるような場合には、その農業機械に安全保持のための措置が講じられていない限り、使用者等には安全配慮義務違反ないし過失が認められ、賠償責任が課されることになる。たとえば、乗用トラックターの転倒事故では安全フレーム付きのトラックターを提供していたかどうか、コンバインによる巻き込まれ事故ではカッター、ベルトなどの危険な箇所に安全カバーを取り付けたものを提供していたかどうかなどが問題とされる。そして、構造上危険な農機を提供していたときはもちろん、その農機の使用に伴って予想される事故に備えての安全保持のための措置を講じていなかったときにも、使用者等は賠償責任が課されることになる。

(イ)　適切な指示、教育、警告を与える義務　　これも機械使用に伴う判例に関してであるが、機械の使用に際して、使用者等は適切な指示や教育をしあるいは警告を与える義務のあることを認めたものとして、次のようなものがある。

「麺類製造用ミキサーに巻き込まれて死亡した事故で、作業後に清掃を完了するよう教育する義務に違反したとするもの」（前掲、山形地判昭五一・二・九）。

「全自動土木用成型機でコンクリートブロック製造作業中にはさまれて死亡した事故で、使用者は安全衛生教育実施義務に違反したとするもの」（高知地判昭五二・一〇・四判時八八六号七九頁）

「アルバイトの学生がチラシ機の圧縮板に右手指をはさまれた事故で、安全な手順の指示・説明義務に違反したとするもの」東京地判昭五三・一・一七判タ三六九号二六三頁）。

「自動カンナを使用して作業中にゴム手袋が回転刃に巻き込まれ指を切断した事故で、それが比較的単純な機械の使用であるとしても、電気カンナでの作業方法やその危険性につき事前に十分な安全教育や指導を行う義務があるとするもの」（東京地判昭五九・一・二七判タ五二五号一九〇頁）。

「プレス機操作中に右手甲を挾圧された事故で、機械の構造、性能を熟知せしめ操作の方法について訓練を施す等安全に就労させる義務に違反したとするもの」（横浜地判昭六一・一〇・三〇判時一二一九号一〇二頁）。

これらの判例の考え方から推論すると、使用者等は農業機械を使用させる際には、その農機での作業方法や危険性についての説明、安全な取り扱い方の指示・教育をすることが必要であり、これらの義務を怠っているときは、農機事故につき賠償責任が課されることになろう。たとえば、乗用トラックターへのアタッタメント（付属作業機）の着脱時の挟まれ事故では一人で着脱するのを避けるとか、ロータリーに絡んだ草などを除去するときにはエンジンを停止してからするようにとか、トラックターの転倒防止のための正しい走行を指示するなどを怠ったような場合には、安全配慮義務ないし安全注意義務に違反したものとして賠償責任が課されることになる。そして、使用者等がこのような指示、説明、教育義務を怠っていたような場合には、被害者に農機操作につき過失があったとしても、使用者等は賠償責任を免れることはできないといえる。ただ、損害賠償額の決定に当たっては、被害者の過失が考慮され過失相殺されることは考えられよう。

もっとも、被害者がその農機の危険について熟知しており、その安全な取り扱い方法についても知っているような場合には、使用者等はこのような指示、説明、教育義務を負わないものと考えてよいであろう。このような場合には、使用者等が指示、説明、教育を行っていなかったとしても、そのことによっては農機事故についての賠償責任を課されることはない。

(3)　いわゆる「白ろう病」事件判決の農機事故

農機事故の被害者が使用者等に賠償請求できるかどうかを考えるにあたって、最も近似するものとしては、いわゆる「白ろう病」事件判決（高知地判昭五二・七・二八判タ三五一号二一六頁）がある。この判決は、高知営林局内の営林署においてチェンソー（自動鋸）やブッシュクリーナー（自動刈込機）を使用していた作業員が、これらによる振動でいわゆる「白ろう病」という障害を受けた事件で、被害作業員が使用者である国に賠償責任をしたものである。これに対して判例は「林野庁は、その事業遂行のため、作業員に対し、機械を提供してこれを操作させその労務の提供を受けている以上、その機械はこれを操作することにより操作する作業員の身体の障害を与えない性能を有するものであることを要するのみならず、当該機械を操作させるにつき、これを操作する作業員の生命、身体、健康等を危険から保護するよう配慮すべき義務を負っていると解される」すなわち「雇傭者としての林野庁は、全く新しい機械を導入するのであるから、機械の人体に与える影響を当然事前に調査研究し、右機械の使用あるいは使用方法によって、作業員に障害がないことを確かめた上で、作業員に対し機械を使用させるべきであった。ところが林野庁は右義務を怠り、国有林における昭和三二年のチェンソーの本格的導入以前すでにチェンソー、ブッシュクリーナーと同様の振動器具である鋲打機、さく岩機等の使用により蒼白現象等の振動障害が起こることが、わが国の学者の研究論文等で明らかとなっており、鋲打機、さく岩機等の使用による振動障害は労働基準法により、職業病に指定されているにもかかわらず、単に振動の強度が異なること、チェンソー、ブッシュクリーナーによる振動障害の実例がないことを理由に、チェンソー、ブッシュクリーナーの導入に際して振動障害について事前に調査、研究をせず、チェンソー、ブッシュクリーナーを導入し、原告らの経歴目録記載どおり、チェンソー、ブッシュクリーナーを使用させ、振動障害を惹起させたものであるから、安全配慮義務の不履行として被告は責任を負うべきである」としている。

このような判例を前提とするときは、農機事故の場合にも、その農機を使用することの危険性が予測できるものであるにもかかわらず、その安全を調査しないまま農作業に使用させたため事故が生じた場合には、使用者等は賠償責任を負わされるものと考えられる。特に、自動刈込機その他の農機による振動障害の場合には、この判例と同様に考えることができるのである。

七　農機の取り扱いミスでも賠償請求できるか――農機事故と農機業者の説明義務

(1)　農機の取り扱いミスによる事故と農機業者の説明・警告義務

農機事故は、その農機の取り扱いのミスが原因となって生ずることが多い。たとえば、急斜面を横断走行したために乗用トラックターが転倒した場合とか、エンジンを停止させないでコンバインの詰まり物を取り除いていたために手や腕を切断した場合とか、トレンチャーに近づきすぎたために巻き込まれた場合など、その事例は多くみられるのである。このような事故の場合には、多くは、農機の設計（デザイン）上の欠陥によるものでない場合が多いことから、農機業者に賠償責任を求めうるのかどうかが問題となる。自ら招いた事故として、一切、農機業者には賠償責任を求めることはできないようにも考えられるからである。

しかし、その取り扱いミスが、農機業者による農機使用上の取り扱いについて十分な説明・警告が行われていなかったことによる場合であれば、農機業者にも説明・警告義務違反による過失があるものとして賠償請求することは可能である。もっとも、農機事故の被害者が、その農機の使用方法として本来予想していなかったような異常な使用、取り扱いをしたために事故が生じた場合には、農機業者に説明・警告義務違反による過失があったとして賠償責任することは困難である。農機業者の説明・警告義務は、その農機の通常予想される使用、取り扱いに際して予見される危険を回避するための説明・警告に限られるのであって、あらゆる危険の回避のための説明・警告義務まで負っているものではないと考えてよいからである。なお、事故の原因となった農機の危険を予防するための取り扱い方として、その農機を使用する者にとっては、一般的に周知のことであったような場合には、農機業者が説明・警告をしていなかったとしても、賠償責任を負わないことも考えられる。このため、農機を使用する者の状態との関係においても異なることになるのである。

(2) 農機取り扱いミスと過失相殺

農機取り扱いミスによる農機事故の場合にも、農機業者に賠償責任の生ずる場合のあることは前述したところである。それは、たとえ被害者に過失のある場合でも農機業者に過失がある以上は、農機業者の賠償責任は免れることができないからである。ただ、農機事故によって生じた損害のうち、農機業者にどれだけの賠償義務があるかを考えるにあたっては、取り扱いミスをした被害者の過失が斟酌されることになる。これが過失相殺といわれるものである。その割合は、農機業者の過失と被害者の過失が農機事故を生じさせたことについてどれぐらい関与したかによって決められることになる。被害者の重大なミスであるような場合には、賠償額の算定に当たっては七割も八割も相殺されることになるし、軽微なミスの場合にはその割合は少なくなるのである。

八 労災補償等の補償給付を受けた場合でも賠償請求はできるか
――労災補償等給付と賠償範囲の関係

(1) 他の補償給付と賠償請求

農機事故による損害を補償するための制度としては、労働者災害補償特別加入制度(労災保険給付)農協共済事業制度、農業機械災害補償制度、地方自治体による農業者労働災害共済制度などのあることは前述したところである(第2部参照)。そこで、まず、これらの補償制度による補償給付を受け、その後に賠償請求することになるのかどうかであるが、不法行為ないし債務不履行による損害賠償請求と、これらによる補償給付の性質や目的が異なることから、ただちに賠償請求をすることは認められると考える。次に、農機事故による補償として、これらによる補償給付が行われた場合において、さらに農機業者や使用者等に対して損害賠償請求をしていくことができるかどうか問題である。このことについては、理論的には、いずれの補償給付が行われた場合であっても、賠償請求は可能であるといえる。ただ、その場合に、補償給付された額について、賠償額から控除されるかどうかが問題となる。すなわち、法律的には、これらの補償給付は損益相殺の対象になるものであるのかどうかである。

このことは、労災保険給付に関しては確認されているところである。すなわち、判例も「労災保険法に基づく保険給付を受領したからといって、必ずしも損害が十分に塡補されたとはいえば、保険給付の受領が民法上の賠償請求権を全く排除してしまう場合というのは、対象となった損害が同質同一で、かつ損害額が保険給付額以下の場合をいうのであって、それ以外の場合には損害額の算定にあたって考慮されるべき一つの事情であるにすぎない」としているのである（大阪地判昭三二・九・二四下級民集八巻九号一七三二頁）。

(2) 労災補償給付の控除

労災補償保険金が給付されている場合は、損害賠償額の算定に当たっては、それが控除されるのが原則である。判例も、労災保険給付の受給者が休業補償を受けた場合には、損害賠償請求における休業損害から、その分だけ控除されるとしている（最判昭五二・四・八金融商事判例五二七号二六頁）。ただ、農機事故の損害賠償請求として慰謝料を請求する場合には、労災補償給付を受けていた場合でも控除されることはない。それは、労災補償は、事故によって被った財産上の損害を塡補するもので精神上の損害の塡補を目的とするものではないからである（最判昭五八・四・一九民集三七巻三号三二一頁）。

(3) 農協共済給付の控除

農機事故に係わって特に関係の深い農協共済給付としては、長期定期生命共済、終身共済、傷害共済による身体、生命に対する給付が考えられる。そこで、この場合の給付は、生命保険給付に類似するものとみることができることから、損害賠償請求における賠償額の算定において控除されることはないと考えられる。これらによる給付は、農機事故による身体、生命上の損害を塡補するという性質を有するものではないからである。

⑷　農業機械災害補償給付の控除

農業機械災害補償給付には、農協系統の特定農機具商品付帯傷害共済給付と商業者の農業機械傷害補償給付がある。しかし、これらはいずれも見舞金制度として設けられたもので、農機事故から生ずる損害を塡補することを目的とするものではない。このことから、損害賠償請求に際しては、給付された額については控除されないものと考えてよいであろう。

⑸　農業者労働災害共済給付と控除

一部の地方自治体において設けられている共済給付であるが、農機具等により農作業中に生じた負傷、疾病、障害、死亡等の人身事故に対して給付されるものである。この制度は、農業者が掛金を支払って基金を作り、農作業事故が生じた場合に、共済金を支払うというものである。そこで、このような給付は、共済見舞金の性格をもつものであって、農機事故から生ずる損害の塡補としての性格をもつものではないことから、損害賠償請求に際しては控除されることはないと考えられる。

V 不法行為一般

16　不作為不法行為序説

一　はじめに

不法行為成立の際の行為態様として、作為か不作為かは問わないとされている。このため、踏切番人が遮断機を下げなかったので通行人が汽車にひかれたとか、有毒アルコールを販売した者が販売先に対し危険予防の処置をとらなかったので事故が生じたとか、大学の学生課長等が退部を認めるよう指示、指導する措置をとらなかったがためにリンチにあって、退部を申し出た学生が死亡したとか、株式会社の支配人が同会社の取締役宛の手形を振出すのに監査役の同意をえなかったので手形が無効になり所持人が損害を被ったとかのような場合に、不作為による不法行為の成立を認めている。ところで、このような不作為による不法行為の成立のための要件については、私法上の問題としては、不法行為の一般的書物のなかに、若干の叙述がみられる程度で(1)、本格的に検討したものがみられないようである。ただ、国賠法上の問題に関連してみると、「国の不作為」「行政の不作為」「公務員の不作為」などによる不法行為責任として、かなり論議され、検討したものがみうけられる(2)。しかし、不作為による不法行為については、私法上も問題がないわけではないはずである。たとえば、作為による不法行為と不作為による不法行為の区別をどこに求めるのかとか、不作為による本法行為の場合の不法行為成立要件が作為不法行為の場合と同様なのかどうか、かつまたどのように認定するかとか、不作為による不法行為の成立の前提として作為義務がなければならないとされているが、その作為義務とはどのようなものなのかとかが問題になり、検討されなければならないはずである。そして、国賠法上の不作為による不法行為の問題は、これら一般論を前提にしたうえで、国・行政・公務員の義務との関係での特殊問題として登場することになるものと考えられる。そうだとすると、現状では、特殊問題が先行し一般論の検討が後手に廻っているということになる。

そこで、これら一般論を中心に主として学説の動向を探る。

(1)　たとえば、加藤一郎編・注釈民法⒆三五頁、加藤一郎・不法行為（増補版）一三三頁、我妻栄編・事務管理・不当利得・不法行為（判例コンメンタール）一六一頁、一六二頁、一九五頁、幾代通・不法行為一九頁、前田達明・民法VI₂（不法行為法）一〇八頁以下など。

(2)　たとえば、村重慶一「国家賠償法における不作為の作為義務」司研創立一五周年記念論文集上九九頁以下、古崎慶長「公務員の不作為と国家賠償法一条の責任」民商七八臨時増刊『法と権利⑷』二〇七頁以下、白井皓喜「国の不作為と国家賠償責任」自治研究五四巻九号二七頁以下、阿部泰隆「国の危険防止責任㊤㊦」判時八八三号一二七頁以下、八八六号一二五頁以下や、福士明「ニューヨーク州における不作為賠償責任㈠㈡」北法三二号八三九頁以下、三三号一七五頁以下など多数みられる。

二　作為と不作為不法行為の関係

ある人の「行為」が原因で権利侵害が生じた場合に、それが作為不法行為になるのか、不作為不法行為になるのかは、それほど明瞭でない場合が多い。幾代教授は、「およそ人の行為ないし外部的な容態というものは、一方では、ほとんど無限に近く分解することが可能であるとともに、他方では、さまざまなレヴェルにおいて一まとめにくくって把握することも可能であるから『作為』と『不作為』の区別は、本質的・哲学的にはきわめて困難である」と指摘され(1)、前田教授も、作為・不作為といっても視点によって異なり(2)、たとえば二階の窓に植木鉢をおいておいたが、落ちて通行人を負傷させた場合、防護柵を作らなかったという不作為と、そこへ植木鉢をおいたという作為として捉えうるものであることを示唆しておられる(3)。しかし一般的には、「常識的な意味づけとしては、何かまとまった行為をし始めるべきであるのに、しなかったという場合に、『不作為』による不法行為が問題にされる」とか[4]、「不作為による不法行為とは、……一定の行為をしないことが原因となって権利侵害の事実を生ずることである」[5]とか理解されている。また、国賠法上の問題に関連して、「狭義の不作為賠償責任は、損害発生の直接の原因が……別の事実によるもので、行政庁が規制権限の行使あるいは事実上の行為によってこれを防止できたかもしれない場合に、結果回避措置を講じないこと……を理由に生ずる損害賠償責任であ」り、「広義の不作為賠償責任は、行政がなすべきことをしなかったことによって生ずる賠償責任である」との見解もみられる[6]。

そこで、これらの諸見解にもとづいて考えると、権利侵害（結果）を回避できたであろう積極的行為をしなった場合が、不作為による不法行為になるといえよう。そして、このような場合として、さらに三つの類型がみられよう。一つは、先行行為が全く存在せず、権利侵害（結果）を回避できたであろう積極的行為をしなったことのみが原因である場合であり、二つは、第三者や動物などの別の事実が原因として加わっている場合であり、三つは、自己の先行行為が存在する場合である。このうち、前二つについては、不作為による不法行為としてしか構成できない。しかし、三つ目は、さきに前田教授が示唆されているように、観点を異にすることによって作為不法行為としても、また不作為不法行為としても構成することができる。たとえば、医師の行った治療行為が不十分であったというような場合に、不十分な治療行為が原因であるとして構成すると作為不法行為になり、医療による事故防止のための適切な治療行為をしなかったことが原因であるとして構成すると不作為不法行為にもなるからである。そこで、このような場合にいずれに構成するのが適切であるか問題になる。前田教授は、不作為は行為という面で問題があり、また、作為義務を恣意的に創出することは望ましくないから、その場合は、「作為」（先行行為）に根拠を求め、作為が義務違反でないかを問うべきであると主張されている[7]。しかし、このような場合には、作為不法行為と不作為不法行為のいずれに構成してもよいのではないだろうか。前田教授は、不作為は行為という面で問題があるからだといわれているが、不法行為責任の根拠となる行為としては作為も不作為も法律上同等に取り扱いうるわけであるし、作為義務の恣意的創造への危惧は、作為が義務違反でないかどうかを問う場合の恣意性への危惧と共通するものがあるのではないかと考えられるからである。ただ、その場合、いずれに構成するかによって、要件の組み方や認定の方法が違ってくることは言うまでもないが、それでも不都合はないのではなかろうか。

(1)　幾代・前掲書二〇頁注(5)。
(2)　同旨、平井宜雄・損害賠償法の理論四三七頁注(一一)。
(3)　前田・前掲書一一〇頁。
(4)　幾代・前掲書二〇頁注(5)。
(5)　我妻編・前掲書一六一頁。
(6)　福士・前掲三二号八四二頁、八四三頁。
(7)　前田・前掲書一一〇頁。

三　不作為不法行為の成立要件

つぎに、不作為が不法行為となるためには、その損害の発生を防止するための「作為義務」のあることが前提であり、この義務のない場合は、不法行為は成立しないとする点では異論はない。たとえば、幼児が踏切で交通事故にあった場合に、他の通行人がそれを防がなかったときは、道義的倫理的に非難されても、幼児の死亡につき不法行為責任は成立しないが、踏切の番人がそれを防がなかったときは不法行為責任が生ずる。前者には、一般的に幼児の踏切事故を回避するための「作為義務」がないが、後者には、この「作為義務」があるからである。

それではなぜ、作為義務のある者の不作為でなければ不法行為が成立しないのかが問題になる。近時の学説[1]および多くの判例[2]は、作為義務のない不作為の場合は、不法行為成立要件としての違法性を欠くためだと解している。すなわち、

「行為者ガ当該ノ作為ヲ為スベキ義務ヲ負ハザル場合ニハ義務違反タラザルノ点ニ於テ違法ノ要件ヲ欠ク」[3]からだと解されている。かかる見解は妥当といえる。

これに対し、作為義務のない不作為は損害との間に因果関係が成立しないからだとする見解がみられる。すなわち、不作為の因果関係は「不作為ガ結果ノ適当条件タルコトヲ要ス」るとともに、「作為ヲ為スベキ義務ニ違反シテ不作為ナリシコトヲ要ス」[4]とか、「違法性ハ当然権利侵害ノ凡テノ場合ニ存在スルモノ」で、「不作為ノ違法性ノ要件トシテ此種ノ作為義務ヲ要求スルノ必要ナ」く、「不作為ノ因果関係ハ単ニ観念上ノ条件関係タルニ過ギズシテ現実的因果関係ニアラザルガ故ニ単純ナル物理的観察ノミヲ以テ其存否ヲ決スルヲ得ズ、法律上其結果ニ対スル責任ヲ何人ニ帰セシムルコトガ妥当ナリヤノ考慮ヲ基礎トシテ之ヲ決セザルベカラズ。果シテ然ラバ事実妨止シ得タル者ノ凡テガ原因者ナリト解スルハ徒ラニ広キニ失シテ法律上何等ノ価値ナキノミナラズ又吾人日常ノ通念ニ反ス。反之法律上結果ヲ妨害セザルベカラザル者ガ其妨止ヲ為サザルハ正ニ其結果ニ対シ原因者トシテ責任アルモノト解セザルベカラ」[5]ず、とする見解である。[6]しかし、作為義務のない者の不作為がその者の行為として違法であると解することは妥当性を欠くように思われるし、事実的因果関係についてみれば、不作為における因果関係は、その不作為が物理的に結果を生じしめるというような物理的因果関係とは異なるものであっても、事実（原因）と事実（結果）との連絡関係としてその存在は法律的作為義務の有無に左右されるものではなく、損害発生の原因力になりうることから、かかる見解が、作為義務のない不作為は損害との間に事実的因果関係が成立しないからだとするのであれば、その限りで妥当性を欠くものであるといわねばならないであろう。

ただ、かかる事実的因果関係の存在を前提として、保護範囲の問題としての相当因果関係にかかわる見解であるとすれば、その限りでは一般的には承認されることになる。平井教授が、不作為不法行為における因果関係について「少なくとも不作為に対して責任を問うためには一定の事態に対する法的評価（作為義務違反）が要求されることが広く認められている以上、それは事実的因果関係と平面を異にしている」[7]と指摘されていることと共通するからである。そうだとすると、「作為義務」は、因果関係との関係では、保護範囲の問題としての相当因果関係とはかかわってきて、その成立の範囲を画定する要素であるとみることができる。しかし、事実的因果関係の平面では、何らのかかわりを持たない要素である。多くの学説や判例は、この後の点にのみ注目してきたわけである。その意味では、一面を見落していたといえよう。

このため、事実的因果関係の問題は保護範囲あるいは相当因果関係の問題の前提条件となるため、今日の一般的見解に立つと、作為義務の存否をぬきにして、不作為と結果との間の事実的因果関係は問題にされなければならない。(8)ところで、このような意味においての因果関係を問題にする場合には、作為による場合も不作為による場合も本質的には変わらない。ただ、両者では行為と結果との関係構造が異なる。そこで、不作為の場合には、不作為者がもし期待される行為をしていれば経験則上結果の発生を防止しえたであろう蓋然性が大きいときには、因果関係があるとされる。(9)厳密にいえば、不作為自体には原因力があるわけではないが、このような関係にある場合には、その人の不作為もまた結果に対する原因をなすといえる。(10)そこで、このような場合の因果関係の解明に際しては、作為義務とされる適切な措置を講じていたとすれば、きわめて高い蓋然性をもって被害を回避しえたという逆の推定が必須になる。(11)それは、被害の発生に至る自然の因果の流れのなかで、不作為者がいついかなる作為をなせばその流れを喰い止めえたか、また流れの方向を変えることができたかという視点から検討することになる。(12)この意味で、前田教授が、因果関係のないことが実は不作為不法行為の特徴であるとされる点には疑念が残る。(13)

さらに、作為義務の存否が、過失との関係でどうかかわるかである。一般的な過失論によれば、過失と違法性は主観的要件と客観的要件として区別されていることから、作為義務が違法性にかかわる要因だとすると過失とのかかわりは問題にする必要がないように考えられる。このためか、作為義務と過失とのかかわりはあまり議論されていない。わずかに、平井教授が、「判例が過失を右のごとく、客観的な行為をするついての注意義務＝作為義務違反と解しているならば、そこにおける『過失』とは実は一種の不作為による不法行為にほかならない。不作為による不法行為は、一般に『違法性』の問題として体系化されているのであるから、理論的には『過失』が『違法性』の問題として処理されていることを物語る」と指摘され(14)、不作為不法行為では、過失が違法性に統合化され、作為義務はそこでかかわっていると考えているようである。これは、過失と違法性の一元論を承認する限りにおいて正当といえる。そこで、この見解では、作為義務のある不作為として違法性が判断されたら、改めて、過失につき判断することは必要ではないということになる。しかし、このような一元論を承認するかどうかは、不法行為成立要件論の根本にかかわる事柄であって軽々に判断することは留保しなければならない。そこで、従来の二元論によるときはどうかかわるかを、まず、考えなければならない。その場合は、おそらく、不作為不法行為での過失というのは、事故の発生を防止しうる状態にあるにもかかわらず、それを防止するための作為義務のあることを認識せずに、適切な行為をしなかったことということになろう。そこでは、過失の判断においての予見性のなかに、結果を回避することの予見性のほかに、作為義務のあることの予見性も加わることになると考えられる。このため、作為義務は、過失ともかかわってくることになるといえる。

以上のようにみてくると、作為義務というのは、違法性にも相当因果関係＝保護範囲にも、過失にもかかる要因であるとみることができる。その際、作為義務といっても、それぞれのかかわりに対応して、その内容が異なるのかどうか、各要件毎に検討しなければならないという課題が残ることになる。そして、もしかりに作為義務内容が同じであるというのであれば、不作為不法行為では、作為義務と事実的因果関係という要件をもって不法行為の成立を判断しうるということになろう。はたして、そうであろうか。

（1）　鳩山秀夫・債権各論下巻八五二頁ね我妻栄・事務管理・不当利得・不法行為一一一頁、加藤・前掲書一三三頁、加藤編・前掲書三五頁、幾代・前掲書一九頁、前田・前掲書一〇九頁など。
（2）　大阪控判大正七・二・一五新聞一三八六号二〇頁、横浜地判昭和二六・二・二七下民集二巻二八九頁、東京地判昭和四八・八・二九判時七一七号二九頁など。
（3）　鳩山・前掲書八五二頁。

（4）　石坂音四郎・日本民法第三編債権第一巻三〇六頁。
（5）　末弘厳太郎・債権各論一〇五九頁、一〇六〇頁。
（6）　同旨判例として、大判大正七・七・一二民録二四輯一四四八頁。
（7）　平井・前掲書四三六頁、四三七頁。
（8）　この点、因果関係について、私はかつて、「事実的因果関係も多数因果関係要素あるいは原因因果系列に向けられた法的価値判断の論理であり、保護範囲も結果因果系列に向けられた法的価値判断の論理であるということになって……事実的因果関係の問題は保護範囲あるいは相当因果関係の問題の前提条件となるという論理は再考しなければならなくなる。両者は、次元の異なる問題として現われるのでなく、『その加害行為者はその損害につき不法行為責任がある』ということの判断に同一次元においてかかわっているものと考えるべきではないだろうか。」と提言したことがあるが（拙稿「因果関係」法セ三〇九号九四頁）、このこととの関係がどうなるか検討しなければならない。ただ、その提言もまだコンクリートなものでないことから、かかる検討は、今後に留保した。
（9）　我妻編・前掲書一六三頁、古田時博「判批」判時七三一号一四七頁。
（10）　我妻編・一六三頁。
（11）　古田・前掲一四七頁。
（12）　徳島地判昭和四七・三・一五判時六七九号六三頁。
（13）　前田・前掲書一〇九頁。
（14）　平井・前掲書三二〇頁。

4　作為義務の性質

不作為による不法行為の成立にあたって、作為義務が前提となり、それが、それぞれの成立要件と深くかかわっていることはさきに明らかにしたとおりである。それでは、この作為義務とはどのような性質の義務なのかが重要な問題になってこよう。すなわち、この作為義務は、惹起している損害防止のための作為義務でなければならないが、それは何によって根拠づけられた義務でなければならないかということである。ところで、これを考察するにあたっては、この作為義務が何にかかわって論議されているかを考慮に入れなければならない。

まず、私法上の不作為不法行為にかかっての作為義務につきみることにする。しかし、その際も、違法性にかかる場合と、因果関係にかかわって論議されている場合とを一応区別しておくことが必要であろう。

まず、前者にかかっての議論として、学説では「法令上の作為義務なき者の不作為でも、それがあまりにも徳義上の義務に違反するときはなお不法行為の成立」する余地がある、[1]「この義務は必ずしも法令上の義務に限らない」[2]、「作為義務は、法令または特殊の関係がなければ、一般的に存在しない」[3]、「この義務は単なる道義上のものでは足りないが、法令に基づく義務のほか、契約上の義務や社会観念上要求される義務を含む」[4]、「(i)法令にもとづくもの、(ii)契約、事務管理にもとづくもの、(iii)公序良俗からくるものなどが考えられる」[5]などの見解がある。判例には「法令の規定又は契約によって定められたもののみならず、私法秩序の一部をなすものとして法によって強制を要請される慣習もしくは条理に基く義務」とするものなどがある。[6]後者にかかわっての作為義務については、「㈠直接法律ノ規定ニ基ク義務……、㈡契約等特別ノ原因ニ因リテ生ジタル義務……㈢先ズ一定ノ作為ヲ為シタルガ為メ其結果トシテ生ズル防果義務……。㈣反之単純ナル道徳上乃至礼儀上ノ義務ハ因果関係ヲ生ゼシムルコトナシ……」と解されている。[7]このため、作為義務の性質については、違法性にかかわる場合も、因果関係にかかわる場合も、ほぼ共通しているといえる。ただ、㈢の防果義務は違法性にかかわってはみられない。因果関係にかかわっての特別のものなのかどうか。そのようにみる理由もなさそうに思われるのだが。

ところで、この作為義務の問題というのは、不法行為の成立にかかわるところの、すぐれて法律的な問題であることを認識するならば、「法令上の義務」「契約上の義務」「法による強制を要請される慣習・条理に基づく義務」ならば作為義務となりうるが、「特殊の関係上の義務」「社会観念上の義務」「先行作為の結果防果義務」というようなものは、それらが「法による強制を要請される慣習・条理に基づく義務」とみられる場合に限って作為義務となりうると解すべきである。[8]このことから、「単なる道義上の義務」は、ここでの作為義務にあたらないといえる。そして、私法上の不法行為責任に限ってみるならば、私的自治の原則から考えて、あまり安易に作為義務を認めることは望ましくない[9]との見解は妥当といえる。

つぎに、国賠法上の不作為不法行為の前提としての作為義務については、行政法の領域でかなり論議されている。ここでは、そのことにつき考察することは省略するが、私法上のそれと同一かどうかがとくに問題になる。これを同一とみる見解もあるが[10]、一方では、政治的責務も法律上の義務に転化させ拡大させる見解[11]や、反面では、法律上の根拠を欠く作為義務をみだりに認められないとして、より縮小する見解[12]もある。さらに、作為義務の存否の判断に、反射的利益論や自由裁量論もからんでくることから[13]、やはり特殊的不作為不法行為ということになろうから、独自に考察することが必要であるといえる。

(1)　我妻・前掲書一一一頁。
(2)　加藤・前掲書一三三頁。
(3)　加藤編・前掲書三六頁。
(4)　我妻編・前掲書一九五頁。
(5)　前田・前掲書一〇九頁。
(6)　前掲、東京地判昭和四八・八・二九。
(7)　末弘・前掲書一〇六一頁、同旨、石坂・前掲書三〇七頁。
(8)　拙稿・不法行為法の現代的課題七九頁。
(9)　前田・前掲書一〇九頁。
(10)　加藤編・前掲書〔乾〕四〇六頁。
(11)　村重・前掲一〇一頁、田井二郎「行政上の損害賠償及び損失補償」一六九頁。今村成和・国家補償法一〇七頁。
(12)　渡辺明「公権力の行使に基づく責任」実務法律大系・医療過誤・国家賠償二九〇頁。
(13)　この点につき検討したものとして、白井・前掲三〇頁以下。

17 金融取引と取引型不法行為責任

一　はじめに

他人に損害を生じさせた場合で、それが違法な行為に基づくきは、その損害につき賠償責任（民事責任）が問われることになる。このことは、金融取引に伴って生じた損害の場合でも同様である。ところで、この賠償責任（民事責任）としては、従来から通説は、債務不履行責任（民法四一五条）と不法行為責任（同法七〇九条以下）の二類型があるとされてきた。そして、主として、前者では取引行為に伴っての賠償責任（民事責任）が問題とされ、後者では事故に伴っての賠償責任（民事責任）が問題とされてきた。(1)しかし、取引行為に伴っての賠償責任（民事責任）の問題は、もっぱら債務不履行責任にとどまるものではない。

不法行為責任のこれまでの主流は、事故により生じた損害の賠償責任としての事故型不法行為であったことは否めないとしても、今日では専門職にある者（医師、弁護士、司法書士、教育者など）の過誤により生じた損害の賠償責任としての過誤型不法行為も問題とされてきているし、取引行為に伴って生じた損害の賠償責任としての取引型不法行為も増加しつつあるといえる。ただ、この取引型不法行為については、これまでは債務不履行責任（契約責任）との関係という観点では議論されてきたのであるが、不法行為理論としては十分に検討されてこなかったものと思われる。不法行為理論として、事故型や、過誤型や、取引型などに類型化して検討する必要があるかどうかは、今後、検証しなければならない問題である。ただ、その現われ方が異なることは確かであり、このため取引型につき重点を置いて検討することは、理論的に、とくに実際的には意義のあることではないかと思われる。しかし、取引型不法行為現象を全体として検討することは大変な作業であり、ここではその余裕はない。

そこで、かかる検討作業は将来の課題として、ここでは本誌の特集テーマである金融取引の場合に限定検討するにとどめる。

ところで、金融取引に伴っての損害賠償責任で不法行為責任が問題とされる場合をみてみると、つぎの三類型に分けて検討するのが妥当ではないかと思われる。

すなわち、(1)金融取引の相手方に対する不法行為責任と、(2)当該金融取引に伴っての第三者に対する不法行為責任および(3)金融取引に伴う使用者としての不法行為責任の問題に区別できる。そして、このうち使用者責任＝民法七一五条責任については従来から取引型不法行為の問題として議論してきているが、その他の類型については個別の問題としてはともなく全体的な観点からの議論はないものと思われる。しかし、使用者責任＝民法七一五条責任とは問題となる点は必ずしも同じではないことから、それぞれの類型ごとにその特有の問題を認識し考察することは必要である。ただ、本稿では、紙数の関係上、使用者責任型不法行為責任については検討を留保することにし、自己責任型不法行為責任に限定するが、これについても網羅的に検討する余裕のないことや、取引型不法行為理論そのものの検討の端緒にすぎないことから独断に陥る危険は多く、今後の検討の一里塚にとどめざるをえなかったものである。

(1)　今日では、特定の関係にある者同士間に信義則上の義務の存在を認め、この義務違反に伴っての賠償責任（民事責任）が問題とされてきている。そして、この類型は、取引行為による場合（この面に関連しては「契約締結上の過失」が問題とされている）にも、事実行為による場合（この面に関連しては「安全配慮義務違反」が問題とされている）にもかかわるものであることから、前述のような区別を曖昧にするものである。

二　取引相手方に対する自己責任型不法行為責任

(1)　問題となった事例

金融機関と取引の相手方との関係で金融取引に伴って不法行為責任が問題とされた裁判事例としては、つぎのようなものがみられる。

①　金融機関が預金者の預金払戻請求に対して支払を拒絶したために、預金者が不動産を買うことができなかったとか（京都地判昭和四〇・九・三〇金法四二三号九頁）、不動産売買契約が解除された（札幌高判昭和四三・一〇・一五金法五三〇号二〇頁）ことにより損害が生じた場合

前者については、預金封鎖のために支払ができなかったという事情を判断することなく「債務不履行の成立要件はあるが、不法行為の成立要件とされる『違法性』が単に債務不履行という事実のみに存するような場合には、債務不履行のみが成立し不法行為責任は成立していない」とし、後者では、預金の存在自体が争われているという事情を判断することなく「不法行為の成立要件である『権利侵害』の行為が、契約関係の範囲内に包含され、ただ契約上の義務の不履行という事実についてのみ存する場合は、債務不法行為責任のみが成立するにとどまり、不法行為責任は成立しない……。いい換えれば、債務の不履行は、それが債権の侵害となるということ以外の意味で、契約関係に包摂されない何らかの権利侵害ないし公序良俗違反として違法性を具備する特段の事情がある場合」であり、預金払戻請求拒否の事実自体は、預金契約に基づく金銭債務の不履行にすぎないものであるとして、不法行為責任を否定している。

②　金融機関が代理人と当座貸越契約を締結し、この代理人が本人名義の手形を降り出したため手形上の債務を負担する損害を被った（東京地判昭和五四・一一・二九金商判五八九号一八頁）場合

金融機関としては「当座貸越契約が代理人によってなされるようなときは、本人の委任状、印鑑証明書の提出を求め、

又直接本人の意思を確かめるなど慎重な取扱いをすべき善良な管理者としての注意義務がある」が、「銀行において本人の意思を確かめるなどの慎重な取扱をしていないので……過失がある」、ただ、この過失と本人に無断で手形用紙を利用して降り出されたことによる損害との間には因果関係はないとして、不法行為責任を否定している。なお、この場合、代理人に代理権限がなく本人との間で当座貸越契約が成立していないと解されるときは、後述の第三者に対する自己責任型になろう。

③　金融機関が預金契約者の預金の内容等を第三者に漏洩し、そのために預金契約者が損害を被った場合（東京地判昭和五六・一一・九金法一〇一五号四五頁）

「銀行と預金契約を結ぶ者は、いついかなる金額が預金されたか、支払を受けたか、また預金残高がいくらあるかは私事に属することとして濫りに第三者に知られないことについての利益を有し、同利益は法律上保護に価するものというべきであり、従って契約の相手方である銀行としても、当然に預金契約の預金の内容等について秘密を守るべき義務があり、……正当な理由なくして右守義務に反して……第三者に漏洩し、そのために預金契約者が損害を被ったときは、銀行は債務不履行もしくは不法行為として右損害を賠償すべき義務がある」とし、「銀行としても税務当局からの法令に基づく調査等の場合は別としてたとえ雇傭主等からの依頼があってもこれに応じて預金内容を開示してはならないのであって……違法性を阻却されるものではない」として賠償責任を認めている。

④　金融機関が不渡手形の買戻期限について誤った説明をしたために、不渡手形の買戻しができず取引停止処分を受けた場合（東京高判昭和五一・三・三一金商判五〇二号一六頁）

不渡報告は（赤紙）への掲載を免れるための「不渡手形の買戻期限という信用に関する重要な事項につき、……誤った教示をなすという過失を犯した」ものではあるが、相手方は手形交換所の取扱いを熟知していたものと推認でき「そのために買戻期限を誤り右期限を徒過したものとは認めがたく……過失と赤紙掲載との間には相当因果関係は存しない」として不法行為責任を否定している。

⑤　金融機関が違法な貸金取立行為をしたために債務者が精神的苦痛を被った場合（大阪地判昭和五六・三・三〇判時一〇二九号一〇四頁）

「債権取立て行為が社会通念上許容される範囲を逸脱するときは不法行為を構成」するとして、賠償責任を認めている。

⑥　信用状の開設のために、融資金を定期預金とし、これに質権を設定して預金拘束をした場合（大阪地判昭和五五・一・三〇金商判六一〇号三九頁）

「預金拘束を通じ、希求する与信枠の拡張に協力したものというべきであって、そこには金融機関が、その経済的優位にあることを利用し、不当に暴利を貪る手段として預金者の預金利益を禁じたとみることはできない……から、法条などの違反があるとはいえず、その債務不履行、そしふ不法行為の各責任を問う」ことはできないとしている。

⑦　金融機関がインパクトローンの勧誘にあたってのその仕組や危険性について説明しなかったために顧客に損害を被らせた場合（大阪地判昭和六二・一・二九金商判七六五号一九頁）

「インパクトローンの利用を勧誘する銀行は、その仕組、……危険性、その対処策として先物予約を併用する方法のあること等を十分に説明してその理解を得る信義則上の義務を負担しているというべきである」が、「右義務に違背し、いわば御座成りの説明で……損害を与えたのであるから」賠償責任があるとしている。もっとも、この判例は、債務不履行責任としているが、後述のように不法行為責任として捉えることもできる事例である。

なお、このほか、多くみられるのは手形交換にかかわって、不渡理由を付して手形を返還した場合や不渡取消手続の懈怠（東京地判昭和四四・五・九下民集二〇巻五・六号三〇五頁・金商判一六六号六頁、名古屋地判昭和三四・五・二七下民集一〇巻五号一〇七六頁）などに関して、不法行為責任が問題とされているが、手形交換システムとの関係も問題になることから、ここでは留保することにする。

(2)　契約責任との関係

金融取引の相手方に対する自己責任として不法行為が問題になる場合というのは、以上の事例にみられるようにさまざまである。しかし、共通していることは、金融機関とその相手方との間においては金融取引関係が存在しているということである。しかし、この金融取引関係と相手方の損害とのかかわりはさまざまである。それは、(a)金融取引契約上の本来的義務にかかわる場合――たとえば前述の①事例、(b)金融取引契約上の付随的義務にかかわる場合――たとえば前述の③⑤事例、(c)金融取引契約締結上の義務にかかわる場合――たとえば前述の②⑦事例、(d)当該金融取引契約上の義務とは直接的には関係のない場合――たとえば当該金融機関と金融取引契約を締結している者が当該金融機関に信用照会して取引をしたが損害を被った事例、などに分けることができる。

このうち、(d)の場合は、契約上の義務違反として捉えることは困難であることから、もっぱら不法行為責任が問題とされる。そして、この場合は、金融機関に対する信用照会により第三者が損害を被った場合と同様に解してよいと思われる。(a)、(b)、(c)の場合については、契約上の義務違反として捉えることもできることから、債務不履行責任との関係が問題となる。このことについての詳細は、総論3に譲ることにする。

ただ、(a)の場合については、債務不履行責任を問題にするのが一般的とみられるが、(b)、(c)の場合については、債務不履行責任によるか不法行為責任によるかは、それほど明確ではない。すなわち、(b)の場合についてみると、その問題となっている注意義務を契約上の付随的義務として捉える立場からすれば、(a)の場合と同様に債務不履行責任の問題としても捉えることができるが、付随的義務ではないと解するならば不法行為責任としてしか問題にすることができないことになる。また、(c)の場合についてみれば、契約締結上の過失理論を適用して債務不履行責任としても捉えるかどうかである。判例は、契約締結上の過失理論によるものと、不法行為責任とみるものに分かれている。たとえば、⑦事例は、前者の理論に立っているが、これと類似の不当、不適切な勧誘行為により顧客が損害を被った場合などでは不法行為責任として捉えている（名古屋高判昭和六一・一〇・三一判時一二四〇号七三頁）ことでも明らかである。このため、金融取引の相手方に対する賠償責任は、金融取引の相手方に対する義務違反を契約上の義務違反とみるかどうかによって債務不履行責任になるか不法行為責任になるか区別されることになる。そして、一般的には、契約上の義務違反として捉える傾向にあるわけであるが、(b)、(c)の場合にはそのような捉え方をしないで不法行為責任として問題にされることも多くなってきている。ここに、取引型不法行為が増加する要因がみられるわけである。そこで、どのような義務違反が契約上の義務違反となるのかの問題としてさらに検討されなければならない。

(3)　不法行為責任成立の要件論上の問題

(1)　過失の問題

まず、判例では、不法行為責任成立の主観的要件とされている過失についてどのように理解しているかをみることにする。

②事例では、代理人による当座貸越契約の締結に際して、金融機関には本人の意思を確かめる等の善管注意義務があり、これを怠ったことが過失であるとし、③事例では、金融機関は、預金契約に伴って預金内容等の守秘義務があり、これに反して漏洩したことが過失であるとし、④事例では、不渡手形の買戻期限の誤った教示が過失であるとし、⑦事例では、インパクトローンの勧誘に際し、信義則上の説明義務があり、これに違背したことが過失であるとしている。このことから判例では、金融取引の相手方に対する不法行為責任成立の要件としての過失については、金融機関の相手方に対する義務の存在の有無につきまず判断し、その義務に違背したことであるとの論理によっているものといえる。このため、従来、不法行為成立要件としての過失については、結果回避義務違反であるとか予見義務違反を意味するものと解されてきたこととの関係について検討しなければならない。そのことによって、取引型不法行為における過失論が形成されることになるものと思われる。

なお、その義務の存否の判断は、過失判断の前提となるものであることから、非常に重要なファクターになる。そこで、金融取引関係にあることによって、金融機関は相手方に対してどのような義務を負うものであるのかの問題として検討されなければならない。その際、本来的給付義務にしろ付随義務にしろ契約上の義務とされるものは、それに該当することになろう。そして、その場合には、債務不履行責任との競合の問題が生ずることになる。しかし、不法行為責任の場合には、理論的には、このような契約上の義務として構成する必要もないし、契約上の義務として捉えることが困難である場合であっても、過失判断の前提となる義務の存在を肯認することは可能である。このため、このかぎりにおいては、不法行為責任によれば、その責任の範囲を容易に広げうる可能性があるということができよう。

(2)　違法性の問題

つぎに、不法行為責任成立の客観的要件とされる違法性につき、判例は、どのように捉えているかである。

③事例では、金融機関が預金契約者の預金内容などを漏洩したことは、違法であり、法令に基づく調査等の場合以外は違法性を阻却しないとしているし、⑤事例では、社会通念上許容される方法を逸脱した債権取立行為は違法であるとしている。ただ、①事例では、金融機関の預金払戻拒否については、預金払戻拒否による債権の侵害ということ以外に、契約関係に包摂されない何らかの権利侵害ないし公序良俗違反がなければ違法性はないとしている。また、⑥事例では、新たな信用状の開設に伴う預金拘束については預金者の預金利益を禁じたとみることはできないとして、違法性はないとしている。不法行為成立要件の違法性については、一般的には、法律上保護すべき利益の違法な侵害と解し、被侵害利益の種類と侵害行為の態様との相関関係において判断するものと解されているが、金融取引に伴う不法行為責任の場合にも、基本的にはこのような論理によっているものといえる。③事例では預金契約者の信用利益と漏洩行為、⑥事例では預金利益と信用状の開設に伴う預金拘束との相関関係において判断したものとみることができるからである。ただ、その差異、金融機関と相手方との間には金融取引関係が存在することから、このことがその判断において与える影響につき検討しなければならないであろう。たとえば、金融取引関係にあるということによって、③事例では漏洩行為の違法が強度なものに高められているし、⑥事例では預金拘束の違法が弱められているとみることができるからである。

なお、①事例では、預金利益が払戻拒否によって侵害されたというだけでは不法行為成立要件としての違法性はないとしている。そして、これは契約関係上の問題にとどまり債務不履行責任によって処理すべきであるとしている。そして、この場合に、不法行為成立要件としての違法性が認められるためには、契約関係に包摂されない権利侵害がなければならないとして、違法性判断にあたっての要素を付加している。取引型不法行為における違法性について、このような論理が一般論として必要であるのかどうか検討されなければならないことであり、これは重要な問題提起であるといえる。この問題は、非常に重要な問題であることから紙数の関係上、後日に検討することにする。

(3)　因果関係の問題

最後に、不法行為成立の要件としての因果関係については、どうかである。

②事例では、代理人による当座貸越契約の締結にあたっての本人の意思確認義務違反と交付された手形用紙の回収のための損害との間に因果関係があるだけであり、手形が無断で振り出されたことによる本人の損害との間には因果関係はないとしている。⑤事例では、不渡手形の取戻期限を誤って教示したことと不渡報告（赤紙）への掲載との間には因果関係はないとしている。このように、金融取引に伴った直接の損害とみられない場合には、因果関係が否定されることが多いようである。そして、この因果関係については、基本的には、従来の不法行為理論における因果関係論と異なるものではないといえよう。

三　第三者に対する自己責任型不法行為責任

(1)　問題となった事例

金融取引に伴って、その取引先に対してではなく、第三者に対する不法行為責任が問題にされる場合が多い。その代表的な事例としては、つぎのようなものがみられる。

⑧　バイキング・ギャランティ・チェック契約をしている取引先が、カードの有効期限後に小切手を振り出したためその受取人である第三者が支払を拒否された場合（東京地判昭和五二・五・一〇判時八七八号一〇六頁）

カードには、注意事項として受取人はその有効期限を確かめることなどの記載があり、この程度の記載であれば内容として相当であり、金融機関には過失はないとしている。

⑨　当座勘定取引契約を解約したにもかかわらず取引先が、未使用手形用紙を用いて手形を振り出し、当座手形の交付を受けた第三者が損害を被った場合

金融機関に未使用手形用紙回収義務違反があるかどうか見解が分かれているが、これを肯定する立場からすれば、原則として不法行為責任が認められることになる。ただ、最高裁判例（最二判昭和五九・九・二一金商判七〇七号三頁）や多数説は、未使用用紙の回収義務はないと解していることから、不法行為責任は成立しないとしている。(2)

⑩　当座勘定取引契約をしている取引先が振り出した手形・小切手が不渡りになり、この交付を受けた第三者が損害を被った場合

金融機関が当座勘定取引契約を締結するにあたって相手方の信用等の調査義務があるのかどうかについて見解が分かれている。そして、判例は、原則としては、金融機関は取引先の信用状態を調査する義務は、第三者に対して存在しないと解して、不法行為責任の成立を否定しているが（名古屋地判昭和四八・二・一五金商判三六一号一七頁）、取引先が不正の目的で当座取引を利用することが判明しているような場合には、一概に否定されるものではないが、当該具体的事案において、取引先がその振出にかかわる手形を決済する意思と能力を有していなかったことを予見しえたものではあったと認めることはできないとするもの（東京高判昭和五五・四・一五金商判六〇五号三四頁）、当座開設屋であることを知りながら、ないし重過失によって知らずに開設したときは、手形の不渡りによる損害の発生を予見しえたものとして不法行為責任があるとするもの（東京地判昭和四九・八・八判時七六七号六三頁）などがみられる。(3)

⑪第三者が直接に、あるいは自己の取引金融機関を介して信用照会をしたうえで、取引をした相手方が倒産したなどで損害を被った場合

判例は、原則として金融機関の信用照会に対して信用を調査して回答する義務はないから、回答の結果につき回答金

融機関には法律上の責任はないとしている（東京地判昭和三一・一〇・九下民集七巻一〇号二八六七頁、東京地判昭和三九・四・二一判時三七九号三九頁、東京地判昭和五四・一〇・二二金商判五九〇号三一頁）。もっとも、判例のなかには、回答金融機関には、照会金融機関がそのまま伝えることについて予見可能性がないことから通常は責任を負わないが、照会金融機関が第三者に回答結果を情報として提供し、その第三者がこれをそのまま利用することをあらかじめ知っていた場合は責任を負うことになるとするものもある（前掲東京地判昭和四九・八・八）。学説には、回答金融機関に悪意、重過失のあるときは責任があると解する見解もみられる。(4)

(2)　不法行為責任成立の要件論上の問題

金融機関の金融取引に伴う第三者に対する責任の事案では、金融機関と第三者の間において契約上の義務を認めることはできないことから、もっぱら不法行為責任によらざるをえないことになる。そこで、このような直接の金融取引関係に立たない第三者との責任の問題を取引型不法行為として捉えてよいものかどうか問題になる。しかし、第三者における損害の発生原因が金融取引を前提としたものであるという意味においては、それは肯認されてよいといえよう。

そこで、このような事例において成立要件論として問題になるのは、まず金融機関の第三者に対する義務の存否であることは、先に挙げたどの事例をみても明らかであろう。そして、金融取引を通じて金融機関が取引先に与える信用という面に注目するときは、この信用を信頼した第三者との関係において何らかの義務の存在が肯認されることになる。金融機関の金融取引に伴う第三者に対する不法行為責任を容易に認めようとする見解は、かかる立場に立つものといえる。しかし、金融機関は金融取引を通じて取引先に対して信用を付与するものではあるが、そのことによって第三者に対して取引先の信用を保障したものでもないし、第三者の存在を考慮して取引先に対して信用を付与すべき義務を一般的には負っているものではない。取引先に対する信用の付与は、金融機関と取引先との取引に関してのものであり、これが社会に対する関係においても承認されることを意図したものではない。先にみた事例のいずれもが不法行為責任を認めるにあたって消極的なのは、おそらくこのような考えによるものではないかと推測される。

ところで、不法行為成立の要件論としてみるとき、金融機関には第三者に対して、当座勘定取引契約解約後の未使用手形用紙回収義務（⑨事例）や、当座勘定取引の開始にあたっての取引先の信用調査義務（⑩事例）、信用照会に際しての調査回答義務（⑪事例）を負うものではないとして不法行為責任を否定するのは、主観的要件としての故意、過失がないからであるのか、客観的要件としての違法性がないからであるのか、いずれであるか問題である。逆な面からすれば、これらについての義務が認められ、かつ義務懈怠があるとして不法行為責任が成立する場合、この義務懈怠は過失の要件を満すものとみるのか、違法性の要件を満たすものと解するのか、両方であると考えるのか問題となる。

このことに関しては、⑧事例では、判例は、注意事項記載義務として十分であり過失はないとして、過失の問題として捉えている。また、⑩事例につき、解説では、(5)当座取引契約締結についての調査義務を尽くさなかった過失による不法行為責任が問題となるとしている。そして、⑩事例に関連しては、取引先の決済意思・能力に対する予見義務の問題とし、⑪事例に関連しては、信用照会に対する回答の第三者の利用についての予見の問題とする見解がみられる。しかし、これらの見解において、予見義務違反が過失になると考えているのかどうかは明らかではない。ただ、従来の考えからすれば、過失の問題につながるものと推測されよう。なお、⑨事例や⑩事例、⑪事例で、原則として不法行為責任を否定する判例・学説では、この点をどのように解しているのかは明らかにされていない。これらの見解に対して、⑨事例に関連して、解説では、(6)未使用手形用紙回収義務という不作為不法行為が問題になっており、このため不作為が不法行為になるためには、違法という点から、その前提として、作為をなすべき義務がある場合でなければならないとの見解を前提として、(7)右の違法性は、結果予見義務、結果回避義務違反ということになり、特段の事情のないかぎり予見することができないのが普通であるから、右予見義務の存在を認めることはできないとして、違法性の問題として捉えている。

このようにみてくると、一応は、積極的義務懈怠は過失の問題であり、消極的義務懈怠は違法性の問題であると解しているようにみられるが、果たしてそうなのか疑問である。また、そのように分けて解すること自体にも疑問が残る。

このため、金融取引に伴って第三者に対して間接的に生ずる義務懈怠を、不法行為責任成立の要件論としてどのように構成するのが適切であるのか、なお検討しなければならない課題であるといえる。その際、このことは、過失要件と違法要件を区別せず同一のものとして捉えようとする考え方に、取引型不法行為では組しなければならないことを意味しているのかどうかも検討しなければならないであろう。

なお、先の事例をみても分かるように金融機関の第三者に対する不法行為責任を認めることについては、一般的には消極的である。しかし、金融機関が金融取引を開始するということは、取引先に対して信用を付与したものとして第三者が信頼することは否定できない。信頼のおける金融機関との取引であればあるほど増幅されることになる。このため、もし金融機関がそれを故意に利用するか、重大な過失があったために第三者に損害を及ぼすようなときは、そのことによって不法行為責任を負わすことは妥当といえる。

そこで、この場合も、要件論として、どのように構成するか問題となる。取引型不法行為では、故意または重過失の場合においてのみ主観的要件が満たされると解するのか、それは違法性の問題として捉えるのか。すなわち、軽過失の場合は、義務懈怠があっても違法性はないが、故意、重過失の場合には違法性が生ずると解するのかどうかである。それは、取引先に外形的な信用を付与したことの悪質性として捉えるものである。そして、もしここでこのような違法性の問題として捉えるというのであれば、第三者に対する義務懈怠も一般的には違法性の問題として考えなければ接合性はないのではないかと考えられる。先の問題とも関連して、検討しなければならない課題である。

(2)　堀内仁ほか編「銀行実務百科（二巻）」一一六頁、星川長七ほか編「新銀行実務法律講座」一九六頁など。
(3)　学説・判例の詳細は、堀内仁監修「先例判例金融取引法」一六頁〈菅野孝久執筆〉参照。
(4)　前田庸「判研」ジュリ二〇九号八五頁、小川善吉「判研」金法三八七号一九頁。
(5)　前掲東京高判昭和五五・四・一五金商判六〇五号三四頁（コメント参照）。
(6)　前掲最二判昭和五九・九・二一金商判七〇七号四頁（コメント参照）。

（7）　幾代通「不法行為」一九頁。

四　おわりに

金融取引にかかわる不法行為責任の問題について、その事例を概観しながら問題となる点を指摘した。そこでは、主として問題点を指摘したにとどまり、それに対する私見は示していない。それは、まず金融取引にかかわって不法行為責任がどのような場合に問題になり、どのような問題をもっているものなのかを明らかにし、実務に供することを主眼としたためである。しかし、すでに指摘したところで明らかなように、不法行為成立の要件論との関係においては、いろいろな問題点が浮かび上がってきた。これらの問題点は、不法行為成立の従来の要件論との関係において検討されなければならない。そして、このことによって、取引型不法行為論を形成していくことができるものと考えているが、これは理論的な問題として後日検討する予定である。

18 「交通事故損害賠償男女格差是正」事件

――最高裁第一小法廷昭和五六年一〇月八日判決〔判例時報一〇二三号四七頁〕――

一 事実の概要

昭和五一年一月一三日、被害者である女児（当時八歳）が、横断歩道を渡っていたところ、加害運転者Y_1が、さきに自車を追い抜いた車両を再び追い抜くために、約八〇キロメートル毎時の速度で走行し、交差点にさしかかったところ、赤信号で、先行車が、停止線で停止した車両に次いで停止したが、この車両との追突を避け、中央線右側に進出し、赤信号を無視してそのままの速度で同交差点を通り抜けようとし、被害者を認めながら、衝突回避の措置をとりえず、激突し、即死させた。そこで、被害者の両親X_1及び祖父母X_2から加害者Y_1その使用者Y_2等に対して損害賠償の請求が行なわれた。

第一審判決は、損害額につき、大学卒業時から稼働するものとして賃金センサスによる女子労働者の平均的収入から生活費五割を減じ、ライプニッツ係数を乗じて逸失利益の現価を一二八一万円と算出し、慰藉料一〇〇〇万円、葬儀費用三五万円、弁護士費用三〇万円を合計し、総額二三四六万円を認定した。これに対し、原審は、稼働年数を中学卒業時からとし、平均的収入に家事労働相当額年六〇万円を加算して逸失利益の現価を概算一五八九万円と算出し、慰藉料を二〇〇万円加算して一二〇〇万円と認定した。

そこで、X_1、X_2は上告した。その理由とするところは、逸失利益の算定にあたっては、男女の格差をなくす方法で算定すべきであり、男女の賃金に著しい格差のある賃金センサスを基礎にすることは妥当でないし、この格差を補う意味でも、生活費控除率を五〇％としたこと、またライプニッツ方式を採用したことは公平妥当でなく憲法一四条に違反することと、さらに、慰藉料算定について、定額化された中で算定していることと、故意に近い過失を考慮していないことなどから憲法一三条に違反するとしたものである。

二　判　旨

「交通事故により死亡した幼児（当時満八歳の女児）の将来の得べかりし利益の喪失による損害賠償額を算定するにあたり、賃金センサスによるパートタイム労働者を除く女子全労働者・産業計・学歴計の表による各年齢階級の平均給与額を基準として収入額を算定したとしても、交通事故により死亡した幼児の将来の得べかりし収入額の算定として不合理なものとはいえないこと、及び右得べかりし利益の喪失による損害賠償額を算定するにあたり右平均給与額の五割相当の生活費を控除したとしても、不合理なものといえないことは、いずれも当裁判所の判例の趣旨とするところであり、……ライプニッツ式計算法が交通事故の被害者の将来の得べかりし利益を現在価額に換算するための中間利息控除の方法として不合理なものとはいえないことも当裁判所の判例とするところであって……、これと同旨の原判決に所論の違法はない。」

「慰藉料の額は、裁判所の裁量により公平の観念に従い諸般の事情を総合的に斟酌して定めるべきものであることは当裁判所の判例とするところであり、……原審の適法に確定した事実関係のもとにおいて原審の算定した慰藉料の額が著しく不当なものということはできない。」

三　問題の所在

この判決は、交通事故で死亡した幼女の逸失利益の算定基準とその方法および慰藉料額の算定の仕方について判断したものである。そして、この判断にあたって、形式論理的には従来の判例理論を支持しており、これを追認しているだけで、何ら目新しい見解を示していない。しかし、この判決は、上告理由との関係、および原審との関係においてみるとき、非常に重要な論理を示したものとしての意義があるのである。まず、上告理由との関係においてみると、上告理由では、逸失利益の算定にあたって、女性に対する差別撤廃条約の調印、男女賃金差別の違法判決、男女雇用平等法制定の動きなどから、将来的には男女格差の縮まることが予測されることから、男女の格差をなくす方法で算定すべきであるとした主張については、これを否認したことである。すなわち、逸失利益の算定において基礎となる賃金センサスにおいて、昭和五四年では、男子平均年収が三一五万六、六〇〇円に対し、女子が一七一万二、三〇〇円となっているが、このような男女賃金格差を是認することを明らかにしたものであるともいってもいいであろう。この点では、損害賠償請求においての男女格差是正については消極的であるといえる。

これに対して、原審との関係でみると、原審では、「女子の収入を予測する場合男子のそれと著しい格差のある現在の状態が将来も長期間継続することを前提とすることは必ずしも妥当でなく、また特に児童の死亡による損害の算出に当り男女の将来の収入に格差を認めることは本来合理性に乏しいこと」を強調して、逸失利益の算定においては、稼働期間を中学卒業時から六七歳として拡張し、かつ家事労働相当額年六〇万円を加算するとともに、慰藉料額の算定において、男女格差是正を考慮して二〇〇万円を増額し、男児の場合とほぼ同額の賠償額を認定したことを是認し、男女格差是正について、これを認めたいという意味において、非常に注目すべき判決であるということになる。そこで、この意味において、この判決は、社会的にも注目されたのである。

以上のようなことから、女児死亡の場合の損害賠償額算定にあたっての男女格差是正のための論理として、この判決のような論理によることの可否の検討が、最も重要な課題ということになる。

四　検　討

女児死亡の場合の損害賠償額算定にあたっての男女格差是正のための論理については、これまでの判例にも、学説にもこれといった見解をみることができない。これまで、損害額算定にあたっての格差是正について問題とされてきたのは、家庭の主婦につき逸失利益を肯定すべきかどうかの問題と、所得額の多寡による賠償額のいちじるしい不平等の是正のための逸失利益の均等化の問題についてであったといえる。その意味で、今日の男女格差是正に関する問題は、これから検討されていかなければならない新しい問題であるといえる。そして、主婦の逸失利益については、今日、大方の判例は承認するにいたっている（最判昭和四九・七・一九判時七四八号二三頁）といえるし、所得の多寡による不平等是正については、逸失利益と慰藉料を包括しての一括請求論の主張によって解消されようとしている（西原「損害賠償額の法理」ジュリ三八一号一四八頁、淡路剛久「一律請求」ジュリ四九三号六六頁など）。このような状況にあって、男女格差是正についてはどのような論理によることが考えられ、かつ妥当であるかが問題となる。

その一つの論理としては、逸失利益の算定自体において考慮していくということが考えられる。そこで、原審では、家事労働相当額を加算するとともに、稼働年数の起算を中学卒業時として増額を図っており、最高裁もこれを是認したことは評価されてよい。とくに、家事労働相当額については、すでに認められているところであるが（前掲最判昭和四九・七・一九）、これを加算することを明らかにしたことと、稼働年数を通常は一八歳とされてきたのを中学校卒業時（一五歳）とした点は、今後において大きな意義を有するものといえよう。これに対し、上告理由では、さらに格差是正のために生活費控除率（五〇％と認定）をひき下げるべきことと、中間利息控除の方法としてライプニッツ式よりホフマン式を採用して、より有利に算定すべきであると主張したわけであるが、これは認められていない。しかし、生活費控除率は定率化されているとはいえそれについても問題があろうし、ライプニッツ式かホフマン式かの選択の余地もありうることからすると、これらの方法によって格差是正を行うのも一つの便方として是認できるのではないかと思われる。とくに、幼児の逸失利益算定は一つのフィクションだという一種の諦念がある（楠本「逸失利益の算定と所得後」現代損害賠償法講座7一五二頁）とするならばなおさらではなかろうか。

さらには、逸失利益の算定の基礎になる賃金センサスの扱い方を問題にできないかということも考えられよう。不法行為制度を単なる損害塡補制度にあるとし、その塡補される損害というのを現時に発生した所得喪失であるとみるのであれば、現時点においての賃金センサスを基準とせざるをえないといえるのであろう。これに対し、算定される損害の実質は所得喪失ではなく、潜在的な稼働能力喪失自体だとするならば、その稼働能力の評価方法において女子労働者平均賃金によることは一つの基準になるにすぎないことから、将来的な男女の賃金差別の是正、男女の役割分担の認識変化などの予測を加えて、これを読み変えるということも可能なのではなかろうか。この場合、その読み変え基準をどうするか、また立証が可能かという反論が予測され、判例は、ここまで踏み切れなかったし、上告理由においてもそこまで主張できなかったということは理解できるのであるが、それで、黙さざるをえないのであろうか。不法行為制度は、損害塡補の制度であることは否定はしないが、それだけではなく、これによる権利形成あるいは権利保護の機能も期待されているのではないかと考えるとき、また別の見方もできるように思われるのであるが、どうであろうか。もっとも、ここでは、そのための十分な論理を持ちあわせていないので、これ以上の断定は今後に留保させていただきたい。

その二の論理としては、慰藉料の算定において考慮するということが考えられる。原審は、この論理を用い、かつこの判決によって最高裁はこれを是認したわけである。ところで、元来、慰藉料は、精神的苦痛を塡補するものと解されてきた。そこで、慰藉料は、このような塡補機能にとどまるならば、男女格差是正のための論理として、ここで考慮することは、許されないということになろう。しかし、精神的苦痛を塡補するといっても、これを金銭に評価してであるが、その際、この精神的苦痛なるものを計量化することは現実的に不可能であるし、それをさらに金銭に評価することについて、証拠を示すことはまた不可能である（前田・民法Ⅵ$_2$（不法行為法）三二一頁）。そこで、これらについては、裁判官の自由裁量に任せ、弾力的に運用されざるをえないとして、一般的に承認されたわけである（大判明治四三・四・五民録一六輯二七三頁、最判昭和四七・六・二二判時六七三号四一頁）。このようにして、慰藉料についての弾力的運用が認められたことから、これを利用しての機能の拡大が行なわれ、そのなかでも、とくに、財産的損害の賠償で、証拠によっての立証が困難な場合、財産損害という名目では賠償が認められないことから、これを斟酌して慰藉料額を増額して賠償を認めるということが行なわれるようになり、ここに慰藉料の「補完的機能あるいは調整的機能」が認められるようになったといわれている（前田・前掲書三二一頁）。この判決でも、男女格差是正の論理のために、慰藉料のこのような機能を利用することを是認したもの、これまで形成されてきた慰藉料論の範ちゅうで捉えることができるものとみることができよう。

慰藉料の機能としては、精神的苦痛の塡補にかぎるものではなく、民事制裁的機能のあることも承認すべきであると思われるし、包括ないし一律請求の機能も認められるなど、その多機能化にあることから考えると、このような補完的機能も認めてもよいといえよう。しかし、慰藉料のこのような機能を借りての男女格差の是正は、あくまでも次善の策であるにすぎないのであって、一面では評価されるものの、他面においては、これでよしとするものでないのである。すなわち、損害賠償額においては、男女いずれもそん色のないように地ならしができるにしても、財産的損害の領域においては依然として格差は解消されておず、根本的な解決はなされていないといえるからである。

不法行為理論においては、これまで、新しい法益の形成や保護に尽力してきたことは評価されるわけであるが、損害論の領域においても、男女差別撤廃という法理を実現するために、次善の策によるだけでなく、財産的損害の格差是正のための試みが検討されてもよいのではないだろうか。男女格差の著しい賃金センサスを無批判的に算定の基礎として利用してきたことについて、この判決を契機として、再考してみる必要があるのではないかと思われる。

事項索引

〈著者紹介〉

昭和11年3月　大阪府松原市に生まれる。
昭和33年3月　明治大学法学部卒業
昭和35年3月　明治大学大学院法学研究科修士課程修了
現　　在　明治大学法学部教授
元司法試験考査委員
私法学会理事
金融法学会常務理事

主要著書

銀行取引と債権担保（昭和52年・経済法令研究会）
担保法概説（昭和59年・啓文社）
担保物権Ⅰ〔共著〕（昭和58年・啓文社）
民法Ⅲ〔共編著〕（昭和62年・日本評論社）
担保物権法講義〔共著〕（昭和55年・勁草書房）
不法行為法の現代的課題（昭和55年・総合労働研究所）
リース取引全書〔共編著〕（昭和62年・第一法規出版）
司法書士法務全集〔共編著〕（平成4年・第一法規出版）
援権・追完・表見代理論〔私法研究第1巻〕（平成元年・成文堂）
任意代理基礎理論〔私法研究第2巻〕（平成元年・成文堂）

公害・不法行為論
私法研究著作集　第九巻

平成一二年六月三〇日　初版第一刷発行　©

著作者　伊藤　進
発行者　今井　貴
発行所　113 東京都文京区本郷六—二—九
モンテベルデ第二東大前一〇二号
信山社出版㈱
電話　〇三(三八一八)一〇一九
FAX　〇三(三八一八)〇三四四
制作　㈱信山社
販売　信山社販売㈱
印刷・製本　勝美印刷・東海製本

ISBN4-88261-775-7　C3332
NDC 324.551

巻	書名	編著者	価格・状況	番号
本巻72	**日本国憲法制定資料全集(2) 憲法問題調査委員会参考資料** 民間草案・各国立法例	芦部信喜・高橋和之・高見勝利・日比野勤 編著	三五、〇〇〇円	**2022** 98-10
本巻73	日本国憲法制定資料全集(3) マッカーサー草案・改正案等	芦部信喜・高橋和之・高見勝利・日比野勤 編著	(未刊)	2023
本巻74	日本国憲法制定資料全集(4)—I 世論調査	芦部信喜・高橋和之・高見勝利・日比野勤 編著	(未刊)	2024
本巻75	日本国憲法制定資料全集(4)—II 世論調査	芦部信喜・高橋和之・高見勝利・日比野勤 編著	(未刊)	2025
本巻76	日本国憲法制定資料全集(5) 口語化・総司令部関係等	芦部信喜・高橋和之・高見勝利・日比野勤 編著	(未刊)	2026
本巻77	日本国憲法制定資料全集(6) 参考資料・修正意見	芦部信喜・高橋和之・高見勝利・日比野勤 編著	(未刊)	2027
本巻	日本国憲法制定資料全集(7)〜(17)	芦部信喜・高橋和之・高見勝利・日比野勤 編著	(未刊) (全17巻予定) セット本体(未定)	
本巻	国会法 (全3巻予定)	成田憲彦 編著		

巻	書名	編著者	価格・状況	番号
本巻	租税徴収法 (全10巻予定)	加藤一郎・三ケ月章・塩野宏・青山善充 編著	(近刊)	4081
本巻	法例 (全5巻予定)	池原・早田・道垣内他 編著	(未定)	4051
本巻	旧民法典資料集成	(編著者・巻数他未定)	(未定)	4001
本巻	日本民法典資料集成(全30巻予定)近刊 ⊙民法施行一〇〇周年記念いよいよ刊行	広中俊雄 編著(協力=大村・岡・中村・和仁)		4021
本巻	刑事訴訟法制定資料全集 (続刊) I部 治罪法 (全2巻予定)	井上正仁・渡辺学・田中開 編著		
本巻	刑事訴訟法制定資料全集 II部 旧々刑事訴訟法〔明治23年〕(全3巻予定)	井上正仁・渡辺咲子・田中開 編著		
本巻	刑事訴訟法制定資料全集 III部 旧刑事訴訟法〔大正13年〕(全2巻予定)	井上正仁・渡辺咲子・田中開 編著		
本巻	刑事訴訟法制定資料全集 IV部 陪審法・戦時刑事特別法 (全3巻予定)	井上正仁・渡辺咲子・田中開 編著		
本巻	刑事訴訟法制定資料全集 V部 刑事訴訟法〔昭和23年〕(続刊)(全13巻予定)	井上正仁・渡辺咲子・田中開 編著		

巻	書名	編著者	価格・状況	番号
本巻	刑事訴訟法制定資料全集 VI部 改正刑事訴訟法〔昭和24〜平成12年〕(続刊) (全3巻予定)	井上正仁・渡辺咲子・田中開 編著		
本巻101	**不戦条約(上) 国際法先例資料集(1)**	柳原正治 編著	四三、〇〇〇円	**2070** 97-1
本巻102	**不戦条約(下) 国際法先例資料集(2)**	柳原正治 編著	四三、〇〇〇円	**2071** 97-4
本巻	民事訴訟法〔平成7年〕1	三ケ月章・柳田幸三 編	(未定)(未刊)	4110
本巻	民事訴訟法〔平成7年〕2	三ケ月章・柳田幸三 編	(未定)(未刊)	4111
本巻	民事訴訟法〔平成7年〕3	三ケ月章・柳田幸三 編	(未定)(未刊)	4112
本巻91	**商法改正〔昭和25・26年〕GHQ/SCAP文書**	中東正文 編著	予三五、〇〇〇円	***4121*** 00-4

[現在の税制では、在庫をもつことが大変難しくなっております。品切前にお求め下さい。]

巻数	書名	編著者	本体価格	CD	刊行年
別巻1	**穂積陳重立法関係文書の研究**	福島正夫 編	五五、〇〇〇円	18	89-12
別巻2	**増補 刑法沿革綜覧【品切】**	松尾浩也 増補解題	八〇、〇〇〇円	19	90-3
別巻3	**法典論**	穂積陳重 著	二八、〇〇〇円	133	91-2
別巻4	**憲法講義**〔明治22年〕	磯部四郎 著	四〇、〇〇〇円	4567	97-4
別巻5	**法律語彙初稿（仏和法律語辞典）**	司法省蔵版〔明治16年〕	六〇、〇〇〇円	4566	97-2
別巻6	**民法辞解**〔明治27年〕	磯部四郎・服部誠一 著	五〇、〇〇〇円	4568	97-6
別巻7	**商法辞解**〔明治27年〕	磯部四郎・服部誠一 著	二二、〇〇〇円	4569	97-6
別巻8	**大日本商法 会社法釈義**〔明治26年〕	磯部四郎 著	三七、〇〇〇円	4563	96-12
別巻9	**大日本商法 手形法釈義**〔明治26年〕	磯部四郎 著	二五、〇〇〇円	4564	96-12
別巻10	**大日本商法 破産法釈義**〔明治26年〕	磯部四郎 著	二六、〇〇〇円	4565	96-12
別巻11	**大日本新典 商法釈義（1～253条）**〔明治23年〕	磯部四郎 著	五〇、〇〇〇円	4534	96-10
別巻12	**大日本新典 商法釈義（254～352条）**〔明治23年〕	磯部四郎 著	三四、〇〇〇円	4535	96-10
別巻13	**大日本新典 商法釈義（353～458条）**〔明治23年〕	磯部四郎 著	三四、〇〇〇円	4536	96-10
別巻14	**大日本新典 商法釈義（459～581条）**〔明治23年〕	磯部四郎 著	三四、〇〇〇円	4537	96-10
別巻15	**大日本新典 商法釈義（582～752条）**〔明治23年〕	磯部四郎 著	三四、〇〇〇円	4538	96-10
別巻16	**大日本新典 商法釈義（753～930条）**〔明治23年〕	磯部四郎 著	三四、〇〇〇円	4539	96-10
別巻17	**大日本新典 商法釈義（931～1066条）**〔明治23年〕	磯部四郎 著	四二、〇〇〇円	4540	96-10
別巻18	**改正商法講義**〔明治26年〕 会社法・手形法・破産法	梅謙次郎 著	五〇、〇〇〇円	4570	97-7
別巻19	**仏訳日本帝国民法典 第一編 総則 第二編 物権 第三編 債権 第四編 親族・相続 第五編 相続**	富井政章・本野一郎 訳 レーンホルム・L・H＝アダム・J 訳	二〇、〇〇〇円	348	97-10
別巻20	**民法債権（第一章）**〔明治29年〕	梅謙次郎 講述	三五、〇〇〇円	4530	96-10
別巻21	**民法債権（第二章第一～三節）**〔明治29年〕	梅謙次郎 講述	三五、〇〇〇円	4531	96-10
別巻22	**民法債権（第二章～第五章）**〔明治29年〕	梅謙次郎他 講述	三六、〇〇〇円	4532	96-10
別巻23	**法典質疑録 上巻**〔憲法・行政法・刑法・国際公法・国際私法〕	法典質疑会 編	一二、〇三九円	319	93-4
別巻24	**法典質疑録 中巻**〔民法〕	法典質疑会 編	一六、三一一円	320	93-4
別巻25	**法典質疑録 下巻**〔商法・刑事訴訟法・民事訴訟法・破産法・競売法 他〕	法典質疑会 編	一六、六九九円	321	93-4

巻	書名	著者・編者	価格	番号	年月
別巻26	続・法典質疑録〔憲法・行政法・刑法・民法・民事訴訟法 他〕	法典質疑会 編	二四、二七二円	324	93-5
別巻27	法典質疑録索引〔第1号～第36号・上・中・下巻・続〕	法典質疑会 編	一三、二〇四円	322	93-6
別巻28	〔仏語公定訳〕日本帝国民法典・理由 第1巻 条文		五七、〇〇〇円	335	93-10
別巻29	〔仏語公定訳〕日本帝国民法典 第2巻 財産編・理由書		八八、〇〇〇円	336	93-10
別巻30	〔仏語公定訳〕日本帝国民法典 第3巻 財産取得編・理由書		五〇、〇〇〇円	337	93-10
別巻31	〔仏語公定訳〕日本帝国民法典 第4巻 債権担保編・証拠編・理由書		五五、〇〇〇円	338	93-10
別巻32	民法修正案理由書 第四編 親族 第五編 相続		五八、二五二円	340	93-11
別巻33	明治民法編纂史研究	星野 通 著	四八、五四四円	341	94-11
別巻34-1	改正刑法〔明治40年〕正解	磯部四郎 著	三〇、〇〇〇円	496	95-6
別巻34-2	各国民事訴訟法参照条文	民事訴訟法典現代語化研究会編 代表三ケ月章	二九、一二六円	334	95-12
別巻35	改正刑法 釈義 上巻〔明治40年〕	田中正身 著	四〇、〇〇〇円	343	94-2
別巻36	改正刑法 釈義 下巻〔明治40年〕	田中正身 著	八〇、〇〇〇円	344	94-2
別巻37	法典質疑問答 第1編 民法総則 全	法典質疑会 編	二七、一八四円	875	94-9
別巻38	法典質疑問答 第2編 物権法 全	法典質疑会 編	二七、一八四円	876	94-9
別巻39	法典質疑問答 第3編 民法債権 全	法典質疑会 編	三一、〇六八円	877	94-9
別巻40	法典質疑問答 第4編 民法親族・相続全	法典質疑会 編	二五、二四三円	878	94-9
別巻41	法典質疑問答 第5編 総則・会社・商行為	法典質疑会 編	二〇、三八八円	879	94-9
別巻42	法典質疑問答 第6編 商法（手形・海商・破産編）全	法典質疑会 編	一五、五三四円	880	94-9
別巻43	法典質疑問答 第7編 憲法・行政法・戸籍法 全	法典質疑会 編	一九、四一七円	881	94-9
別巻44	法典質疑問答 第8編 刑法・国際公法・国際私法全	法典質疑会 編	二四、二七二円	882	94-9
別巻45	法典質疑問答 第9編 刑事訴訟法・民事訴訟法	法典質疑会 編	二〇、三八八円	883	94-9
別巻46	労働基準法解説〔昭和23年版〕	寺本廣作 著	二五、〇〇〇円	4589	98-1
別巻47	民事問題・答案〔明治16年〕	司法省第七局	五〇、〇〇〇円	4588	98-9
別巻48	商法正義 第1巻・第2巻（総則・会社他）	長谷川喬著述・岸本辰雄 著述	五〇、〇〇〇円	2012	94-9
別巻49	商法正義 第3巻〔明治23年〕（商事契約）	岸本辰雄 著述	三〇、〇〇〇円	2013	95-8
別巻50	商法正義 第4巻〔明治23年〕（売買・信用他）	岸本辰雄 著述	三三、〇〇〇円	2014	95-8
別巻51	商法正義 第5巻〔明治23年〕（保険・手形）	長谷川喬 著述	三〇、〇〇〇円	2015	95-8
別巻52	商法正義 第6巻・第7巻〔明治23年〕（海商・破産）	長谷川喬 著述	四〇、〇〇〇円	2016	95-8
別巻53	民法正義〔明治23年〕 財産編第一部 巻之一	今村和郎・亀山貞義 合著	四〇、〇〇〇円	4501	95-8

巻	書名	著者	価格	番号	刊行
別巻54	民法正義〔明治23年〕財産編第一部 巻之二	亀山貞義・宮城浩蔵 合著	三六、〇〇〇円	4502	95-8
別巻55	民法正義〔明治23年〕財産編第二部 巻之一	井上正一 著述	四四、〇〇〇円	4503	95-10
別巻56	民法正義〔明治23年〕財産編第二部 巻之二	井上正一 著述	二四、〇〇〇円	4504	95-10
別巻57	民法正義〔明治23年〕財産取得編 巻之一	熊野敏三 著述	四六、〇〇〇円	4505	95-10
別巻58	民法正義〔明治23年〕財産取得編 巻之二	岸本辰雄 著述	二一、〇〇〇円	4506	95-10
別巻59	民法正義〔明治23年〕財産取得編 巻之三	井上正一 著述	二三、〇〇〇円	4507	95-10
別巻60	民法正義〔明治23年〕債権担保編 第一巻	宮城浩蔵 著述	四六、〇〇〇円	4508	95-10
別巻61	民法正義〔明治23年〕債権担保編 巻之二	宮城浩蔵 著述	二〇、〇〇〇円	4509	95-10
別巻62	民法正義 証拠編〔明治23年〕	岸本辰雄 著述	三四、〇〇〇円	4510	95-10
別巻63	民法正義 人事編 巻之一	熊野敏三・岸本辰雄 合著〔明治23年〕	三八、〇〇〇円	4511	95-10
別巻64	民法正義 人事編 巻之二 法例正義	井上正一・亀山貞義合著 岸本辰雄 著述	三〇、〇〇〇円	4512	95-10
別巻65	民事訴訟法正義〔明治23年〕上—I〔判決手続〕	宮城浩蔵 著	三五、〇〇〇円	4514	96-3
別巻66	民事訴訟法正義〔明治23年〕上—II〔判決手続〕	宮城浩蔵 著	三五、〇〇〇円	4515	96-3
別巻67	民事訴訟法正義〔明治23年〕下—I〔強制執行他〕	亀山貞義 著	三〇、〇〇〇円	4516	96-5
別巻68	民事訴訟法正義〔明治23年〕下—II〔強制執行他〕	亀山貞義 著	三〇、〇〇〇円	4517	96-5
別巻69	改正商事会社法正義〔明治26年〕	岸本辰雄 著述	四二、〇〇〇円	4518	96-8
別巻70	改正手形法破産法正義〔明治26年〕	長谷川喬 著述	三六、〇〇〇円	4519	96-8
別巻71	校訂刑法義解〔明治13年〕第一編	高木豊三 義解	二〇、〇〇〇円	4520	96-6
別巻72	校訂刑法義解〔明治13年〕第二編	高木豊三 義解	二五、〇〇〇円	4521	96-6
別巻73	校訂刑法義解〔明治13年〕第三編・第四編	高木豊三 義解	二〇、〇〇〇円	4522	96-6
別巻74	刑法義解 増補〔明治13年〕	高木豊三 述	二二、〇〇〇円	4523	96-6
別巻75	民事訴訟法述義〔明治23年〕第一編〔判決手続〕	井上 操 著	三〇、〇〇〇円	4525	96-7
別巻76	民事訴訟法述義〔明治23年〕第二編〔判決手続〕	井上 操 著	三〇、〇〇〇円	4526	98-8
別巻77	民事訴訟法述義〔明治23年〕〔第三編〜第五編上訴他〕	井上 操 著	三五、〇〇〇円	4527	99-5
別巻78	民事訴訟法述義〔明治23年〕〔第六巻・第七巻・第八巻強制執行他〕	井上 操 著	四六、〇〇〇円	4528	2000-1
別巻79	刑法〔明治13年〕講義第一巻	宮城浩蔵 講述	四五、〇〇〇円	4613	98-9
別巻80	刑法〔明治13年〕講義第二巻	宮城浩蔵 講述	五二、〇〇〇円	4614	98-9
別巻81	民法釈義〔明治23年〕財産編第一部 物権（上）	磯部四郎 著	三八、〇〇〇円	4571	97-1

別巻	書名	著者等	価格	番号	刊行
別巻82	**民法釈義**〔明治23年〕**財産編第一部 物権（下）**	磯部四郎 著	三八、〇〇〇円	4572	97-1
別巻83	**民法釈義**〔明治23年〕**財産編第二部人権及ヒ義務（上）**	磯部四郎 著	三八、〇〇〇円	4573	97-5
別巻84	**民法釈義**〔明治23年〕**財産編第二部人権及ヒ義務（下）**	磯部四郎 著	三八、〇〇〇円	4574	97-5
別巻85	**民法釈義**〔明治23年〕**財産取得編（上）**	磯部四郎 著	二八、〇〇〇円	4575	97-6
別巻86	**民法釈義**〔明治23年〕**財産取得編（中）**	磯部四郎 著	二八、〇〇〇円	4576	97-6
別巻87	**民法釈義**〔明治23年〕**財産取得編（下） 相続之部**	磯部四郎 著	二八、〇〇〇円	4577	97-8
別巻88	**民法釈義**〔明治23年〕**証拠編之部**	磯部四郎 著	二六、〇〇〇円	4578	97-8
別巻89	**民法釈義**〔明治23年〕**人事編之部（上）**	磯部四郎 著	三〇、〇〇〇円	4579	97-10
別巻90	**民法釈義**〔明治23年〕**人事編之部（下） 法例釈義**	磯部四郎 著	三〇、〇〇〇円	4580	97-10
別巻91	**終戦後の司法制度改革の経過 総索引及び第一分冊**		七六、〇〇〇円	303	97-12
別巻92	**同 第二分冊**		一一六、〇〇〇円	304	97-12
別巻93	**同 第三分冊**		一六〇、〇〇〇円	305	97-12
別巻94	**同 第四分冊・第五分冊**	307（全4冊セット）四八八、〇〇〇円	一三六、〇〇〇円	306	97-12
別巻95	**帝国民法正解**〔明治29年〕	穂積陳重・富井政章・梅謙次郎校閲 松波仁一郎・仁保亀松・仁井田益太郎 著（第一巻 総則）	二七、〇〇〇円	4581	97-11
別巻96	**帝国民法正解**〔明治29年〕	同（第二巻 総則）	三二、〇〇〇円	4582	97-11
別巻97	**帝国民法正解**〔明治29年〕	同（第三巻 物権）	三五、〇〇〇円	4583	97-11
別巻98	**帝国民法正解**〔明治29年〕	同（第四巻 物権）	三五、〇〇〇円	4584	97-11
別巻99	**帝国民法正解**〔明治29年〕	同（第五巻 債権）	四五、〇〇〇円	4585	97-12
別巻100	**帝国民法正解**〔明治29年〕	同（第六巻 債権）	四五、〇〇〇円	4586	97-12
別巻101	**訳註 無刑録 上巻**	団藤重光 序 東山蘆野徳林 著 佐伯復堂 訳註	四四、〇〇〇円	4591	98-3
別巻102	**訳註 無刑録 中巻**	同 同	五〇、〇〇〇円	4592	98-3
別巻103	**訳註 無刑録 下巻**	同 同	七〇、〇〇〇円	4593	98-3
別巻104	**玩易齋遺稿 上巻**	橘川俊忠 序 東山蘆野徳林	三〇、〇〇〇円	4594	98-3
別巻105	**玩易齋遺稿 下巻**	同 東山蘆野徳林	三二、〇〇〇円	4595	98-3
	101～105 全5冊セット		二二六、〇〇〇円	4596	
別巻106	**新旧対照改正民法案 附・国家賠償法案・憲法改正に伴う民法応急措置法**		一二、〇〇〇円	4590	98-8
別巻107	**治罪法講義（上）**	井上 操 講述	四〇、〇〇〇円	4616	98-10
別巻108	**治罪法講義（中）**	井上 操 講述	三〇、〇〇〇円	4617	98-11
別巻109	**治罪法講義（下）**	井上 操 講述	五〇、〇〇〇円	4618	98-11
別巻110	**刑法講義録**〔明治13年〕	高木 豊三 講述	三二、〇〇〇円	4600	99-2

巻	書名	著者等	価格	番号
別巻*111*	**日本民法義解〔明治23年〕財産編 第一巻** 総則（自第一條至第二十九條）物権（上）（自第三十條至第百三十三條）	ボアソナード訓定 富井政章 校閲 本野一郎・城数馬・森順正・寺尾亨 著	四五、〇〇〇円	**4601** 98-1
別巻*112*	**日本民法義解〔明治23年〕財産編 第二巻 同** 物権（下）（自第百三十四條至第二百四十八條）		四五、〇〇〇円	**4602** 98-1
別巻*113*	**日本民法義解〔明治23年〕財産編 第三巻** 人権及ヒ義務（上）		三五、〇〇〇円	**4603** 98-3
別巻*114*	**日本民法義解〔明治23年〕財産編 第四巻** 人権及ヒ義務（下）		三五、〇〇〇円	**4604** 98-3
別巻*115*	**日本民法義解〔明治23年〕財産取得編 第一巻**		三三、〇〇〇円	**4605** 98-3
別巻*116*	**日本民法義解〔明治23年〕財産取得編 第二巻**		三三、〇〇〇円	**4606** 98-3
別巻*117*	**獨逸民法論 第一巻 総則**	ハインリヒ・デルンブルヒ 著 中村進午・瀬田忠三郎他 訳	五〇、〇〇〇円	**4608** 98-5
別巻*118*	**獨逸民法論 第二巻 物権**	ハインリヒ・デルンブルヒ 著 中村・瀬田他 訳	四五、〇〇〇円	**4609** 98-6
別巻*119*	**獨逸民法論 第三巻 債権**	ハインリヒ・デルンブルヒ 著 中村・瀬田他 訳	六〇、〇〇〇円	**4610** 98-7
別巻*120*	**獨逸民法論 第四巻 親族・相続**	ハインリヒ・デルンブルヒ 著 中村・瀬田他 訳	七〇、〇〇〇円	**4611** 98-8
別巻*121*	**治罪法〔明治13年〕講義 第一分冊 第二分冊**	横田國臣 口述	三五、〇〇〇円	**4620** 99-1
別巻*122*	**治罪法〔明治13年〕講義 第三分冊 第四分冊**	横田國臣 口述	三〇、〇〇〇円	**4621** 99-1
別巻*123*	**仏国治罪法講義**	ボアソナード講義 名村泰蔵 訳	三四、〇〇〇円	**4623** 99-3
別巻*124*	**刑法述義 第一編（上）**	井上 操 著	四二、〇〇〇円	**4624** 99-4
別巻*125*	**刑法述義 第一編（下）**	井上 操 著	四〇、〇〇〇円	**4625** 99-4
別巻*126*	**刑法述義 第二編（上）**	井上 操 著	三五、〇〇〇円	**4626** 99-6
別巻*127*	**刑法述義 第二編（下）**	井上 操 著	三二、〇〇〇円	**4627** 99-7
別巻*128*	**刑法述義 第三編（上）**	井上 操 著	三三、〇〇〇円	**4628** 99-8
別巻*129*	**刑法述義 第三編（下）**	井上 操 著	三三、〇〇〇円	**4629** 99-8
別巻*130*	**日本治罪法講義 上巻**	磯部四郎 講義	三二、〇〇〇円	**4631** 99-5
別巻*131*	**日本治罪法講義 下巻**	磯部四郎 講義	三〇、〇〇〇円	**4632** 99-6
別巻*132*	**法律辞書（未完）**	法典質疑会編纂	七〇、〇〇〇円	**4634** 99-5
別巻*133*	**刑法〔明治13年〕論綱 全**	富井政章 講述	三〇、〇〇〇円	**4635** 99-6
別巻*134*	**仏国刑法原論 第一帙 上巻**	ヲルトラン 著	三五、〇〇〇円	**4636** 99-7
別巻*135*	**仏国刑法原論 第一帙 下巻**	ヲルトラン 著	四五、〇〇〇円	**4637** 99-7
別巻*136*	**仏国刑法原論 第二帙 上巻**	ヲルトラン 著	三三、〇〇〇円	**4638** 99-7
別巻*137*	**仏国刑法原論 第二帙 下巻**	ヲルトラン 著	五七、〇〇〇円	**4639** 99-7
別巻*138*	**改正増補 刑法講義 上巻 第一分冊**	磯部四郎 著	四〇、〇〇〇円	**4641** 99-8
別巻*139*	**改正増補 刑法講義 上巻 第二分冊**	磯部四郎 著	三〇、〇〇〇円	**4642** 99-9
別巻*140*	**改正増補 刑法講義 下巻 第一分冊**	磯部四郎 著	四〇、〇〇〇円	**4643** 99-9
別巻*141*	**改正増補 刑法講義 下巻 第二分冊**	磯部四郎 著	三六、〇〇〇円	**4644** 99-9

巻	書名	著者	価格	番号	刊行
別巻142	民事訴訟法〔明治23年〕論網 第一巻・第二巻	高木豊三 著	四〇、〇〇〇円	4646	99-10
別巻143	民事訴訟法〔明治23年〕論網 第三巻・第四巻	高木豊三 著	四六、〇〇〇円	4647	99-10
別巻144	改正刑事訴訟法論 全〔明治32年9月発行〕	松室致 著	三〇、〇〇〇円	4649	99-11
別巻145	刑事訴訟法義解 上巻〔明治23年12月出版〕	井上正一 著	三〇、〇〇〇円	4650	99-11
別巻146	刑事訴訟法義解 下巻〔明治23年3月出版〕	井上正一 著	三〇、〇〇〇円	4651	99-12
別巻147	獨逸民法草案（一八八八年第一草案） 第一巻 総則 第二巻 債務関係法	今村研介 著	二〇、〇〇〇円	4653	99-12
別巻148	獨逸民法草案理由書 第一編（一八八八年第一草案）	澤井要一 訳	四三、〇〇〇円	4654	99-12
別巻149	獨逸民法草案理由書 第二編上巻（一八八八年第一草案）	澤井要一 著	三五、〇〇〇円	4655	00-01
別巻150	獨逸民法草案理由書 第二編中巻（一八八八年第一草案）	澤井要一 著	三五、〇〇〇円	4656	00-01
別巻151	獨逸民法草案理由書 第二編下巻（一八八八年第一草案）	澤井要一 著	三五、〇〇〇円	4657	00-01
別巻152	民事訴訟法〔明治23年〕註解 第一分冊（自第1條至第195條）	本多康直・今村信行 共著	三八、〇〇〇円	4659	00-02
別巻153	民事訴訟法〔明治23年〕註解 第二分冊（自第195條至第411條）	本多康直・今村信行 共著	三八、〇〇〇円	4660	00-02
別巻154	民事訴訟法〔明治23年〕註解 第三分冊（自第412條至第586條）	本多康直・今村信行 共著	三八、〇〇〇円	4661	00-02
別巻155	民事訴訟法〔明治23年〕註解 第四分冊（自第587條至第805條）	本多康直・今村信行 共著	三八、〇〇〇円	4662	00-02
別巻156	欧米八ヶ国の国家緊急権	民主主義研究会	八〇、〇〇〇円	4664	00-02
別巻157	法理原論 上（ローマ法の精神）	エーリング 著・磯部四郎 重訳 ムーランエール仏訳	五五、〇〇〇円	4665	00-03
別巻158	法理原論 下（ローマ法の精神）	エーリング 著・磯部四郎 重訳 ムーランエール仏訳		4666	00-03